Werner Vogel · Ha. A. Mehler

SPITZENKÖNNER IN DER WERBUNG

Werner Vogel · Ha. A. Mehler

SPITZENKÖNNER IN DER WERBUNG

Was die erfolgreichsten Werber erfolgreich macht

mowe

Redaktionelle Mitarbeit:
Dorothe Holz, Peter P. Talkenberger

CIP-Kurztitelaufnahme der Deutschen Bibliothek
Vogel, Werner . Mehler, Ha. A.
Spitzenkönner in der Werbung
1. Auflage
Hünstetten, Möwe-Verlag, 1990
ISBN 3-925127-09-7

1. Auflage September 1990

Satz: Grafik & Fotodesign Borgers · Hünstetten

Coverentwurf: Werner Vogel
Coverausführung: Co-Art, Hamburg, Michael Kirschner

Layout: Co-Art, Hamburg

Druck: K & M Publishing Co. LTD, Sofia, Bulgaria

Möwe-Verlag · 6274 Hünstetten-Wallbach ·Hermann-Schuster-Str. 9
Telefon 0 61 26/5 18 07 · Fax 0 61 26 / 5 67 52

INHALT

Auf der Suche nach Spitzenleistungen

Beginnen wir ohne Umschweife und stürzen wir uns mitten in die Diskussion: die Absicht der Autoren bestand bei dem vorliegenden Buch darin, *Erfolgsformeln* in der Werbung festzuschreiben. Das heißt, Know-how, Ansichten und Prinzipien, die dazu befähigen, in der Werbung Erfolg vorzuprogrammieren. Dazu wurde systematisch untersucht, was die Großen, was die Erfolgreichen der Branche „richtig" machen. Was sie auszeichnet. Wie sie den Weg nach „oben" schafften. Der Fokus lag also kompromißlos auf dem Wörtchen *Erfolg*.

Hierzu wurden zwanzig Top-Werber interviewt, um zu vermeiden, daß die Untersuchung zu einer theoretischen Recherche, einer akademischen Abhandlung degeneriert. Das heißt, es wurden Spitzenkönner in der Werbung zu dem Thema Erfolg *persönlich* befragt, sofern sie bereit waren, wirklich einmal aus dem Nähkästchen zu plaudern.

Aber warum gerade die Werbebranche? – könnte man versucht sein zu fragen. Nun, es gab hierfür einen guten Grund: Die Werbebranche gewinnt kontinuierlich und ständig an Gewicht. Wir leben mittlerweile in einer Zeit, da an Waren und Gütern in diesem unserem schönen Lande praktisch *alles* zu haben ist. Im Gegensatz etwa zu den Jahren nach 1949, wo ein Kühlschrank, eine Waschmaschine, ein Fernseher höchstes Gut und das Nonplusultra schlechthin war. All diese Besitztümer, diese Waren, sind heute keine Frage mehr. Im Gegenteil: Wir werden von der Vielfalt der Waren heute fast erschlagen. Manch einer wartet sehnsüchtiger auf den nächsten Sperrmülltermin als auf den Sommerschlußverkauf. Das Problem besteht mittlerweile immer mehr darin, diese Waren auch an den Mann zu bringen. Damit aber sind wir beim Thema *Werbung*.

Und weiter: Keine Stunde des Tages kann sich der heutige Homo sapiens einem Medium entziehen, das wie kein anderes seinen Lebenslauf begleitet, wenn nicht gar beeinflußt oder sogar lenkt. Die Werbung ist zu dem vielleicht wichtigsten Faktor in Wirtschaft und Staat geworden. Möglicherweise handelt es sich damit um *die* Branche der Zukunft.

Aber, so läßt sich weiter fragen, kann man *Werbung* überhaupt als geordnetes Ganzes darstellen? Kann man all die verschiedenen Berufe, die sich hier tummeln, ganz naiv unter dem Begriff *Werbung* rubrizieren? Gibt es nicht unendlich viele Teildisziplinen? Und ist es nicht ein schieres Ding der Unmöglichkeit, von *der Werbung* zu sprechen? Zugegeben: Erfolg in der Werbebranche als solche definieren zu wollen, ist ein gewagtes Unterfangen. Denn betrachten wir uns nur einmal einige wenige Teilbereiche:

Es gibt die
- Marktforschung (zum Beispiel Marktanalysen, Beratung bei Produkt- und Packungstests).

Es gibt die
- Marktplanung (zum Beispiel Produktgestaltung, Mitwirken bei der konsumgerechten Entwicklung neuer Erzeugnisse).

Weiter gibt es die
- Werbeplanung (zum Beispiel Koordination der Werbemaßnahmen und der Verkaufsplanung, Wahl der Werbeträger unter Berücksichtigung der Werbemittel, Planung der Media mit Kostenvoranschlägen).

Weitere Disziplinen sind:
- Werbegestaltung (zum Beispiel Texte, grafische Arbeiten, Gestaltung der Anzeigen, Prospekte, TV-Spots, Kinofilme, Diapositive, Plakate, Schaufensterdekorationen und Displaymaterial),
- Verkaufsförderung, die Sales Promotions also (zum Beispiel Mitwirkung bei Verkaufs- und Vertreterkonferenzen, Instruktion des Verkaufsstabes. Ausarbeiten von Verkaufshilfen, Händlerwerbung).

Und des Guten noch nicht genug: Der Organisationsaufbau der verschiedenen Werbeagenturen ist komplex und selten einheitlich. In der Einmann-Agentur werden alle Funktionen von einer Person wahrgenommen, oft werden freie Mitarbeiter engagiert. Fallen größere Aufträge an, wird der Stab gewöhnlich erweitert und in die Abteilungen Beratung, Gestaltung und Verwaltung gegliedert. In größeren Agenturen findet man schließlich noch weitere Spezialisierungen und Spezialisten.

Die Palette der möglichen Werbeberufe ist somit vielfarbig und orientiert sich natürlich an den Aufgaben einer Werbeagentur. So gibt es unter anderem folgende Berufe: Marketingberater[1)], Marktforscher, Merchandiser[2)], Werbeberater[3)], Creative-Director[4)], Art-Director[5)], Copy-Director oder Cheftexter, Grafiker/Layouter, Texter, Illustrator oder

1) Marketingberater: Berater der Geschäftsleitung-, Analyse und Interpretation der Marktdaten, Bestimmung der Marketingziele.

2) Merchandiser, auch Sales Promoter oder Verkaufsförderer genannt: überprüft die Vertriebswege und -methoden, berechnet ihre Rentabilität, synchronisiert Werbung und Verkauf, präsentiert das Warenangebot am richtigen Ort, zur richtigen Zeit, zum richtigen Preis und in der richtigen Menge.

3) Werbeberater: Verantwortlich für Konzeption, Planung und Realisation von Werbekampagnen aufgrund gegebener Marketingziele.

Spezialzeichner[6], Display-Gestalter[7], Typografiker[8], Typograf[9], Reinzeichner, Retoucheur, Buchbinder, Korrektor, Grafik-Designer[10], Stylist[11]), Fotograf, Übersetzer, Art-Buyer[12], Mediaforscher, Mediaplaner, Mediabuyer, FFF-Berater[13].

Eine Klassifizierung dieser einzelnen Berufe mag durch das Raster (1) Werbevorbereitung, (2) Werbeplanung und -beratung, (3) Gestaltung und Kreation und (4) Realisation und Media gegeben sein. Jedenfalls vermittelt allein die Aufzählung all dieser Berufe einen Eindruck davon, welch ein komplexer Apparat mitunter unter dem Begriff *Werbung* beheimatet ist. Jeder einzelne Beruf wiederum beschreibt sich durch ganze Pakete von Know-how. Betrachten wir nur einmal das Fachgebiet *Anzeige*. Werbeträger für Anzeigen sind vornehmlich Zeitungen und Illustrierten, aber auch Anzeigenblätter und buchähnliche Medien wie Kalender, Kataloge oder Fernsprechbücher.

Bei der Entwicklung ist neben der Umsetzung von Werbezielen auf die Größe der Anzeige zu achten, auf den Preis, die Häufigkeit der Anzeigenschaltung, das Format der Zeitung und vieles andere mehr. Der Werbewert einer Zeitung oder Zeitschrift ergibt sich aus der Gegenüberstellung der Faktoren

- verkaufte Auflage
- Leser-Analyse
- Erscheinungstermine
- Anzeigenanalyse
- Preis pro Kontakt.

Mit anderen Worten: allein diese winzige Teildisziplin *Anzeigen* erfordert sehr viel spezifisches Know-how.

Im übrigen ist die Anzeige nur *eine* Möglichkeit zu werben.

Ganz prinzipiell unterscheidet man zunächst zwischen

- den Ganzwerbemitteln, die nur werblichen Zwecken dienen und
- den Teilwerbemitteln, die zusätzlich werblichen Zwecken dienen, wie das Briefpapier etwa oder die Seiten des Stadtbusses.

Bleiben wir bei den Ganzwerbemitteln. Hierunter fallen:

- Werbebriefe
- Werbedrucke (wie Handzettel, Prospekte, Kataloge, Preislisten)
- Anzeigen
- Werbeanschläge wie Fassadenwerbung, Litfaßsäulenwerbung, Plakate
- Werbung im Verkehr als Beschriftung von Firmenfahrzeugen
- Werbung über Werbefilme und Dias im Kino

4) Creative-Director: verantwortlich für die Gestaltungserzeugnisse der ganzen Agentur – sprich Bild und Text.
5) Art-Director: entwirft und visualisiert Gestaltungs- und Werbekonzeptionen im visuellen, visuell/verbalen, audiovisuellen und dreidimensionalen Bereich.
6) Illustrator oder Spezialzeichner: visualisiert Themen in gezeichneter Form, figürlich, naturalistisch, sachlich.
7) Display-Gestalter: formaler und technischer Kreator von zwei- und mehrdimensionalen Werbemitteln für Werbematerial am Verkaufsort.

- Leuchtmittelreklame
- Werbung in Hörfunk und Fernsehen (Werbespots)
- Werbung durch Schaufenster, Messestände oder auch Modenschauen, Aufschrift auf Sportlertrikots usw.

Natürlich könnte man noch weiter differenzieren, aber erlauben Sie uns, darauf zu verzichten.

Anhand dieser dürren Aufzählung erkennt man jedenfalls sehr schnell den wirklichen Umfang dieses Gebietes *Werbung*. Es handelt sich also um ein unglaublich umfangreiches Fachgebiet. In der Werbebranche sind nach Schätzungen von Experten in der Bundesrepublik heute rund 340.000 Menschen beschäftigt. Alle diese arbeiten in den angeführten Sparten. Und für jede Sparte, um es zu wiederholen, ist ein eigenes Expertenwissen erforderlich.

Aber: All das war nicht unbedingt *unser* Gesichtspunkt. Zugegeben, Erfolg besteht unter anderem auch darin, in einer bestimmten Anzahl von Teildisziplinen höchst professionell zu arbeiten. Aber das zu konstatieren war nicht das Anliegen der Autoren. Wie in dem Sachbuch-Seller „Auf der Suche nach Spitzenleistungen", dem vielleicht besten Management-Buch der achtziger Jahre, haben wir uns bemüht, *übergreifende* Erfolgsformeln, wie wir das einmal nennen wollen, ausfindig zu machen. Das heißt, wir haben uns nicht auf Detail-Know-how konzentriert, sondern wir haben versucht, den Blick nach ganz oben zu richten und hier nach Erfolgsformeln zu fahnden.

Schön und gut, so hören wir nochmals den Kritiker, aber sind diese Erfolgsformeln nicht allzu vergänglich? Werden sie nicht durch den Faktor *Zeit* außer Kraft gesetzt? Ändern sie nicht ständig ihr Gesicht? Veralten Erfolgsformeln nicht? Nun, zu einem gewissen Grad stimmt das. Betrachtet man einmal die verschiedenen Entwicklungsstufen der „Philosophie" der Werbung, so könnte man (zum Beispiel) fünf Stufen festschreiben:

(1) Am Anfang wurde Werbung allenfalls halbwissenschaftlich zum Verkauf eingesetzt. Ein prominenter Vertreter dieser Richtung war ein Mann namens Hopkins. Die Hopkins'schen Thesen lauteten, stark verkürzt, in etwa wie folgt:

- Stets positiv werben!
- Stets den Produktnamen in die Schlagzeile!
- Keine Analogien verwenden!
- Keinen humoristischen Text!
- Keine gesungene Werbung!

8) Typografiker: entwirft rein typografische Gestaltungserzeugnisse bis zur Ausführung reproduktionsfähiger Druckvorlagen.
9) Typograf: stellt Layout-Satz mit Filmsatzgeräten her.
10) Grafik-Designer: verantwortlich für technische Entwicklung und kreative Gestaltung von Packungen und visuellen Erscheinungsbildern von ganzen Firmen.
11) Stylist: beschafft das Zubehör und die Requisiten für Fotoaufnahmen und stattet damit den Set aus.

- Coupons stets oben in der Mitte der Seite!
- Babies und Frauen zeigen, wenn man Frauen anspricht!
- Männer zeigen, wenn man Männer anspricht!
- Fotografien statt Zeichnungen!
- Text nie *über* eine Darstellung setzen!
- Nie mehr als fünf Wörter Text im Plakat!
- Mindestens zweimal die Werbebotschaft in jeder Werbesendung! [1)]

Abenteuerlich, wenn man diese Forderungen und „Erfolgsformeln" heute betrachtet! Diese und andere Forderungen gerieten deshalb schon bald ins Zwielicht. Und zu Recht, denn von den vorgenannten zwölf Thesen sind mindestens zehn heute falsch!

(2) Ein neuer Papst am Werbehimmel stieg also auf. Sein Name: David Ogilvy. In vielen Beziehungen sagte er genau das Gegenteil. Zum Beispiel: „Benutze Kontraste, von denen man sich ein Bild machen kann, wie zum Beispiel *vorher und nachher*!" (Hopkins hatte genau das im Jahre 1923 *verboten*!) Aber selbst ein so berühmter Werbemann wie Ogilvy trat später wieder in einige Fettnäpfchen, als er zum Beispiel schrieb: *Der Produktname muß stets in der Schlagzeile stehen.* Inzwischen sind Tausende sehr erfolgreicher Schlagzeilen geschrieben worden, ohne daß der Produktname darin stand – von „Er läuft und läuft und läuft" bis zu „Alle reden vom Wetter, wir nicht". Und: Was ist mit Ogilvys „A salesman doesn't sing"? Nicht nur Cola-Getränke, selbst Autos werden heute – vor allem in Amerika – mit gesungener Werbung erfolgreich an den Mann gebracht.[2)]

(3) In der dritten Stufe avancierte Werbung zur geheimen Verführung. Der Werber war ein Dr. Mabuse, der mit Psychotricks die willenlosen Massen hypnotisierte.[3)] Es handelte sich dabei um den Irrglauben, daß man nur ein paar tiefenpsychologische Erkenntnisse haben müsse (die überdies nicht existieren) – und schon qualifiziere man sich zum Werber-Übermenschen. Das Ergebnis: Die Herren Psychologen besetzten das Gebiet Werbung, bemächtigten sich dieser Disziplin und injizierten ihre seltsamen Theorien.

(4) Kaum ein Jahrzehnt konnten sich die „geheimen Verführer" im Sattel halten. Abgelöst wurden sie schließlich wieder von einer Spezies von Revolutionären, die 1/4 wissenschaftlich und 3/4 künstlerisch-genial Kundenmillionen verpulverten. Das Zeitalter der ausgeflippten Kunstapostel brach an.

(5) Damit sind wir in etwa in der Gegenwart, wo momentan nach einer völlig neuen Orientierung Ausschau gehalten wird. Bemerkenswert ist

12) Art-Buyer: kauft Leistungen von externen Mitarbeitern ein.
13) FFF-Berater: Film,- Funk- und Fernsehberater, prüft Manuskripte und Einfälle auf ihre filmische Wirkung und Produktionsfähigkeit hin, verhandelt über Preise und Termine, wählt Modell, Schauspieler und Sprecher aus, überwacht die Produktion.

zunächst, *daß* es so etwas wie gediegenes Know-how durchaus bereits gibt. Aber bei „alten" Erfolgsformeln gilt, daß man sie sich neu anschauen und in der Folge neu bewerten muß. Die guten gehören ins Töpfchen, die schlechten ins Kröpfchen. Erfolgsformeln, auch wenn sie schriftlich festgehalten sind, bedeuten noch lange nicht, daß sie für immer und alle Zeiten Gültigkeit besitzen. Dennoch ist man außerordentlich schlecht beraten, sie samt und sonders in den Abfallkorb zu werfen, nur weil einige Regeln von gestern heute offensichtlich nicht mehr funktionieren. Man muß im Gegenteil die Fähigkeit besitzen, alte Erfolgsformeln aufzuspüren und den brauchbaren Teil herauszupicken.

Aber zugegeben: Die Zeit *kann* eine Erfolgsformel überaltern lassen. Und dieser Umstand spricht scheinbar gegen das vorliegende Buch. Wohlgemerkt: scheinbar. Denn fest steht auf der anderen Seite folgendes: Natürlich ändern sich Erfolgsformeln im Laufe der Zeit. Und natürlich ändern sie sich, wenn man zusätzlich andere Länder und andere Sitten betrachtet. Über die berühmte Marlboro-Werbung würden sich die Menschen in Singapur totlachen, wenn man sie wie in Europa zeigen würde. Man muß also immer die ethnischen Besonderheiten einkalkulieren...

Damit haben wir hoffentlich alle Gründe aufgeführt, warum dieses vorliegende Buch „eigentlich" nicht geschrieben werden konnte. Warum es verrückt ist, sich überhaupt auf ein solches Unternehmen einzulassen. Aber wie es schon ein renommierter Historiker formulierte, der es auf sich nahm, eine Kulturgeschichte der gesamten Menschheit (!) zu schreiben: „Die Wahrscheinlichkeit, einen Irrtum zu begehen, wächst mit der Größe eines Unternehmens."[1)]

Im übrigen entbinden all diese Einschränkungen trotzdem nicht von einer Erkenntnis: Es *gibt* Erfolgsformeln, auch wenn man sie von Fall zu Fall modifizieren muß. Auch wenn sie je und je abgelöst werden von neuem Know-how. Auch wenn man ihnen höchst kritisch gegenüberstehen sollte.

Aber: Auf der anderen Seite steht natürlich die Einstellung zu *lernen*. Ständig nach erfolgreichen Aktionen Ausschau zu halten. Sich einen Erfahrungsschatz anzueignen, mittels dessen man Ergebnisse voraussagen kann. Das heißt: Unternehmen wurden zum Erfolg geführt, *weil* bestimmte erfolgreiche Aktionen *immer wieder* durchgeführt wurden. *Weil* Erfolg sehr präzise definiert wurde.

Insofern ist die Konzentration auf Erfolgsformeln, bei allen zugegebenen Beschränkungen und Einschränkungen, ein Schritt, der sicherlich in

1) Vgl. Walther Schönert, Werbung, die ankommt, Landsberg, 1986, S. 46
2) Vgl. Walther Schönert, a.a.O., S. 47
3) Vgl. W + V Nr. 44, Oktober 1986, Konstantin Jacoby, Vorbilder S. 50

die richtige Richtung führt. Es ist eine Sichtweise, die garantiert, daß überhaupt ein Qualitätsbegriff entstehen kann – und nicht alles und jedes in einem Meer von Meinungen ertränkt wird.

Außerdem gilt: Jeder Unternehmer geht nach Erfolgsformeln vor, das heißt, er beobachtet wie ein Luchs, was funktioniert und was nicht funktioniert. Das was funktioniert, das was ihm die Taschen mit Geld füllt, das was auf Anerkennung und Resonanz stößt, wird er weiter anwenden. In unserem Fall heißt das: Die Werbung, die verkaufen hilft, gilt es, im nachhinein zu analysieren und Erfolg auf diese Weise ein Stückchen sichtbarer, greifbarer zu machen.

Obwohl es also einige Unbekannte in der Gleichung Erfolg gibt, hören die Tops selbst interessanterweise nie auf, nach Erfolgsformeln zu fahnden. Sie hören nie auf zu lernen. Sie suchen ständig nach neuen Wegen. Sie bewahren sich zwar stets den Blick, etwas völlig neu zu sehen, andererseits suchen sie aber auch alles zu kennen, was ihre Materie anbelangt.

Nur in diesem Sinne ist das folgende Experiment zu verstehen, in dem wir versuchten, Erfolgsformeln herauszufiltern. Befragt und interviewt wurden wie gesagt 20 „Spitzenkönner", 20 Top-Werber, 20 Werber erster Provenienz.

Wir integrierten hierzu nicht nur die Giganten der Szene, die Mega-Stars. Wir schauten uns auch bei den erfolgreichen Newcomern um, weil hier die ersten Schritte noch genauer nachvollziehbar sind. Uns interessierte nicht nur das Establishment, sondern auch die Riege der Aufsteiger, die Burschen, die das Gesicht der Werbung in Zukunft prägen und vielleicht vollständig verändern werden. Absichtlich interviewten wir darüber hinaus auch zwei Outsider, um zu demonstrieren, wie weitgefaßt und weitgespannt das Thema Werbung eigentlich ist.

Dieses Buch erhebt also nicht den Anspruch, ein Who-Is-Who der Werbung zu sein, und auch kein Gotha der Reklame. Dieses Buch läßt lediglich Profis zu Wort kommen, die trotz ihrer unterschiedlichen Erfolgsformeln eines gemeinsam haben: die bewiesene Machbarkeit ihrer Methoden. Keiner der Interviewten theoretisierte. Es wurde wirklich aus der Schule geplaudert. Da gab es keine 'Das könnte man mal versuchen', da sprach man von wirklich Erreichtem. In diesem Sinne kann dieses Buch dem Einsteiger als Richtschnur dienen, auf dem Weg in einen Traumberuf erfolgreicher zu sein. Es mag dem Kollegen die eine oder andere Anregung geben, eine neue, ungewöhnliche Strategie in den eigenen Pool mit aufzunehmen. Und es wird den vielen Werbetrei-

1) Will Durant, Der alte Orient und Indien, Frankfurt, Wien, 1981, S. 5

benden draußen im Markt die *Kings of Advertising* als Menschen aus Fleisch und Blut vorstellen und mag dadurch vielleicht ein wenig zur Sympathie-Steigerung dieser Branche beitragen.

Aber noch einmal zu der Auswahl der Personen: Bisher wurden immer ein und dieselben Werbespezialisten porträtiert: der Guru Michael Schirner, sowie Baader, Lang und Behnken. Neuerdings Knopf, Nägeli und Schnackenberg. Genau hierauf haben wir verzichtet, auch darauf, einen Abklatsch zu liefern der „Top fifty“. Andererseits mußten wir einige der Mega-Stars integrieren. So war Michael Conrad für uns ebenso ein absolutes Muß wie Springer & Jacoby. Im übrigen wurden die Interviewpartner nach folgenden Kriterien ausgewählt:

- Sie mußten es allein „geschafft“ haben.
- Sie mußten praktisch von Null an durchgestartet sein.
- Es durfte sich bei ihnen um kein Strohfeuer handeln, um Zeitgenossen also, die heute im Fokus des Interesses stehen und morgen vielleicht schon vergessen sind.
- Von Bedeutung war für uns ferner der Leumund der vorgestellten Personen. Es war uns daran gelegen, nur solche Zeitgenossen aufzunehmen, die es ohne Tricks und Finten geschafft hatten. Die in der Branche selbst einen guten Ruf besaßen und besitzen.

Nach diesen Voraussetzungen kämmten wir die deutsche Werbeszene nach Top-Leuten durch. Und fanden sie. In Hamburg, Düsseldorf, Frankfurt und München. In kleineren, mittleren und Großagenturen. Wir fanden den großen Stillen und den quirligen Hansdampf, interviewten den Kreativen ebenso wie den Professor Dr. Werbung. Wir lernten den Mann mit dem goldenen Riecher ebenso kennen wie den analytischen Planer. Wir tauchten ein in eine Welt der Dynamik, der großartigen Spiele mit Ideen und Produkten, in ein Kaleidoskop des Machens, Wollens und Sich-Ziele-Setzens.

Bei ihnen, bei allen Interviewpartnern, wollen wir uns bedanken, daß sie sich Zeit genommen haben, zum Teil inmitten eines hektischen Werberlebens, mit uns zu plauschen und nach Erfolgsformeln Ausschau zu halten.

Und noch ein letztes Wort, bevor es endgültig losgeht: Das Experiment bestand darin, am Schluß dieses Buches ein Fazit zu ziehen und zu einem Ergebnis zu gelangen. Das heißt, wir versuchten am Schluß, ein

Resümee zu ziehen: Was haben all diese erfolgreichen Zeitgenossen *gemeinsam*? Zu welchen Prinzipien bekennen sie sich alle? Was sind die gemeinsamen Nenner für Erfolg in der Werbebranche, mit denen sie alle, alle übereinstimmen?

Während man aus jedem einzelnen Leben, aus jeder Kurzbiographie sehr viel lernen kann, bestand der Kitzel für uns, die Autoren, in eben diesem Experiment. Wir wollten festhalten, welcher Methoden und Erkenntnisse sie sich *alle* befleißigen. Was sie *alle* predigen. Worin sie *alle* übereinstimmen.

Im Prinzip handelt es sich bei der vorliegenden Recherche also um ein Abenteuer, das darin bestand, wirklich herauszufinden und zu etablieren, welche erfolgreichen Aktionen, Haltungen, Einstellungen *immer wieder* genannt wurden! So genau wie möglich wurde hierfür der Lebensweg von diesen zwanzig Spitzenkönnern nachvollzogen, so genau wie möglich die biographischen Rahmendaten abgetastet, so genau wie möglich die einzelnen Stationen nachvollzogen – immer unter dem Gesichtspunkt, was die *gemeinsamen* Nenner waren.

Die Spitzenkönner aus der Werbung, die wir in diesem Buch vorstellen, sind längst wieder in ihren Hexenküchen und brauen Neues, Ungewöhnliches, Unterhaltendes, das die Zukunft wieder ein Stückchen verändern wird. Für ein paar Stunden haben sie uns in die Töpfe gucken lassen. Haben uns teilnehmen lassen an der Zubereitung der Droge, die alle, die einmal damit in Kontakt kamen, nicht mehr losläßt: die Werbung. Wir hoffen, daß Sie ebenso fasziniert sind wie wir, die wir schlußendlich zu einem völlig anderen Ergebnis bezüglich *Erfolg* kamen, als wir anfangs angenommen hatten.

Werner Vogel, Ha. A. Mehler
Im Herbst 1990

Michael Conrad

„Regeln sind nicht dazu da, daß man sie befolgt, sondern daß man sie durchbricht.“

Wir sitzen im Konferenzraum des Möwe-Verlags. Bei diesem Verlag handelt es sich um den mittlerweile am schnellsten expandierenden Verlag in der Bundesrepublik. In den Räumen ist alles vom Feinsten, handverlesen die Mitarbeiter.

Die Mannschaft verpflegt sich gerade mit Kaffee und feinen Backwaren. An den Wänden hängen die Bilder der bekanntesten, kreativsten Maler. Bei den Büchern dieses Verlags steht ebenfalls Qualität oben an: das beste Papier, die beste Bindung, das beste Cover, entworfen von den bekanntesten Illustratoren: edel eben.

Auf dem Programm steht heute ein verteufelt heißes Eisen. Ein Buch über die *Werbung* soll entstehen oder die vielgeschmähte, hochgelobte Werbebranche. Dafür sind 20 „Spitzenkönner" auszuwählen.

Vor uns liegt eine Liste der bekanntesten, erfolgreichsten Werber im deutschsprachigen Raum, zu denen nicht nur die Top 50 gehören, die jedes Jahr neu in der Branche gekürt werden, sondern auch die noch in den Startlöchern stehenden Newcomer von morgen, die jedoch bereits durch Expansion und Ideenreichtum bewiesen haben, daß sie das Zeug haben, ganz nach „oben" durchzustoßen. Gesucht wird im Augenblick jedoch zunächst der „Star" der Branche. Der Beckenbauer der Werbebranche. Der King, zu dem sie alle, alle aufblicken.

Gibt es eine solche Figur in der Werbeszene überhaupt? Der Chefredakteur des Möwe-Verlags, ein Vierkäsehoch, aber ein Riese an Geist, zwirbelt sich den imaginären Schnurrbart und überlegt. Die Sekretärin, die über allen thront und deshalb nur Krönchen genannt wird, legt ebenfalls nachdenklich die Stirn in Falten. Ein Werbefuzzi, den wir eigens eingeladen haben, ein Typ mit schwarzem Schlapphut und einem genau drei Tage alten Stoppelbart, tut ebenfalls so, als ob er angestrengt überlegt, während er per Augenflirt inzwischen mit der Verlags-Managerin anzubändeln versucht.

Und auch der Verleger selbst, ein Bursche mit einem strammen Bäuchlein, dem das Kotelett offenbar zu oft zu gut schmeckt, runzelt angestrengt die hohe Denkerstirn.

Alle überlegen. Seltsamerweise ist es für einige Sekunden mucksmäuschenstill. Man hört es förmlich knirschen im Gebälk der Megabrains. Ein Teilnehmer der Redaktionskonferenz schlürft in die heilige Stille hinein laut seinen Kaffee, während er sich offenbar bemüht, es möglichst leise und unauffällig zu tun, was natürlich gerade deswegen immer mißlingt.

Schließlich fällt ein Name: *Michael Conrad*. Der Werber, der den Namen in den Raum wirft, strahlt dabei über das ganze Gesicht, selbst sein Schlapphut zittert vor Freude. Es handelt sich bei Conrad, klärt er die restliche Mannschaft auf, tatsächlich um so etwas wie den Werbepapst – ein Ausdruck, den Conrad selbst wahrscheinlich nicht gerne hören würde. Aber Conrad, legt sich der Werber ins Zeug, hat das Gesicht der gesamten Werbelandschaft entscheidend mitgeprägt.

„Ist er seriös?" tönt es aus den Reihen der Herren Redakteure.

„Es ist keine Frage, daß er das gesamte Gewicht seiner Branche repräsentiert; darüber hinaus ist er selbstverständlich seriös", schallt es als Antwort zurück. Conrad, wie später Recherchen feststellen, ist bekannt für saubere Abwicklungen, saubere Geschäfte. Seine Integrität steht außer

Frage. Darüber hinaus steht eines offenbar fest: Wenn es im deutschen Werbeland überhaupt den „Big shot“ gibt, dann ist es Michael Conrad. Wenn wir Michael Conrad für ein Interview gewinnen könnten, so würde das ein Markenzeichen für das ganze Projekt bedeuten.

Eine Weile wird noch heftig diskutiert. Schließlich brummt der Verleger zustimmend: „Gewinnen Sie den Conrad. Mir ist es gleichgültig wie.“

Ja, wenn das so einfach wäre...

Um Michael Conrad vorzustellen, braucht man mindestens vier Anläufe, um ihm auch nur einigermaßen gerecht zu werden. Um ihn zu verstehen, muß man

1. die Produkte seiner Agentur kennen sowie

2. die Zahlen und Fakten, was die Kunden seiner Agentur angeht, muß über

3. die „Siege“ und Medaillen seiner Agentur Bescheid wissen und muß schließlich

4. die Gerüchte über ihn kennen, die fast am interessantesten sind.

Gehen wir systematisch vor und stellen wir zunächst einige Produkte seiner Agentur vor. Dem Verbraucher ist er direkt oder indirekt bekannt durch zahlreiche Werbekampagnen und Werbespots. Einen fast schon legendären Erfolg seiner Agentur – und vor allem Leo Burnetts – war (und ist) die Werbung *Marlboro*: „Der Geschmack von Freiheit und Abenteuer“.

Wie kann man den Erfolgskurs dieser Marke verstehen? Conrads (spätere) Eigenanalyse dazu:

„Bewahrung und Kontinuität der Idee, ohne langweilig zu werden. Den Cowboy in seiner Umgebung immer wieder ansehens- und bewunderns-wert zu machen mit klassischen Werbemitteln und frischer, zielgruppen-orientierter Promotion.“

Wie auch immer die Erfolgsanalyse im Detail lauten mag, fest steht, daß Marlboro inzwischen mit Abstand die Nr. 1 im deutschen Markt ist (27 % vom Gesamtmarkt). *Marlboro 100's* war bereits drei Monate nach Einführung die Nr. 1 im Segment der langen Zigaretten (Einführung Februar 1984), kam im ersten Jahr unter die Top 20 und ist heute die erfolgreichste Neueinführung einer normalpreisigen Zigarette seit 1972! „Der Geschmack von Freiheit und Abenteuer“ schaffte es in 14 Jahren von Platz 14 auf Platz 1. Soweit die nackten Fakten.

Ein ganz anderer Coup gelang der Agentur Conrads mit *Fiat Panda*, der „tollen Kiste“, an dem zugegebenermaßen eine ganze Crew bastelte, was indes auch für alle anderen Werbeerfolge gilt. Aber man muß es sich vorstellen: Der neu einzuführende Fiat Panda besaß vormals keine herausragenden technischen Merkmale. Und das Markenimage von Fiat zeigte damals deutliche Schwächen.

Der Agentur gelang die Entwicklung einer Kampagne mit klarer Ausrichtung auf unkonventionelle, nicht prestigeabhängige Zielgruppen. Ihr gelang es, förmlich einen Lebensstil neu zu definieren und zu besetzen. Basis für die richtige Positionierung war „Life Style", ein Forschungsprogramm der Agentur, in dem die Bevölkerung nach *Typen* eingeteilt und klassifiziert werden konnte, aufgrund umfangreicher Untersuchungen. Das Ergebnis: Seit Beginn des Jahres 1981 schrieb Fiat Panda ständig steigende Zulassungszahlen. Die Verkaufserfolge wurden selbst von Konkurrenten als aufsehenerregend bezeichnet. Ein positiver Imagetransfer auf die übrigen Fiat-Modelle war ein weiterer Nebeneffekt. Fiat wurde zum ausländischen Auto Nr. 1 in Deutschland.

Zu den Renommierkunden Conrads zählen weiter *Procter & Gamble* und *Terramar*. Für Procter & Gamble wurden unter anderem die Windel *LUVS* positioniert („Für aktive Babys *Luvs*. Die Windel, die alles mitmacht".) und *Dash 3* (Waschmittelwerbung). Bei Terramar handelte es sich um eine Reisegesellschaft, die im Sommer 1989 ein Plus von 15 % gegenüber Sommer 1988 zulegen konnte!

Spektakulär waren weiterhin die Erfolge mit Fiat UNO, dem „Kunststück aus Turin". Dem „beliebtesten Kompakten Europas".

Ferner gehen *Kraft/Tomatenketchup* auf Conrads Agentur-Konto (der Marktführer), *Kraft/Kuchenland* und vieles mehr. Jede einzelne Werbekampagne war ein voller Erfolg, der sich auch in gesteigerten Umsatzzahlen sehr konkret widerspiegelte.

Geht man systematisch vor und beäugt die Liste seiner Kunden

Seit		Seit	
1975	Margaret Astor	1978	Fiat
1977	Bank für Gemeinwirtschaft	1977	Hülsta-Werke
1987	BASF	1989	Jannsen
1989	Beiersdorf	1987	Kellog
1976	Bosch/Blaupunkt-Werke	1978	Kraft
1989	Braas	1988	Lindt & Sprüngli
1975	Braun	1989	Neckermann
1985	Burda/Freundin	1983	NUR Touristic/Terramar
1983	Cathay Pacific Airways	1972	PhilipMorris
1981	Condor	1983	Procter & Gamble
1986	DeTeWe	1989	RHG Leibbrand/Toom
1979	Deutscher Pfandbrief Dienst	1987	Richardson
1987	Deutsches Tapeten-Institut	1975	ShellAgrar
1984	Euromarken/Mateus Rosé '82	1989	Süddeutscher Rundfunk
1975	Fabriques de Tabac Réunies, Lausanne	1977	Weltmarken-Import/Cointreau

chronologisch, so liest sich das Ganze wie folgt:

Einer solchen Liste ist nichts hinzuzufügen. Aber ein weiterer Superlativ darf genannt werden: Für 18 Kunden arbeitet die Agentur *Michael Conrad & Leo Burnett* schon länger als fünf Jahre. Conrad ist, wenn man so will, der Kopf hinter all dem, der Superkreative. Aber wie soll man an einen solchen Typus herankommen?

Zunächst scheint alles nach Plan zu laufen. Wir telefonieren wie die Weltmeister und werden zunächst bei verschiedenen Agenturen vorstellig. *Michael Conrad & Leo Burnett* sind unschwer zu entdecken, stehen sie doch in jedem Telefonbuch. Die Liste der Büros von Leo Burnett, dem Partner, und Conrad liest sich wie folgt:

EUROPA

Belgien: Brüssel
Dänemark: Kopenhagen
Deutschland: Frankfurt
England: London
Frankreich: Paris
Griechenland: Athen
Italien: Mailand
Niederlande: Amsterdam
Norwegen: Osło
Schweiz: Zürich
Spanien: Madrid
Türkei: Istanbul

NAHER OSTEN

Ägypten: Kairo
Kuwait: Kuwait City
Libanon: Beirut
Saudi-Arabien: Jeddah
U.A.E. (Vereinigte Arabische Emirate): Dubai

LATEINAMERIKA

Argentinien: Buenos Aires
Brasilien: Sao Paulo
Chile: Santiago
Costa Rica: San Josè
Dominikanische Republik: Santo Domingo
Guatemala: Guatemala City
Kolumbien: Bogotà
Mexiko: Mexico City
Peru: Lima
Puerto Rico: San Juan
Venezuela: Caracas

AUSTRALIEN/NEUSEELAND

Adelaide, Brisbane, Melbourne, Sydney, Auckland, Wellington

ASIEN

Hongkong: Hongkong
Indien: Bombay
Indonesien: Jakarta
Japan: Tokio
Malaysia: Kuala Lumpur
Philippinen: Manila
Singapur: Singapur
Südkorea: Seoul
Taiwan: Taipeh
Thailand: Bangkok

USA

Chicago, Los Angeles, Miami, New York Southfield

KANADA

Toronto, Montreal

Fazit: 51 Büros in 42 Ländern.

Eine Telefonnummer sollte also unschwer herauszufischen sein – oder? Aber wie treibt man einen Michael Conrad persönlich auf? Und wo steckt er gerade?

Bevor wir einen Zipfel dieses Michael Conrad zu fassen kriegen, informieren wir uns zunächst jedoch noch über die kreativen Auszeichnungen seiner Agentur. Man kann fast ein wenig Schluckauf bekommen – vor Respekt –, wenn man all seine Trophäen im Überblick sieht:

Kampagne des Jahres *w & v*	1976	Bronze - Marlboro „Abenteuer '86" *Berliner Klappe*	1986
Agentur des Jahres *w & v*	1976	„Finalist" - Cointreau-Film *Internat. Adv. Festival of New York*	1986
Kampagne des Jahres *Kontakter*	1977	„Finalist" - Freundin-Plakate *Clio*	1987
Kampagne des Jahres *Kontakter* (Platz 1 und 2)	1978	„Finalist" - Marlboro Abenteuer Team '87 *Internat. Film + TV Festival of New York*	1987
Gold - Fiat Panda *ADC*	1982	Kampagne des Jahres *Kontakter*	1988
Gold - Fiat Panda *GWA-Effie*	1982	Bronze - Braun *GWA-Effie*	1988
Gold - BfG *Berliner Klappe*	1982	Silber - Freundin-Plakate *ADC*	1988
Gold - Fiat Panda *ADC*	1983	Silber - Fiat Panda-Funkspot *ADC*	1988
Gold - Schott Zwiesel *Internat. Adv. Festival of New York*	1984	Gold - Luvs-Funkspot *ARW*	1989
Gold - Marlboro *GWA-Effie*	1984	Silber - Condor-Imagekampagne *20. Goldene Reisekutsche*	1989
Silber - Fiat Uno *GWA-Effie*	1984	IPS für Sicherheit - Fiat-Gesamtkonzept	1989
Gold - Bosch Institutionelle Werbung *Print Adv. Festival of New York*	1984	Bronze - Freundin-Plakate *ADC*	1989
Silber - Ferrero Rocher *Berliner Klappe*	1985	Bronze - Condor-Imageanzeigen *Gewinnende Werbung*	1989
Bronze - Marlboro *BWF-Plakat '85*	1985	Gold-Braun *GWA-Effie*	1990
Bronze - Avis *Berliner Klappe*	1985	Braun-Uhren *Silberner Löwe Cannes*	1990

Was soll man dazu kommentieren? Werber selbst merken immer wieder lakonisch an, daß es ihnen eben *nicht* auf diese Medaillen und Auszeichnungen ankomme. Conrad selbst bezeichnet das Ganze später denn auch nur als ein „wichtiges Nebenprodukt" – für Mitarbeiter. Dennoch, Achtung heischen diese Auszeichnungen schon. Was uns aber nicht weiterhilft bei der Jagd nach diesem Mann.

Und also machen wir uns weiter auf die Suche. Es böte sich an dieser Stelle nun an, eine Erzählung à la Kafka vom Stapel zu lassen. Von dem Mann, der ewig den Stellvertreter des Stellvertretenden zu fassen bekommt, aber nie den Drahtzieher hinter den Kulissen. Man könnte auch Kishon persiflieren, und etwa eine Satire daraus schreiben, wie man die Schwester der Sekretärin Conrads heiratet, um mit der Sekretärin Conrads nach einem halben Jahr einen Termin zu bekommen, aber daß wir, kurz vor diesem Termin, uns so sehr freuten, daß wir im Überschwang kurz vor dem Ziel einen Herzschlag bekamen. Man könnte die abenteuerlichsten Stories ersinnen, aber die Wahrheit und nichts als die Wahrheit ist, daß es sich ganz anders ausnahm, auch wenn Conrad sich im hintersten Winkel der Welt befand, von uns aus gesehen, nämlich in Chicago. Wir benutzten dazu einen kleinen Trick: Der Verlagsmanager, eine höchst erfolgreiche Kontaktfrau und ein unheimlich hübsches Weib, wurde eingesetzt, die für den Verlag schon einiges auf die Beine gestellt hatte. Sie verfügt über eine sexy Stimme und ist eine Sprech-Naturbegabung, an der jeder Rhetorik-Trainer seine Freude hätte. Die Geheimwaffe des Verlags. Sie hetzen wir auf Conrad, den sie „knacken" und zu einem Interviewtermin bewegen soll.

Zunächst telefoniert sie wie wir ein wenig ziellos durch die Lande. Ihr Anruf bei der deutschen Agentur bringt sie schließlich ans Ziel. Sie spricht mit dem Geschäftsführer von *Michael Conrad & Leo Burnett* in der Frankfurter Niederlassung sowie mit der Prokuristin Marita Godtmann. Hier erhält sie die Telefonnummer von Michael Conrad persönlich.

Wieder telefoniert sie einige Male kreuz und quer, bis es ihr endlich gelingt, eine „Persönliche" Conrads an die Strippe zu bekommen. Aber sie hört zunächst: Nein, mit Michael Conrad kann kein Interview stattfinden. Conrad ist in Chicago festgenagelt, wo er Weiß-der-Teufel-an-welcher-Kampagne wieder brütet, offenbar ein großes Geheimnis. Aber es gibt noch eine letzte Möglichkeit.

Stellen wir Conrad ein letztes Mal vor, und zwar im Dunst der Gerüchteküche. Werbern in Frankfurt, der heimlichen Hauptstadt der Werbebranche in der Bundesrepublik, ist er bekannt wie ein bunter Hund. Was hier zum Teil hinter vorgehaltener Hand über ihn erzählt wird, ist zum Teil abenteuerlich, zum Teil widersprüchlich, jedenfalls macht es neugierig. Fast alle sind sich einig, daß es sich bei ihm um so etwas wie den geheimen Papst der Werbung handelt.

Aber wie auch immer man den Superlativ über ihn formulieren mag, fest steht, daß es sich bei der Gründung seiner ersten Agentur (Lürzer, Conrad) um die erfolgreichste Neugründung nach dem Krieg in der Bundesrepublik handelte. Fast allen Werbern steht die Person selbst denn auch als Synonym für Kreativität. Sein Markenzeichen war (und ist) das Ungewöhnliche. Seine besondere Fähigkeit offenbart das Talent, völlig neue Pfade zu beschreiten. In der Werbebranche ist er für „traumhafte Umsetzungen" von schwierigen Aufgaben bekannt, wie ein Werber das ausdrückte. Mit seiner Intelligenz im kreativen Bereich diente er der Branche lange als Vorbild und wurde 1001mal kopiert. Conrad selbst scheute sich nicht, Werbung über die Werbung zu inszenieren, sprich seine eigene Arbeit ins Rampenlicht zu stellen. Wenn man weiter in der Werbeszene über diesen Conrad Fragen stellt, hört man lapidare Sätze wie „besitzt den Mut, querzudenken", „kann sich immer in neue Bahnen bewegen", „geht alte Aufgaben auf völlig neue Art an", „kann mit Kunden machen, was er will, weil sie ihm blind vertrauen". Andere nennen ihn einen „kreativen Hammer" oder „Trendsetter", der schon immer seiner Zeit voraus war. „Wurde tausendfach abgekupfert", „ein absolutes Vorbild in der Branche", „bei ihm hätte ich arbeiten mögen, war mein Wunschtraum, schaffte es aber nie", „war das Vorbild von mindestens zwei Generationen in der Werbung" – sind weitere Beurteilungen, die ihn charakterisieren mögen.

Aber zurück zu unseren Anstrengungen, Conrad persönlich zu interviewen. Endlich sehen wir Licht am Horizont. Unserer „Verlagsmanagerin" gelingt es, Conrad zu einem Gespräch zu bewegen. Einziger Wermutstropfen: Conrad leibhaftig interviewen zu dürfen, belly an belly, wird nicht möglich sein. Aber immerhin sagt der Meister ein live-Interview zu, per Telefon. In Windeseile treffen wir unsere Vorbereitungen: doppelte Tonbandaufzeichnungs-Möglichkeiten werden installiert – falls ein Mikrofon ausfällt, wie beim Fernsehen, wo man bei VIP-Interviews ebenfalls grundsätzlich mit zwei Kameras dreht. Als die Stunde des Interviews naht, sind wir alle ein wenig aufgeregt.

Nach einigen Quer-, Neben- und Seitenverbindungen klappt es schließlich – Conrad ist am Telefon, in Chicago. Persönlich. Und bereit, über seine Erfolgsgeheimnisse zu plaudern.

Zunächst interessieren uns die biographischen Rahmendaten. Weil man auch hieraus gewöhnlich schon lernen kann. Michael Conrad: „Einverstanden! Betrachten wir im Schnelldurchlauf die einzelnen Stationen. Also: Im Herbst 1968 begann ich bei *Young and Rubicam*. Hier lernte ich das ganze Werbewesen ziemlich gut kennen. Ende 1968 war ich bereits Texter. Anfang 1970 wechselte ich zu *Ogilvy*, wo ich bis April 1972 arbeitete. Danach machte ich mich mit *Lürzer, Münch* und *TBWA* selbständig – in Frankfurt. 1975 gründete ich dann mit Walter Lürzer die Firma *Lürzer-Conrad*, die wir 1980 mit *Leo Burnett Deutschland* zusammenführten. 1983 stieg Walter Lürzer aus, seit 1986 firmieren wir unter *Michael Conrad & Leo Burnett*. Seit Anfang 1986 sitze ich hier in Chicago. Mein Titel ist *Präsident und Director Creative Services Leo Burnett International*. Das bedeutet, daß ich für die kreative Qualität unserer Arbeiten international zuständig bin."

„Man bezeichnet Sie in der Szene mitunter als Papst. Was waren Ihre Höhepunkte, was Ihre Spitzenleistungen?"

Michael Conrad: „Meine Spitzenleistungen waren meine Kinder. Aber genau betrachtet waren das nicht meine Spitzenleistungen, sondern die meiner Frau."

„Schöne Antwort, aber mal ernsthaft!"

Michael Conrad: „Nun ganz ernsthaft muß ich kommentieren, daß ich von meinen eigenen Spitzenleistungen weniger reden möchte. Wenn ich über die Kampagnen nachdenke, bei denen ich, sagen wir mal, im wesentlichen die Qualität beeinflußt habe, so muß ich doch immer noch festhalten, daß stets eine ganze Menge von Leuten mit von der Partie waren."

„Das spricht für Ihre Bescheidenheit, aber was, würden Sie sagen, sind herausragende Projekte in Ihrem Werberleben gewesen?"

Michael Conrad: „Ich hatte das Glück, bei Young and Rubicam und bei Ogilvy das Rüstzeug zu bekommen, Werbung zu machen, Werbung, die über dem Durchschnitt liegt. Und ich hatte das Glück, bei Kampagnen mitwirken zu dürfen, die plötzlich im Interesse der Öffentlichkeit standen."

„Darf man diese nennen?"

Michael Conrad: „Ich möchte weniger Kampagnen nennen als Firmen. Ich arbeitete für *Gulf-Oil, Suchard Express, Procter & Gamble, Haig-Whisky*, für die *Lufthansa*, für die *Margarine-Union*, für *Unilever*. Der Durchbruch aber kam eigentlich mit der *TBWA*."

„Was waren die Gründe für den Erfolg?"

Michael Conrad: „Es handelte sich tatsächlich um vorzeigbare Erfolge, und solche Erfolge werden immer sehr beachtet. In der Analyse muß ich sagen, unsere Kampagnen waren ziemlich stramm, um es einmal so auszudrücken, es handelte sich um sehr gut positionierte Werbeaussagen, die interessant umgesetzt worden waren. Ich denke hier an die *Aral-Kampagne*, an *Halbarine*, an *Vichy* zum Beispiel, die Positionierung von Vichy zur Apotheken-Kosmetik."

„Um hier ganz kurz nachzuhaken, Sie messen Erfolge in der Werbung auch konkret an den wirtschaftlichen Erfolgen der Kunden? Auf gut deutsch, die Leute haben diese Produkte in der Folge vermehrt gekauft?"

Michael Conrad: „Bei *Vichy* zum Beispiel handelte es sich wirklich um einen großen wirtschaftlichen Erfolg, weil es sich eigentlich nur um einen Test-Markt handelte; und plötzlich waren alle Apotheken interessiert, die Marke zu führen. Hier kann man konkret von einem wirtschaftlichen Erfolg sprechen. Auf der anderen Seite kann man nicht immer alles der Werbung zuschreiben. Oft wird interessanterweise auch Mißerfolg der Werbung zugeschrieben. Werbung, muß man festhalten, besitzt ein sehr fragiles Wesen. Oft kann man selbst nach ein paar Monaten noch nicht sagen, ob Werbung einen wirtschaftlichen Erfolg gezeitigt hat oder nicht. Dennoch ist der wirtschaftliche Erfolg natürlich *ein* Ziel der Werbung."

„Interessiert sind wir natürlich auch an Ihren Erfolgsformeln als Texter. Gibt es bestimmte Regeln, die man als Werbetexter befolgen sollte? Was ist Ihr Glaubensbekenntnis?"

Michael Conrad: „Grundsätzlich kann man sagen: Regeln, die aufgestellt wurden, sind nicht dazu da, daß man sie befolgt, sondern daß man sie durchbricht. Bevor man Regeln durchbricht, muß man sie natürlich sehr gut kennen."

„Wobei es natürlich auch Regeln technischer Art gibt, schreibtechnisches Know-how zum Beispiel. Wenn jemand etwa in Alliterationen texten kann, so ist dies besser, als wenn er das nicht beherrscht?"

Michael Conrad: „Ja selbstverständlich! Was ich sagen will, ist nur folgendes: Wenn ich hier von einer Regel spreche, so ziele ich mehr auf philosophische Regeln, die man durchbrechen sollte. Im übrigen gibt es für Qualität noch einen ganz anderen Gradmesser..."

„Der da wäre?"

Michael Conrad: „Die eingebaute innere Stimme, die sozusagen hinter einem sitzt und sagt: Das ist noch nicht gut genug, was du da gemacht hast."

„Führen Sie das noch ein wenig aus?"

Michael Conrad: „Wenn man seine innere Stimme fragt, wird sie sich sehr häufig melden. Das Problem ist nur, sehr viele Menschen versuchen, diese innere Stimme wegzudrücken, obwohl bestimmte Arbeiten von dieser inneren Stimme als verbesserungswürdig beurteilt werden."

„Das Streben nach Qualität und Professionalität ist also wichtig."

Michael Conrad: „Und noch mehr. Es ist der Wunsch, sich selbst einfach immer wieder zu übertreffen. Wenn Sie eine Regel wollen, so ist *das* meine Regel. Dabei muß man natürlich auch Realist sein. Man muß das Machbare in Rechnung stellen. Im Laufe der Zeit lernt man eine Art kaufmännischen Realismus. Dennoch muß man immer wieder versuchen, sich die Zeit zu schaffen für Qualität."

„Wie kreieren Sie?"

Michael Conrad: „Eine Vorgehensweise bei mir besteht darin, daß ich mich einfach zurücksetze und versuche, eine *Vision* zu entwickeln. Ich frage mich: Wo könnte das Produkt stehen? Auch hier muß Realismus gegeben sein. Denn oft haben Sie die finanziellen Mittel für Ihre Träume nicht. Aber meine Erfahrung ist, daß man alles, was man im Kopf denken kann, auch machen kann, auch realisieren kann."

„Wie gehen Sie konkret vor, oder wie könnte man vorgehen, bei der Konzeption einer Kampagne?"

Michael Conrad: „Zunächst muß man sich Werberkenntnisse verschaffen. Man sollte sich A zunächst fragen, welche Kampagnen es weltweit in dieser Kategorie, die da angepeilt ist, gibt. Das ist durchaus legitim. Danach muß man sich B fragen: Was waren und was sind hervorragende Kampagnen? Und schließlich sollte man sich C die Aufgabe stellen: Ich möchte die beste Kampagne der Welt machen."

„Damit setzt man von vornherein einen immensen Anspruch; im Klartext heißt das, wenn man das Ziel hoch ansiedelt und die Aktion auch nur einigermaßen gut durchführt, so muß das notwendigerweise zum Erfolg führen...?"

Michael Conrad: „Das ist richtig! Wenn Sie nur auf halber Strecke landen, liegen Sie schon weit über dem Durchschnitt!"

„Ein kluger Mann hat einmal gesagt, wenn man den Mond erreichen will, muß man ein Raumschiff bauen, das eigentlich zur Venus fliegen könnte."

Michael Conrad: „Ja, dem stimme ich zu. Darüber hinaus gibt es noch weitere Kriterien für gute Werbung, die allerdings nur sehr allgemein formuliert werden können."

„Nennen Sie sie trotzdem?"

Michael Conrad: „Nun, Werbung sollte frisch sein und unverbraucht. Werbung sollte mutig sein und die Leute involvieren. Werbung sollte

Freude machen, Werbung sollte fundiert, also richtig positioniert sein. Und Werbung sollte ehrlich sein. Sie sollte ehrlich sein, denn Lügen haben kurze Beine. Wenn Werbung unwahr ist, so findet das Publikum heute sehr schnell heraus, wodurch ein negativer Erfolg produziert wird."

„Das provoziert natürlich eine Frage, die der Werbung und Werbeprofis oft vorgeworfen wird: Ist es nicht außerordentlich schwer in einem Werberleben, sich mit bestimmten Produkten identifizieren zu müssen, die man eigentlich nicht vertreten kann?"

Michael Conrad: „Ich glaube, daß es sehr viel weniger Werbung gibt, die lügt, als man annehmen sollte. Schon allein deshalb, weil jede Firma heute über Rechtsanwälte verfügt, die die Werbung gegenchecken. Und jeder Rechtsanwalt weiß, daß in dem Moment, wo ich etwas behaupte, was nicht stimmt, Probleme auf die Firma zukommen. Davon abgesehen steht sofort der Konkurrenz-Anwalt mit einer einstweiligen Verfügung in der Tür, wenn ich die Unwahrheit behaupte."

„Aber wie verhält es sich, wenn man sich mit einem Produkt nicht identifizieren kann? Sie haben etwa für Whisky Werbung gemacht. Wir persönlich hätten Schwierigkeiten, für Whisky Werbung zu betreiben...?"

Michael Conrad: „Dann dürften Sie dafür auch nicht werben oder texten. Wenn Sie sich mit einem Produkt identifizieren, können Sie darüber schreiben. Wenn Sie sich mit einem Produkt nicht identifizieren können, darf man es auch nicht bewerben. Die Lösung in der Praxis ist: In einer Agentur gibt es ja genügend Produkte. Im Notfall kann man sich ein anderes geben lassen. Ich glaube, das ist ein wichtiger Punkt. Man muß auch hier ehrlich sein. Man muß sich nicht quälen und für Produkte werben, mit denen man sich nicht identifizieren kann. Nehmen wir die Frauenhygiene. Wenn man da keinen Zugang hat als Mann, wäre es Unsinn, sich zu quälen. Dann ist es besser, jemand anderen zu finden, eine Frau zum Beispiel, die darüber schreibt."

„Zurück zu dem Thema Erfolgsformeln. Nehmen wir an, der Werber kann sich mit dem Produkt identifizieren. Wie kann er nun optimale Werbung kreieren?"

Michael Conrad: „Man muß sich immer wieder selbst fragen: Ist die eigene Werbung frisch – oder habe ich das schon gesehen? Ist die Werbung so, daß sie eine eigene Persönlichkeit besitzt – oder habe ich das irgendwo geklaut? Ist es gut genug positioniert – oder fehlt noch etwas? Wenn die Antwort auf die letzte Frage lautet, daß es noch nicht so gut positioniert ist, dann muß ich eben beginnen, mir weitere Informationen zu holen. Dann muß ich mit mehr Verbrauchern reden oder mit Kunden, muß jedenfalls weitere Gespräche führen, muß mit den Produktentwicklern reden oder wem auch immer. Auf diese Weise tun sich neue Möglichkeiten auf, man erhält weitere Informationen, auf die gestützt man eine interessantere Werbung aufbauen kann."

„Also viel mit Menschen sprechen, die mit dem Produkt zu tun haben werden, lautet die Formel?"

Michael Conrad: „Ja! Wenn man für Waschmittel Werbung macht, sollte man selber damit waschen! Wenn man für ein Haushaltsgerät Werbung macht, sollte man selbst dieses Haushaltsgerät verwenden, bis man es wirklich aus dem Effeff versteht. Darüber hinaus kann man mit dem Kunden und anderen Verbrauchern *reden*. Was ich ausdrücken will, ist, daß Werbung nicht im geschlossenen Zimmer entstehen kann. Nur in höchst seltenen Fällen hat man hier eine Eingebung. Man muß *kommunizieren*, man muß sich *Informationen* holen. Und dann plötzlich kann man sondieren. Man entwickelt im Laufe der Zeit ein gutes Gefühl, zu entscheiden, auf welchen Informationen man etwas aufbauen kann. Eine gute Methode ist, sich zu fragen: Was hat mich denn selbst beeindruckt? Dies braucht man in der Folge nur noch weiterzuerzählen, auf interessante Art und Weise natürlich."

„Man darf also kein Elfenbeinturm-Philosoph sein!"

Michael Conrad: „Richtig! Wenn man auf Regeln kommen will, so lautet eine weitere Regel sicherlich, daß man sich *Informationen* holen muß. Was darüber hinaus gut funktioniert, ist die *Teamarbeit*, weil man ansonsten wieder in die Isolation gerät. Ein großer Fehler in unserer Branche besteht darin, daß die Werber Helden werden wollen. Viele glauben nun, ein Held würde man nur, wenn man dokumentiert, daß man etwas absolut allein gemacht hat. Das jedoch ist eine perfekte Falle."

„Noch einmal zurück auf die eigentliche Werbung, bevor wir auf die Teamarbeit zu sprechen kommen. Wie hilft Ihnen die Psychologie in der Werbung. Was ist Ihre Einstellung hierzu?"

Michael Conrad: „Ich kann mit der Psychologie nicht viel anfangen, muß ich gestehen. Wichtig ist meiner Meinung nach, daß man *selbst* etwas verstehen können muß. Mir ist es zu kompliziert, mit Psychologie zu arbeiten. Ich finde, Werbung muß interessant sein, muß frisch sein, muß neu daherkommen und irgendwie Altes abstreifen. Psychologie finde ich eigentlich nur hinderlich."

„Wie könnte man gute Werbung weiter charakterisieren?"

Michael Conrad: „Wie gesagt, die *Formel* muß durchbrochen werden. Dann wird man wahrscheinlich etwas Frisches, Neues produzieren, das den

Leuten gut gefällt. Ich glaube, wenn man alle Weisheiten auf einen Punkt zu reduzieren versucht, so läßt sich festhalten, Werbung muß *gefallen*. Dem Verbraucher muß das Produkt gefallen. Wenn er die Werbung mag, wird er das Produkt auch mögen. Und dann wird er wahrscheinlich diesem Produkt den Vorzug geben. Nach allem, was wir wissen, ist das wahrscheinlich die wichtigste Formel, die es überhaupt gibt. Wenn man etwas nicht mag, wenn man etwas blöde findet, wenn man etwas beleidigend findet, wenn man etwas unbeholfen oder als Plagiat empfindet, dann bleibt ganz einfach ein fader Geschmack zurück. Dieser Geschmack überträgt sich dann auch auf das Produkt. Deshalb sollte gute Werbung etwas zum Leben addieren."

„Womit wir bei dem Positiven in der Werbung sind."

Michael Conrad: „Ja. Sehen Sie, wenn man darauf abzielt, daß ich Ihnen jetzt eine Freude bereiten will, mit dem, was ich zeige, oder wenn ich beabsichtige, daß Sie mit einem Produkt Ihr Leben verbessern oder verschönern können, dann wird das früher oder später wahrscheinlich ein wichtiger Markenartikel oder ein wichtiges Dienstleistungsangebot für Sie."

„Nun zurück zum Team! Warum, glauben Sie, funktioniert die Teamarbeit?"

Michael Conrad: „Weil jeder anders denkt. Allerdings gehören zur Teamarbeit zwei Voraussetzungen. Einmal muß man bereit sein, die Hosen herunterzulassen. Man muß mit anderen Worten ehrlich miteinander reden und keine Angst voreinander haben, sich etwas zu vergeben – mit einem Gedanken, der vielleicht banal sein könnte. Diese Barriere muß man im Team überspringen, man darf hier nicht immer der Gescheiteste sein wollen. Wenn man diese Barriere abbauen kann – und das baut sich eben ab, je mehr man Teamarbeit praktiziert – desto erfolgreicher wird das Team in der Folge!"

„Es gibt ja auch regelrechte Kreativitätstechniken, wie das Brainstorming, wo es eine Bedingung und Grundvoraussetzung ist, daß jeder alles sagen darf, ohne daß ihm gleich der Chef über den Mund fährt."

Michael Conrad: „Genau das ist der springende Punkt. Man muß die Leute ausreden lassen, das heißt, man darf andere nicht unterbrechen. Oft ist es zeitlich nicht möglich, da muß mal jemand unterbrochen werden, deshalb ist es wichtig, daß es einen Teamleader gibt. Und: Man muß *zuhören* können, das ist ganz wichtig. Viele Leute sind so verbaut, sie können einfach nicht zuhören. Das muß man lernen, das muß man praktizieren. Wenn man zuhören kann, sieht man sehr schnell, daß viele Leute sehr interessante Sachen zu sagen haben, auch wenn sie es oft umständlich ausdrücken."

„Bleiben wir beim Thema Team. Sie haben gemeinsam vielleicht mit einem Partner große Mannschaften aufgebaut. Was hat hierbei funktioniert? Wie haben Sie Ihre Leute motiviert?"

Michael Conrad: „Motiviert haben wir eigentlich mit Ehrlichkeit. Das tat manchmal auch weh und war mitunter subjektiv, aber am Ende, unter dem Strich, denke ich, daß man damit am besten fährt."

„Eine unserer letzten Fragen: Stellen Sie sich vor, Sie könnten Anfängern, Newcomern und Einsteigern in der Werbebranche eine einzige Botschaft übermitteln. Was würden Sie ihnen mitteilen wollen?"

Michael Conrad: „Zu lesen, was ich gerade gesagt habe."

„Gut, das werden wir genauso schreiben und stehenlassen. Aber was noch?"

Michael Conrad: „Nun, mein Ratschlag lautet, daß man zunächst *lernen* muß. Das heißt, man sollte die Werbung um die Ecke analysieren, an den Bauzäunen, an den Litfaßsäulen, die Werbung im Spiegel, im Stern, in den Illustrierten, in den Tageszeitungen, im Fernsehen. Danach bildet man sich eine Meinung, wozu auch gehört, daß man viele Werbebücher liest und sich damit auseinandersetzt. Im übrigen sollte man sich nicht nur mit nationaler, sondern auch mit internationaler Werbung und Literatur beschäftigen. Speziell was die Amerikaner und die Engländer machen und geschrieben haben, ist hochinteressant. Das alles wird dazu beitragen, daß man sich ein Bild macht. Danach kann man versuchen, mitzumischen. Wichtig bei all dem ist, auf den gesunden Menschenverstand nicht zu verzichten. Meine generelle Einschätzung ist im übrigen folgende: Ich glaube, daß die jungen Leute heute sehr exakt wissen, was Werbung ist, wozu sie ist, warum sie gemacht wird. Es kommt nun darauf an, das ganze eben interessant und sympathisch zu machen, wobei getrost ein wenig Übertreibung gegeben sein darf. Das heißt, Werbung darf nicht lügen, wie schon festgestellt, aber Sie können ruhig einmal übertreiben, solange es als angenehm empfunden wird."

„Als letztes interessieren uns Ihre ganz persönlichen Ziele. Was steht auf dem Battleplan?"

Michael Conrad: „Mein Ziel ist, daß jede unserer 54 internationalen Agenturen die beste kreative Agentur in ihrem Land wird."

„Kein kleines Ziel..."

Michael Conrad: „Aber eine Vision. Und für einige Agenturen haben wir das bereits erreicht."

Georg Viktor Ernst

„Ich liebe es geradezu, mit Herausforderungen konfrontiert zu werden und in der Folge die Verantwortung dafür zu übernehmen.“

Bei der folgenden „Figur“ handelt es sich um einen Charakter ganz besonderer Art. Es ist ein Typus voll Dynamik und Elan, dabei ein alter Hase der Branche und ein Madison-Avenue-Veteran. Tatsächlich jagt Ernst zur Zeit durch die Metropolen Europas, um gleichgesinnte Erfolgsunternehmen zu einem kreativen Potential zusammenzuschneiden. Ein Engländer würde ihn vielleicht als einen „real character“ bezeichnen.Bemerkenswert an ihm war, daß er es uns nicht eben leicht machte, beim Thema *Werbung* zu bleiben. Oft war der Mensch interessanter als seine Produkte. Immer wenn es um Erfolgsmethoden, Patente und Rezepte in der Werbebranche ging, gab er uns Antworten, die in eine ganz andere Richtung wiesen. Immer wenn wir ergründen wollten, was diesen Ernst antreibt, spürten wir einen Kessel vibrierend vor Kraft. Wie auch immer, wir wollten dem Phänomen Ernst auf den Grund gehen, wollten wissen, was ihn zu einem der erfolgreichsten deutschen Werbeunternehmer machte. Das Gespräch selbst fand im spartanisch eingerichteten Büro in einem modernen Glashaus in Düsseldorf statt. Die ersten Eindrücke: ein Eckzimmer, weiße Möbel, Naturteppichboden. Natur deshalb, weil Ernst im Büro, wie übrigens auch im Leben, der Sachlichkeit als Kontrast die Natur gegenüberstellt. Nicht als Kontrahenten, sondern als Partner in einer gemeinsamen Harmonie. In einer Ecke ein kleines Regal mit Akten. An den Wänden gähnende Leere. Er mußte unsere Verwunderung bemerkt haben, aber seine Erklärung zu diesem Umstand kam wie aus der Pistole geschossen:

„Ich bin kein Typ, der *sammelt.* Ich hab’ zum Beispiel zu Hause alle meine Bilder ungeordnet im Keller liegen und achte nur darauf, daß sie nicht zusammenkleben. Und hier im Büro – wenn ich zum Beispiel *Diplome* an der Wand hängen hätte – würde mich dies nur beengen; es würde mir das Gefühl vermitteln, keine weiteren Auszeichnungen mehr erringen zu können. Deshalb hängen auch keine Kampagnen an den Wänden. Wer wissen will, wie ich arbeite oder wie gut wir sind, der kann meine Kunden anrufen. Zur Zeit bestreite ich 70 % meines Umsatzes mit Kunden, mit denen ich schon lange Zeit arbeite. Und wenn wir schon mal bei Erfolgszahlen sind: 80 % meiner Kunden sind in ihrem jeweiligen Bereich Marktführer. Aber zurück zur kahlen Fläche. Wissen Sie, an die Wand hängt man die *Vergangenheit*, ich aber mache *Zukunft.* Und die kann man nicht an die Wände nageln, sie wird ja eben erst gezimmert!“Mehr als ein interessantes Kreativitätsrezept! Und mehr als interessant ist auch die Vergangenheit des Georg Viktor Ernst. Am 3. Juli 1941 wurde er im turbulenten Berlin geboren. Vater: Verleger. Mutter: Primadonna. Auf das Verhältnis zu seinen Eltern angesprochen kommt die Replik:

„Also eigentlich waren wir drei Singles zu Hause. Gegenseitiger Respekt und absolutes Vertrauen waren dabei Selbstverständlichkeit. Es existierte indes keine der üblichen Vater-Sohn- oder Mutter-Sohn-

Beziehungen. Von Anfang an ließen mir meine Eltern alle Freiheiten, mich zu entwickeln. Dadurch war ich schon zu einem sehr frühen Zeitpunkt selbständig. Später kam mir dies zugute. Ich kann mich erinnern, daß ich immer alles selbst machte. Mir hat nie einer den Koffer gepackt, bildlich gesprochen. Meine Wäsche mußte ich selbst zur Wäscherei bringen, und auch das Kochen brachte ich mir bei. Auf der anderen Seite besaß ich von Anfang an alle Rechte eines Erwachsenen. Alles in allem aber muß ich heute bekennen, daß ich durch diese 'Nichterziehung' außerordentlich früh mit dem tatsächlichen Leben in Kontakt kam."

Und wie ist umgekehrt heute sein Verhältnis zu seiner eigenen Familie? Das heißt, wie lebt der Vater Ernst mit seinen zwei Söhnen, wie mit seiner Frau?

Ernst: „Selbstkritisch betrachtet glaube ich, daß meine Dominanz eine gewisse Belastung für die Familie ist. Ich besitze die Manie, immer noch eins draufsetzen zu müssen. Das bedeutet: Wenn einer etwas vormacht, muß ich dies um wenigstens zehn Prozent übertreffen, das traue ich mir immer zu, zehn Prozent mehr als der andere zu schaffen. Für die beiden Jungen ist das nicht immer erquicklich, um das Mindeste zu sagen. Interessanterweise gibt es auch bei uns kaum ein Gemeinschaftserlebnis, so mit 'wenn der Vater mit dem Sohne'. Es handelt sich um, wie soll ich sagen, Einzelleben, auch was meine Frau angeht. Also: mit dem Älteren fahre ich Ski und betreibe Motorsport, mit dem zweiten fahre ich Rollschuhe oder Motorrad und mit meiner Frau spiele ich Golf und Tennis, um unser Zusammenleben vom sportlichen Gesichtspunkt aus einmal zu demonstrieren. Auf der anderen Seite ist dadurch gewährleistet, daß die Jungen eine eigene Persönlichkeit heranbilden. Im übrigen gilt: So sicher wie ich aus meiner Kindheit die Loyalität meinen Eltern gegenüber erlernt habe und sie heute umgekehrt gegenüber meiner Familie lebe, so sicher bin ich mir der Loyalität meiner Familienpartner."

Zurück zu dem chronologischen Ablauf: Ernst besuchte zunächst die Merzschule in Stuttgart. Die Familie war in der Zwischenzeit in die schwäbische Metropole umgezogen, die Mutter an der Staatsoper engagiert. Der Schüler Ernst zeigte sich auf allen Nebenschauplätzen der Schule als brillanter Streiter, tat sich aber mit den Kernfächern schwer. So kam es, daß er die Schülerzeitung herausgab, Kapitän der Hockey-Mannschaft war, dazu noch den Sportwartposten ausfüllte, kunstgewerblich Hervorragendes leistete und auch im Weben Außergewöhnliches zeigte. Aber es sind eben die Hauptfächer des tradierten Schulsystems, die über ein Weiterkommen entscheiden. Und so fand sein Pennäler-Dasein fast ein abruptes Ende an der Hürde des großen Latinums. Aber er beeindruckte dann doch den Lehrkörper mit einer Rekordleistung auf der Aschenbahn: Sein 100-Meter-Ergebnis von 10,9 Sekunden ist heute noch ein ungebrochener Rekord, in Stuttgart für Jugendliche bis 17 Jahre. Wie schafft man solche Spitzenleistungen?

Ernst lapidar: „Talent allein reicht nicht, um 10,9 zu laufen, man muß tatsächlich tierisch trainieren, das Ganze muß dich so reizen, daß du es auf Biegen und Brechen schaffen willst. Es ist die *Herausforderung*, die reizt."

Eine letzte Frage zu dieser Periode: Gab es eine Episode aus seiner Schulzeit, die wirklich einen bleibenden Eindruck hinterließ?

Ernst: „Ja! Stellen Sie sich ein Klassenzimmer der Nachkriegszeit vor: Primitivste Kinderstühlchen, Kanonenofen, es riecht nach Bohnerwachs und billigem Desinfektionsmittel. Der Lehrer steht an der Tafel und fragt, eine Metallkette mit der Hand hochhebend: Wie stark ist diese Kette? Die Kinder fangen sofort an, Berechnungen über Gewicht, Metalldicke und Länge anzustellen. Da schwirren Kilopond und Pfunde durcheinander, da rechne auch ich verzweifelt und bin schon fast mißgelaunt, weil ich zu keinem Ergebnis komme. Aber richtig wütend werde ich erst, wenn mir und all den anderen Kindern die Antwort präsentiert wird: *Eine Kette ist nur so stark wie ihr schwächstes Glied*. Ich habe innerlich getobt wegen meiner Dummheit. Was sollte ich mit diesem Spruch anfangen? Trotzdem war das für mich ein Schlüsselerlebnis zu einer neuen Dimension des Denkens, das Auswirkungen bis auf den heutigen Tag zeitigte."

Aber noch einmal zurück zu den mäßigen Leistungen in den Kernfächern: Damals fragte sich so mancher Lehrer, was um alles in der Welt aus einem solchen Menschen einmal werden soll? Für ihn boten sich wie von selbst nur die folgenden Berufsbilder an: Formel-1-Fahrer, Regisseur, Architekt oder Journalist. Wofür entschied sich der Praktiker Ernst, der mit der grauen Theorie der Schule so wenig am Hut hatte? Nun, er überlegte, welcher gemeinsame Nenner in diesen eben genannten Berufen existierte – und fand die Antwort: das liebe Geld. Der konsequente nächste Schritt war eine Banklehre, um die Geheimnisse des Mammons zu ergründen.

Wie ging es weiter? Zu neuen Dimensionen führte ihn ein Aufenthalt in den USA. Eine vollkommen andere Welt tat sich auf. In der Millionenstadt New York schlug er sich zunächst mit 70 Dollar pro Woche mehr schlecht als recht durch. Um etwas zu beißen zu haben, zählte Ernst öliges, schmieriges Geld in einer Spanischen Bank. Dennoch griff er weder seine Ersparnisse noch den kleinen Unterstützungsfonds seines Vaters an. Sein Ziel: Er wollte es *allein* schaffen. Ein interessantes Sparprinzip aus diesen seinen Lehr- und Wanderjahren, das er auch heute noch als Eckpfeiler seines Lebens betrachtet:

„Ich habe vom ersten Tag meines geldverdienenden Lebens an immer ein gesamtes Jahresgehalt der jeweiligen Position auf die hohe Kante gelegt. Immer! Das hat sich natürlich mit den Jahren im Zuge der besseren Anstellungsverträge beträchtlich erhöht. Dennoch behielt ich dieses Prinzip stets bei. Also: Ich besaß stets ein ganzes Jahresgehalt als Reserve. Der Vorteil: Mit ein wenig Geld im Rücken kann man auch mal seinem Chef auf den Schreibtisch schlagen. Positiv gewendet: Man kann sich selbst treu bleiben, weil man nicht finanziell abhängig ist von anderen Meinungen oder Diktaten."

Im Zusammenhang mit den USA wurde darüber hinaus ein Objekt wichtig, das Ernst auch Jahre später noch begleiten sollte: das Automobil. In all seinen Variationen und Faszinationen avancierte es sozusagen zu seinem ständigen Begleiter. In der Branche sind die VW-Anzeigen aus jener Zeit heute fast Legende. Zunächst gestaltete er sie mit als Assistent des Werbeleiters von *VW of America*, dann bei der das Unternehmen betreuenden Werbeagentur *DDB*. In den zehn Jahren seiner Mitarbeit bei *D*oyle, *D*ane und *B*ernbach in New York machte *er* den Käfer in den Staaten zum Beetle. Das heißt, zum berühmtesten, witzigsten und erfolgreichsten Automobil seiner Zeit.

Es erübrigt sich zu erwähnen, daß Ernst mittlerweile längst den Einstieg in die Werbebranche geglückt war. Mit 28 Jahren stand er bereits auf einer Sprosse, deren Höhe für viele in einem solchen Alter schwindelerregend ist: Ernst wurde die Kontrolle über einen damals *58-Millionen-Etat* übertragen, wie ihn Werber auf der ganzen Welt nur selten verwalten dürfen. Und dennoch: Eines Tages sah er keine Zukunft mehr für sich. Was war der Grund?

Ernst im Originalton: „Ich betreute VW und Porsche sowie Kunden wie Aral und Uniroyal und trieb alles bis zur äußersten Perfektion; aber plötzlich war ich am Ende angekommen. Sie müssen sich vorstellen: du bist als Autonarr groß geworden und hast dein Talent genutzt – und unversehens kommt ein Punkt, wo man sich sagt: Du hast alles in deinem Leben erreicht, alles, was im Bereich deiner Fähigkeiten liegt, jetzt gibt es nichts mehr. Fertig. Aus."

Es versteht sich von selbst, daß etwas geschehen mußte. Die Umstände verlangten nach einer neuen Herausforderung. Was blieb noch übrig?

Im August 1978 hatte Ernst sich so weit organisiert, daß er den Sprung ins kalte Wasser der beruflichen *Selbständigkeit* wagte. Freunde bürgten für ihn, namhafte Kunden standen ihm zur Seite. Heute, nach zehn Jahren, führt er eine Agentur mit 74 Mitarbeitern. Umsatz pro Mitarbeiter: eine Million Mark! Worauf führt er seinen Erfolg zurück?

Ernst: „Ich habe mich offen gestanden äußerst gründlich vorbereitet. Darüber hinaus bin ich ein Perfektionist. Früher bereitete mir diese Einstellung Schwierigkeiten, weil ich meine Leute zu sehr verschlissen habe. Das heißt, ich mutete ihnen das gleiche zu, was ich von mir verlangte, das war utopisch. Heute weiß ich, daß man als Chef auf die individuellen Möglichkeiten des einzelnen eingehen muß. Mittlerweile führe ich Menschen mehr zusammen und motiviere sie als organisches Ganzes in Richtung Perfektion. Auf diese Weise gelangt man zu sehr interessanten Prinzipien, zu Führungsprinzipien, die bemerkenswerterweise immer einfacher werden, immer klarer begreifbar; sie führen letztlich zu einem höheren Niveau für alle Beteiligten."

Das klingt nach Geschäftsgeheimnissen und einem gediegenen Know-how hinsichtlich Mitarbeitern, positiv verstanden. Wo liegen hier die Wurzeln?

Ernst lernte zugegebenermaßen einiges bei Bernbach in New York – 'first hand'. Unter anderem auch kreatives Management. Von besonderer Bedeutung war hierbei der Umgang und die Motivation der verbalen und visuellen Gestalter. Seine Erfahrung: Kreative können nur in einer demokratischen Atmosphäre zu Höchstleistungen auflaufen. Im Klartext bedeutet dies, daß man als Chef manchmal ganz bewußt zurückstecken muß, um diese kreativen Prozesse überhaupt zu ermöglichen.

Ernst: „In einer guten Agentur können 100 intelligente Macher nur unter höchst demokratischen Bedingungen völlig ehrlich und offen beste Qualität produzieren."

Es war eine Notwendigkeit, verriet uns der Spitzenwerber, sich in Richtung Toleranz zu entwickeln. Trotzdem sah er sich zumindest anfänglich manchmal immer noch mehr als Last denn als Lust. Man kann ihn mit einer Billardkugel vergleichen, die nach der ersten Bande ihren Weg nimmt, aber immer schon im voraus weiß, wo sie ankommt, und über das Ankommen bereits im Moment des Abstoßens reflektiert.

Wie auch immer, der spezifische Führungsstil begründete zumindest teilweise seinen Erfolg. Schon 1978 erkannte Ernst nach eigenen Worten, daß Werbung Visitenkarte und Führungsstil eines Unternehmens ist. „Werbung färbt immer ab, oder besser, beeinflußt auch das Verhalten der Mitarbeiter eines werbenden Unternehmens. Keine noch so ernste Mitteilung von innen kann so gut motivieren wie eine gut gemachte Werbung."

Was war noch von Bedeutung? Werbung muß laut Ernst einen Sinn besitzen – auch über das beworbene Produkt hinaus. Das Produkt ist bestimmt das wichtigste. Dann kommt aber sofort das gute Verhältnis zum Kunden. Ein Vertrauensverhältnis, das über lange Zeit gewachsen ist und natürlich die Zielverfolgung des produzierenden Unternehmens reflektiert. Außerdem hat die Qualität der *Ethik* in der Werbung fühlbar zu sein, ohne daß man sie in den Mund nehmen muß. Nach seiner Meinung motiviert gute Werbung nicht nur die Mitarbeiter des produzierenden Unternehmens, sondern respektiert auch das Selbstwertgefühl des Lesers und Verbrauchers, ja steigert es im Idealfall. In diesem Zusammenhang verweist Ernst auf seine *Wega*-Kampagne vor zehn Jahren und kommentiert dazu:

„Diese Kampagne, gäbe es das Produkt heute noch, könnte noch ebenso laufen und würde immer noch Ergebnisse zeitigen. Der springende Punkt war: Es wurden die Glaubwürdigkeit und der Sinngehalt des Produktes verstanden, nichts war oberflächlich, es paßte zum Zeitgeist, ohne sich mit der Zeit zu verbrauchen. Vordergründige Lernziele wurden dem langfristigen Unternehmensziel untergeordnet. Damit Ansprüche sich in Wertvorstellungen der Kunden niederschlagen konnten. Nur aus solchen Strategien kann ein Unternehmen oder sein Produkt einen Führungsanspruch ableiten. So sehe ich auch mich in meiner Arbeit. Es geht um Anspruch, es geht um klar formulierte Ziele, es geht um konsequentes Handeln, und es geht um die Aufgabe, Werte zu schaffen. Ohne andere abzuwerten.

An dieser Stelle sei eine kurze Reflexion gestattet. Was während des Gesprächs auffiel, war die Tatsache, daß Ernst immer wieder auf seine *persönlichen* Aktivitäten zu sprechen kam, seine *persönlichen* Unternehmungen; auf den ersten Blick hatten sie mit dem Thema Werbung nichts zu tun. So erzählte er uns, daß er sich selbst immer wieder in Wettbewerbssituationen wiederfand, die er auch im Leben suchte – was vielleicht bezeichnender ist als alle fein säuberlich herausdestillierten Werbe-Erfolgsformeln zusammen. So kann es einer Gruppe Motorrad-Rockern schon mal passieren, wenn sie gemeinsam mit Ernst fahren, daß sie auf dem Nürburgring buchstäblich von hinten aufgerollt werden. Er besitzt eine 91 PS starke, 201 Kilogramm leichte Rennmaschine, mit der er sozusagen aus dem Windschatten heraus angreift und schließlich die anderen überholt. Ernst kommentiert dazu: „Solche Situationen spitzen deinen Charakter sozusagen aufs höchste zu, da darfst du keinen Fehler machen. Man benötigt hierzu eine Art praktische Intelligenz, die einen nicht reaktions-, sondern reflexschnell handeln läßt; das heißt, man muß

Betreute Kunden:

- Theodorus Niemeyer Holland-Tabak GmbH (Javaanse Jongens, Samson)
- Okidata GmbH
- Sony Deutschland GmbH
  Sony ist seit 12 Jahren bei Ernst & Partner mit ihrem Gesamtetat. In dieser Zeit wurden viele Auszeichnungen und Preise zusammen errungen und eine Marktposition erreicht, die vorbildlich ist.
- telerent Fernseh- und Mietservice GmbH + Co.
- Joh. Vaillant GmbH & Co.
- Weyel KG
- Yamaha Division
- auto, motor & sport, Vereinigte Motor-Verlage GmbH & Co. KG
- Auto-Becker GmbH + Co. KG
- Erfurt & Sohn oHG
- Privatbrauerei Gatzweiler
- Hagen Batterie AG
- interlübke, Gebr. Lübke & Co. KG

fast reflexartig das *Wesentliche* erkennen und danach agieren. Das gilt für ein Rennen genauso wie für die Werbung, für den Beruf."

Auch hinter dem Steuer von BMW-Tourenwagen hat Ernst Bestzeiten gefahren. Bei Bergrennen und Sonderprüfungen sah man ihn manchmal Zeiten holen, die auch Professionals akzeptierten. Kommt hierbei nicht manchmal Angst auf?

Ernst dazu: „Angst vor dem Tod verdränge ich einfach. Sie existiert nicht für mich. Ich bin eine Art Stehaufmännchen, das irgendwie nicht umzuwerfen ist. Wenn der Tod einmal tatsächlich auf mich zukommen sollte, kann ich ihn immer noch zu einem Spielchen auffordern, so nach dem Motto: Mal sehen, wer von uns beiden überlebt."

Solche Haltungen, Ansichten und Lebensauffassungen charakterisieren Ernst mehr als die Beschreibung einzelner beruflicher Stationen. Mit solchen Einstellungen erkämpfte er sich nicht nur viele Preise auf Rennstrecken, er sah auch im Hürdenlauf der Werbung gut aus. Dabei geht er oft bis an den Rand des äußersten. Denn:

„Man erkennt seine Grenzen erst, wenn man sie gesprengt hat." Im Straßenverkehr kann Ernst das kaum ausprobieren, in seiner Agentur selten, selbst auf den Rennstrecken sind ihm Grenzen gesetzt. Nur beim Skifahren, sagt er, kann er voll aufdrehen. „Nur da, wo ich keinem anderen Schaden zufügen kann, auf der Piste, kann ich versuchen, an diese Grenzen zu stoßen."

Wir bohren weiter und wollen wissen, wo er genau seine Grenzen setzt. Ernst dazu: „Ich will nicht nach den Sternen greifen, die angesprochenen Limits liegen im Bereich des Lebens selbst, sind also *erreichbar.* Man muß aus diesem sogenannten Leben herausholen, was immer möglich ist, was es in seiner Vielfalt bietet. Dabei aber gilt es zu bedenken, daß man sich auf wenige Ziele konzentriert, Ziele, die hohe Anforderungen stellen an Körper und Geist, vor allem aber realistische Ziele, die dann mit vollem Einsatz realisiert werden können. Sehen Sie, ich habe den schönsten Beruf der Welt. Denn ich habe mit *Menschen* zu tun. Ich führe dabei diese Menschen in Richtung Leistung. Und dafür erhalte ich etwas, was nicht mit materiellen Werten zu vergleichen ist. Ohne ein Public-Relations-Statement abgeben zu wollen: Ich bin wirklich glücklich, daß es diesen Beruf gibt."

Und so geht Ernst in seinem Leben und seinem Beruf an die Grenzen des Machbaren plus zehn Prozent. Aber wie schafft er es *geistig* oder *mental*? Woher nimmt er die immensen Kraftreserven?

Ernst zu diesem Thema: „Sie erinnern sich an das Ketten-Beispiel meines alten Lehrers und meinen Zorn über die Lösung – weil sie in einem Bereich lag, den ich nicht in Betracht gezogen hatte. Damals fing ich an, über Intelligenz nachzudenken. Mit den Jahren verdichtete sich bei mir eine Einstellung, die in den Grundzügen auf folgendes hinausläuft: Ich unterscheide zwischen einer *theoretischen* und einer *praktischen* Intelligenz. Die theoretische führt zu, sagen wir, philosophischen Einsichten und Weisheiten, die praktische Intelligenz dagegen zu Anwendungen, zu einem bestimmten Nutzen. Bei einer Person, die wirklich *denken* gelernt hat, führt diese praktische Intelligenz, die ich ungleich höher schätze, zunächst zu Denkverbindungen, dann zu Erfahrungen und schließlich zu etwas praktisch Verwertbarem. Wer nicht auf diese Weise denken gelernt hat, dem fehlen Anwendungsmöglichkeiten; er wird im theoretischen Bereich möglicherweise wunderschöne Sätze formulieren können und brillante Einsichten von sich geben, aber er wird sich im richtigen Leben nicht zurechtfinden. Nur Ideen, die man macht, sind gute Ideen. Träume, Visionen und Phantasie sind ebenso erst dann wirklich gut, wenn man auch daran geht, sie umzusetzen, anzuwenden, wahr zu machen. Also: Aus den philosophischen Kernsätzen, aus manchmal wundervollen Gedankengängen, kann man übergreifende Weisheiten und globale Zusammenhänge erkennen. Aber den Hauptteil meiner Kraft hole ich mir aus dem *Leben*, aus jeder *Erfahrung*, die ich machen kann.“

Was dazu konkret gehört, interessiert uns.

Ernst: „Eine Reise, 78° in der Nähe des Nordpol zum Beispiel, die diesen Sommer auf dem Programm steht. Tatsächlich ist dies seit langem der Wunsch meiner Frau, den ich ihr jetzt endlich verwirklichen werde. Die Konkurrenz zu Hause ist also auch nicht von schlechten Eltern.“

Ein weiteres Erfolgsprinzip des Georg Viktor Ernst besteht darin, auch den Körper fit zu halten. Wie sieht ein ganz normaler Tag bei ihm aus? Zitieren wir den Werber im Originalton:

„Kurz vor sechs stehe ich auf – und mache zunächst einen Waldlauf. Ich glaube an meine angeborene Energie und unternehme trotzdem alles, um diese Energie noch zu steigern. Das ist eine Sucht bei mir, wie's Körneressen und Obsttage. Energie und Engagement, diese zwei E's sind es, die mir ungeheure Freude bereiten. Außerdem ist eine Reinigung der Seele damit verbunden. Beim Laufen gelange ich schon nach etwa zehn Minuten in einen harmonischen Gleichklang mit mir selbst. Ob ich in diesen Momenten an etwas denke oder nicht, ist gleichgültig. Nach meinem Dauerlauf nehme ich ein herzhaftes Frühstück mit meiner Frau, rundum gesund. Danach stehen einige Minuten Stretching auf dem Programm. So um acht Uhr bin ich aufgeräumt und fertig für den Tag, fühle ich mich ausbalanciert. Jetzt kann ich wirklich von acht bis acht drehen, ohne mich zu verbrauchen. Dann gehe ich abends total abgeritten ins Bett."

Es ist kein leichtes Unterfangen, über diesen Mann endgültig ein Urteil zu fällen. „Mister 110 Prozent" präsentierte sich uns als nimmermüder Macher, als ein nie rastender Rotor, ein Hansdampf unter Hochdruck. Wir können nur wiederholen, er ist ein Typus, ein „real character", der die 100 Meter in Rekordzeit laufen kann, der Rennwagen ebenso rasant fährt wie er seine Agentur führt oder sein persönliches Leben.

Branchenspezifische Erfolgsrezepte konnte man aus ihm nicht allzu viele herauskitzeln. Aber seine ureigenste Arbeits- und Lebensweise verrieten vielleicht mehr, als viele Insider-Informationen es vermocht hätten. Zweifellos ist sein Energie- und Krafthaushalt ein fester Punkt, von dem aus man ihn begreifen kann. Oder sein Wille, gesteckte Ziele unbeirrt zu verfolgen, auch wenn sie sich im nachhinein als die falschen Ziele erweisen. Denn durch konsequentes Verfolgen auch falscher Ziele kommt man immer noch schneller zum Erfolg als auf dem Weg, unsicher zu werden. Dieser Mann, so kann man abschließend festhalten, hätte es in jeder Branche geschafft, nach oben zu kommen – ob als Architekt oder Rennfahrer. Desgleichen hätte er als Journalist Karriere gemacht oder als Minister. Offenbar ist hier eine Kraft am Wirken, die man nur schwer in Worten festmachen kann. Der Ausdruck „Lebenskraft" trifft vielleicht des Pudels Kern oder der Begriff „elan vital". Fest steht: Bei Georg Viktor Ernst handelt es sich um ein nimmermüdes Energiepaket. Oder, wie er es selbst bildhaft beim Abschied formulierte: „Ich brenn' und glühe immer noch wie ein Vulkan, der nie zur Ruhe kommt."

Ivica Maksimovic

„Ich werde immer naiver. Zur Freude und zum Nutzen meiner Schüler. Und Kunden.“

Warum Professor Maksimovic in dieses Buch gehört? Warum wir auf ihn kamen, als es um die Teilnahme an diesem Buch ging? Ausschlaggebend war eine seiner Veröffentlichungen in einem Fachblatt für Werber. Das Thema: *Sind die Deutschen phantasielos?* Diese Frage hatte einer gestellt, der sowohl Künstler als auch Dozent ist. Unternehmer und Lehrer. Vordenker und Querulant.

Werden wir konkret: Professor Ivica Maksimovic ist sowohl Chef der gleichnamigen Werbeagentur als auch Dozent an einer Hochschule. Er lehrt an der *Hochschule der Bildenden Künste, Saar.* Jung ist er.

Und schnell. Nicht nur, weil er eine bayerische Sportnobelmarke fährt. Nein, auch weil er in Gestik und Mimik verriet, daß ihm dieses Stillsitzen beim Interview eigentlich gegen den Strich ging. Ivica Maksimovic ist mit anderen Worten ein Mann, der nicht lange wartet, bis er um seine Meinung gefragt wird. Ein Vorteil für uns! Wir brauchten nicht bohren und fragen, mußten lediglich seinen Redefluß so wenig als möglich hemmen. Im übrigen war er bildhaft. Ein Künstler eben. Und ultraflexibel. Ein Werber eben. Bekannt ist Maksimovic in der Branche aber nicht nur aufgrund dieser beiden scheinbaren Gegensätze, die ihn zu einer einsamen Erscheinung in der Kommunikationsbranche machten, sondern auch durch seine ungewöhnlichen Ansichten. Seine Fähigkeiten, zu sagen, was er denkt. Der Professor ist, unverblümt gesagt, einer, dem nichts heilig ist. Der im Gegenteil die heiligen Kühe schlachtet. Wie sieht *er* also die Dinge im Spiel um Millionen? Im Big Game um Kunden, Käufer und Kampagnen? Zunächst ein Originalzitat des Professors aus einer Broschüre der *Hochschule der Bildenden Künste, Saar*, unter der Überschrift: „*Gegen den Trend, eingeschlafene Füße zu produzieren*".

„Betrachtet man den derzeitigen Output der visuellen Kommunikation in Deutschland, beschleicht einen das Gefühl des Unwohlseins. Den Kommunikationsdesigner scheinen, außer den handwerklichen (die schon sehr klein geraten sind), alle guten Geister verlassen zu haben. Nach dem Motto '*Die wollen es nicht anders*' wird vorwiegend Dummheit und Trägheit produziert, anstatt Intelligenz und Qualität. Warum? Mittelmaß ist in. Und bequem. Unter dem sengenden Wind der Industrie biegen sich die Designer wie Grashalme von einer mittelmäßigen Lösung zur anderen, anstatt nach Lösungswegen zu suchen, die der kurzlebigen Ex-und-Hopp-Mentalität entgegenstehen. Aufgabe ist es, Lösungen zu finden, die realisierte Visionen sind, keine platten Kopien. Aber diese Lösungswege zu wagen verlangt mehr als ein zustimmendes Kopfnicken, denn sie sind steinig, hart, gefährlich und nicht gepflastert. Man braucht dazu den Mut und den Willen, die Welt zu verändern."

Soweit ein Kommentar des Professors. Aber blenden wir zunächst kurz einmal zurück, bevor wir uns die Ansichten dieses Werbe-Revolutionärs näher zu Gemüte führen...

Daß dieser Zeitgenosse ganz bestimmt schon früh ausgeschlafen war, zeigte uns ein Blick auf sein Curriculum vitae: Am 28. 6. 1953 in Zrenjanin in Jugoslawien geboren, siedelte er 1962 nach Deutschland um. Nicht lange danach sah man ihn seine ersten Brötchen verdienen – in einer Wurstfabrik! Den ersten Lohn seines Lebens legte er in einen Volkswagen Käfer an, der ihn noch lange durch die Schule und sein Studium chauffierte. Soweit machte er noch nicht viel Eindruck in der Kunst- und Werbeszene und wäre noch heute nicht erwähnenswert, hätte er sich nicht 1976 bei Professor Oskar Holweck an der Fachhochschule des Saarlandes im Fachbereich Design eingeschrieben. Ein Studium Kommunikationsdesign folgte in Darmstadt, und 1980 endlich tauchte er in der Branche auf, die er in der Folgezeit mitgestalten und prägen sollte. Wie er zur Werbung kam?

„Damals in den 70ern war es in, Kinderbücher zu verfassen. Die Werbung war für einen Studenten total out, richtig verpönt. Ich war einer der ganz wenigen, die sich völlig offen zu dieser Branche bekannten. Also kniete ich mich in der Folge in die Materie und studierte *Werbung*. Und arbeitete dafür kompromißlos. Nach dem Studium beschloß ich, bei der besten Agentur anzufangen. Dieses Prädikat verdiente Anfang der 80er meiner Ansicht nach die GGK in Düsseldorf. Ich bewarb mich. Und wurde angenommen."

Soweit in dürren, schmucklosen Worten der Start. Als Graphik-Designer fing er an, eine Mischung zwischen Genie und Enfant terrible. Schon ein Jahr später wechselte er die Agentur als Art-director. Und wieder wenig später purzelten ihm die verschiedensten Auszeichnungen ins Haus. Auf das weit verbreitete negative Image solcher Auszeichnungen angesprochen reagiert er:

„Es ist doch absoluter Unsinn, wenn Kritiker behaupten, dieses ganze Auszeichnungskarussell sei eine Art Selbstbefriedigung der Branche, ein Sich-gegenseitiges-Schulterklopfen weniger Beteiligter. Ich gönne den Burschen, die wirklich etwas Gescheites produziert haben, die Medaillen von ganzem Herzen. Natürlich kann man darüber diskutieren, warum dieser oder jener für dieses oder jenes eine Auszeichnung bekommen hat. Bei solchen Entscheidungen sind selbstredend manchmal Zweifel angebracht. In der Werbung steht jeder Kreative mit seiner Arbeit mehr oder weniger im Rampenlicht; und gute Arbeit wird sofort gesehen. Pech, daß auch die schlechte oder mittelmäßige Arbeit ebenso schnell registriert wird, in einer so kleinen Familie wie der der Werber bleibt nichts lange geheim und blüht kein Pflänzlein im Verborgenen. Im großen und ganzen muß man also sagen, daß sich Qualität durchsetzt. Und auch zu Recht honoriert wird."

Punktum! Eine ganz andere Position, als die, die man so oft zu hören bekommt. Und noch in einem weiteren Punkt erlaubt sich der Professor den Luxus einer eigenen Meinung – nämlich, was das Image und den Wert der Werbung anbelangt. So setzte sich Maksimovic vehement dafür ein, der Werbung in Deutschland das Ansehen zu schaffen, das sie seiner Ansicht nach verdient. Als zwei der ersten, die sich für dieses Ziel stark gemacht haben, nennt er uns ohne zu zögern Michael Conrad und Walter Lürzer.

„Ich glaube, daß Conrad und Lürzer damals provozieren wollten. Aufrütteln wollten. Sie erreichten damit, daß die Werberkollegen mutiger, neu, anders an ein Problem herangingen. Mit äußerst ungewöhnlichen Lösungen verhalfen sie der Branche zu einem Image-Schub nach vorne, den man noch heute spüren kann. In der Richtung hat sich also etwas getan, aber es muß noch viel mehr unternommen werden. In den USA oder in England zum Beispiel ist der Werbeberuf hoch angesehen! Bei uns steht er auf der Beliebtheitsskala gleich hinter den Politikern. Kein Wunder, werden doch die Verbraucher mit Reklame konfrontiert, die gelinde gesagt Schrott ist."

Taugt also Werbung heute nicht viel?

Ivica Maksimovic: „Bestimmt zu drei Vierteln ist Werbung absolut nicht erinnerungswürdig. Die Konsumenten von Werbung sehen dieses gewöhnlich langweilige, fade Zeug – und können natürlich nicht auf den Gedanken kommen, daß da wirklich intelligente, witzige Leute dahinterstehen. Und das ist tatsächlich schizophren; denn hinter den ganzen Kampagnen stehen wirklich intelligente Zeitgenossen! Warum produzieren die nur soviel Ausschuß? Ein Phänomen: Es gibt keine Branche, wo so viele qualifizierte Leute freiwillig soviel Schrott produzieren wie in der Werbung! Und das anschließend auch noch als *gute Arbeit* zu rechtfertigen versuchen."

Damit sind wir zwangsläufig bei der Frage aller Fragen: Was ist denn nun 'gute Werbung'? Gibt es da überhaupt eine Meßlatte, an der man Anzeigen, Funk- und Fernsehspots, Kinofilme oder Packungsdesign messen kann? Unser Gegenüber hat diese Frage vorhergesehen, und seine Replik kommt ohne Zeitverzögerung:

„Es schwirren immer noch seltsame Ideen durch die Gegend, was gute Werbung angeblich auszeichnet. Hier findet man außerordentlich viel Unsinn. Aber bleiben wir positiv. Gute Werbung ist meiner Meinung nach nur das, wo ich nach Jahren *nachfragen* kann, und immer noch eine *positive Resonanz* bekomme. Ein Beispiel: Stellen

Sie sich vor, da konzipieren Kunde und Agentur monatelang eine Kampagne; in der Folge wird sie wochenlang getestet, 10 bis 20 hochbezahlte Leute arbeiten hart daran. Und nun kommt so ein Leser daher und hat die Stirn, sie nicht zu bemerken! Das heißt, er nimmt sich eine Illustrierte vor und überblättert das Werk in Sekundenbruchteilen. Wenn dann noch jemand behauptet, der hätte doch aber wenigstens den Produktnutzen mitbekommen, dann kann ich nur laut lachen."

Gute Werbung muß also im Gedächtnis haften bleiben, kann man festhalten. Aber, wie inszeniert denn nun er, der erfolgreiche Professor mit seinen radikalen Ansichten, seine eigene Werbung? Wie geht er das Problem an?

Ivica Maksimovic: „Das Ziel besteht darin, die Leute, die Leser, in meine Anzeige sozusagen *hereinzuziehen.* Ich muß ihnen die Tür aufmachen. Ich muß sie auffordern, einzutreten. Der Leser muß merken, daß wir uns Mühe gegeben haben, ihm hier an dieser Stelle etwas zu zeigen, was er sich wirklich mal näher ansehen sollte! Wenn dieser Gedanke, diese Absicht, rüberkommt, bleiben die Leute stehen und wollen eintreten. Mit geballter Information erreiche ich im Zweifelsfalle wenig. Werbung kann nur stimulieren, kann zum Weiterinformieren motivieren. Mehr kann und sollte sie nicht. Alle weiteren Extras sind gewöhnlich sinnlos und produzieren nichts als Kosten."

Wenn man nur diese Erkenntnis in die Tat umsetzen und anwenden will – gibt es hierfür eine Formel?

Ivica Maksimovic: „Ich weiß, daß es auf der ganzen Werbewelt keinen einzigen Menschen unter der Sonne gibt, der über das absolute Rezept verfügt. Und hier wird es spannend. Es gibt keinen einzigen Menschen, der alles richtig macht. Auch ich falle, wie man so schön sagt, je und je auf die Nase wie andere auch. Wichtig ist jedoch, daß man ständig hinterfragt, warum man etwas so machen muß und nicht anders. Warum man etwas so schreiben, so gestalten oder präsentieren muß. Ich stelle mir ständig diese Fragen. Und habe meine 'Antennen' ausgefahren, um auch die ungewöhnlichen Wellen zu empfangen, die gemeinhin nur von *Kindern* aufgenommen werden können. Mein ganz privates Erfolgsrezept lautet also: *Naiv* muß man wieder denken können. *Staunen* muß man wieder lernen. Und dieses Staunen an seine Leser, Seher oder Hörer weitergeben. Dann hat man Werbung gemacht, die die Chance besitzt, noch viele Jahre im Gedächtnis zu bleiben."

Wir wissen nun nicht, ob das eine Einstellung ist, die dem Professor viele Kunden ins Haus treibt. Aus gutinformierter Quelle, wie es so schön heißt, haben wir jedoch erfahren, daß er *überhaupt keine* (!)

> Betreute Kunden:
> - IBM Deutschland
> - Fiat Turin
> - Braun-Kronberg
> - Citroën Paris
> - Club Mediterrannée, Paris
>
> u.v.a.

Akquisition für seine Agentur betreibt. Außerdem ist seine Zeit zwischen den Vorlesungen knapp bemessen. Was kommentieren also seine Kunden zu seinen Ansichten? Denn einen Popularitätspreis gewinnt man damit sicher nicht.

Ivica Maksimovic im Originalton: „Für mich gibt es nur zwei Arten von Kunden: Die einen schlagen die Hände über dem Kopf zusammen und lassen mich nicht mehr durch die Tür, die anderen bleiben gerne mit mir in Kontakt. Es hat sich gezeigt, daß die Kunden, die ich schätze, auch umgekehrt etwas Positives von mir halten. Ich würde das als Respektbündnis bezeichnen. Darüber hinaus sind es Kunden, die nicht alles nachbeten, was das *'Handbuch für Werbung und Marketing'* zu sagen hat. Sie suchen ebenso wie ich nach neuen, ungewöhnlichen Ideen, die sie dann auch umgesetzt sehen wollen."

Und zugegeben: Es ist schon seltsam für diese Branche, daß sogar bei einer Entscheidung *gegen ihn* die Kunden das Gefühl haben, mit diesem Manne weiter in Kontakt bleiben zu müssen. Von zweien erfuhren wir, die, einige Monate nachdem Maksimovic eine Präsentation bei ihnen verloren hatte, mit einem Auftrag zu ihm kamen, weil sie nachhaltig von seiner Ehrlichkeit beeindruckt und Originalität überzeugt waren! Womit wir bei einem neuen Stichwort sind; denn was versteht der Professor unter Kreativität und Originalität? Maksimovic erläutert uns das Problem an einem Beispiel:

„Für eine Hemdenfirma der Oberklasse, also für handgenähte Qualitätshemden, lief einmal eine Anzeige, in der nur das Firmenetikett abgebildet war. Im Text entschuldigte sich der Hersteller beim Leser dafür, daß man bei *einem* der Qualitätshemden vergessen habe, dieses

Etikett einzunähen (was nicht stimmte!). Der Käufer dieses Hemdes wurde gebeten, an die Hemdenfirma zu schreiben, damit man ihm sein Etikett zusenden könnte. Mit einer zu Herzen gehenden Entschuldigung! Was glauben Sie, wie viele Leute schrieben? Nun, über 4.000! Eine solche Idee finde ich absolut beispielhaft. Es handelte sich hierbei um einen Einfall, der ankam. Der ungewöhnlich war. Und noch lange Zeit etwas für das Produkt und den Hersteller tat. Das ist Werbung! Das ist Originalität!“

Wir unterhalten uns noch eine ganze Weile mit dem Professor. Und immer wieder fällt uns auf, daß Maksimovic ebenso quer wie auch schräg von oben denken kann. Stets sucht er nach dem Außergewöhnlichen. Den ungewöhnlichen Lösungen. Einige Zeitgenossen würden ihn vielleicht sogar als *verrückt* bezeichnen. Aber: Wo holt er sich seine *verrückten* Ideen her? Wir wissen jetzt zwar, daß seiner Meinung nach zu einem guten, erfolgreichen Werber die kindliche Phantasie gehört. Er hat uns erklärt, warum man sich in diesem Beruf die Antennen für das Phantastische nicht durchs Erwachsenwerden abbrechen lassen darf. Aber hat er noch mehr auf Lager?

Ivica Maksimovic: „Wenn einer in einem Meeting nicht eine halbe Stunde Blödsinn reden kann, so daß alle unterm Tisch liegen und sich die Bäuche vor Lachen halten, wie soll der denn witzige Werbung machen? Das ist ein Unding. Mir kann keiner erzählen, daß ein Egozentriker, der ein Temperament wie eine Schlaftablette hat, in der Lage sein soll, spritzige TV-Spots zu kreieren. Das geht nicht. Vielleicht gibt Ihnen das eine Antwort, einen kleinen Fingerzeig!“

Wir bohren weiter. Immer wieder kommt der Professor auf diese Antennen zurück, die im Laufe des Lebens eingefahren, abgeknickt oder ganz und gar abgebrochen, wenn nicht sogar freiwillig eingezogen werden. Diese Antennen will er auch bei seinen Studenten so weit ölen, daß sie so lange wie möglich brauchbar und funktionstüchtig bleiben. Der Exote unter den Werbern fügt hinzu:

„Ich weiß, daß nicht alle meine Studenten diese ihre Antennen ganz vor dem sogenannten Erwachsenendasein schützen können. Viele werden es versuchen, die meisten werden es nicht schaffen, aber es wird einige wenige geben, die ihren Sinn dafür sogar noch schärfen. Diese Mädels und Burschen werden in der Folge dafür verantwortlich sein, daß unsere Werbung im Ansehen ein gutes Stück vorankommt.“

Mit einem kleinen Schmunzler fügt er hinzu, daß er es nicht ausschließt, daß man auf diese Weise auf der Beliebtheitsskala vielleicht sogar die Politiker überrunden könnte. Was ihm selbst schon ohne Zweifel gelungen ist, denn sein Konzept auf der Hochschule ist darauf ausgerichtet, zwei an sich widerstreitende Pole zusammenzuführen. *Design* und *Kunst* wachsen momentan unter seiner Ägide zu einem natürlichen Gebilde zusammen. Der Professor vertritt den Standpunkt, daß es zwischen diesen beiden Lagern keinen Widerspruch geben muß. Daß in den vielen zurückliegenden Jahren der Werbung eine Chance verpaßt wurde, als man Kunst und Design in zwei Lager spaltete. Aber:

„Berührungspunkte gab es schon immer. Und wir haben schon einige gemeinsame Projekte verwirklicht. Es ist ungeheuer interessant festzustellen, wie die Studenten der ‘freien Kunst’ ebenso einfach, frech und frei denken wie wir Designer. Und umgekehrt.“

Bleibt nur noch die Frage nach der Zukunft, das heißt, wie sieht er, der die Entwicklung durch seine Lehrtätigkeit wie kaum ein anderer mitbestimmt, die Perspektiven?

Ivica Maksimovic: „*Daß* sich etwas verändern wird, ist sicher. Die 90er Jahre werden meiner Ansicht nach die Jahre der Werbung sein. Speziell für Deutschland. Wir verfügen über die entsprechende finanzielle Power. Wir besitzen die personelle Kraft. Und wir haben aufgeschlossene, mutige Kunden. Was wir jetzt noch brauchen, ist die Fähigkeit, mit unseren Emotionen und Ideen genauso toll und verrückt umzugehen, wie es uns schon lange die Franzosen, Spanier oder Engländer vorgemacht haben.“

Aber was wird sich konkret ändern? In welche Richtung wird sich die Werbung bewegen?

Ivica Maksimovic: „Der grundlegende Irrtum besteht darin, daß wir Erwachsenen damit übereingestimmt haben, daß die Phantasie angeblich in den Kindergarten gehöre und nicht ins Geschäft. Dies wird sich ändern, die Zeichen deuten darauf hin. Junge Menschen gehen heute nicht mehr so schulbuchmäßig an die Sachen heran. Sie tun vieles unkonventioneller als ihre Väter. Das kommende Jahrzehnt wird unberechenbar, ebenso unberechenbar wie die daraus resultierenden Ideen. Und damit auch viel interessanter. Ich freue mich mit meinen Kollegen und Schülern auf die beginnende Epoche der Exoten.“

Vielen Dank, Herr Professor, und wir mit Ihnen, wir mit Ihnen!

Kai Uwe Johannsen

„Wer anfängt, zufrieden zu sein, fängt an, immer schlechtere Produkte zu liefern.“

Ganz offensichtlich war Kai Uwe Johannsen mit unserer Terminplanung nicht ganz glücklich, denn sonst hätte es nicht bis zum Redaktionsschluß gedauert, bis wir uns endlich gegenübersitzen konnten. Ein vielbeschäftigter Mann, mehr in der Luft als auf dem Boden, rastlos unterwegs für seine internationale Klientel! So war denn auch der Treffpunkt entsprechend: Frankfurt Sheraton, direkt am Flughafen, zwischen zwei Flügen.

Kai Uwe Johannsen ist anzusehen, daß er aufreibende Tage hinter sich hat. Doch blitzt es hinter seinen Brillengläsern. Vielleicht hat er gerade einen größeren Coup unter Dach und Fach gebracht. Oder eine glänzende Idee für eine Marketing-Kampagne lanciert. Aber eigentlich gehören solche Bonbons zum täglichen Brot eines ausgefuchsten Marketingmannes. Wie auch immer, Kai Uwe Johannsen strahlt zusehends mehr. Wir können also beginnen. Und steigen etwas vorlaut ein:

„Können Sie uns sagen, warum Sie seit Eintritt in die Lobby hier die Strahlkraft Ihres Gesichtsausdrucks stufenlos gesteigert haben?"

„Aber selbstverständlich. Weil Sie die ersten sind, denen ich vom jüngsten Erfolg berichten kann. Aber wollen wir nicht zuerst die Anfangsphase durchleuchten? Denn vor den Erfolg haben die Götter bekanntlich etwas anderes gesetzt."

Danke. Wir zappeln wie der Fisch am Haken. Dabei hat, wie wir erfahren, Herr Johannsen mit Angeln nun wirklich nichts am Hut. Der Hamburger – am 26. März 1936 in der Hansestadt geboren – pflegt vielmehr all jene Hobbies, die zu einem erfolgreichen Geschäftsmann passen, der trotz der flippigen Werbebranche eher das Image eines Top-Managers eines Weltkonzerns vermittelt. Seine körperlichen Betätigungen liegen beim Golf und der Ruderei. Selbst on the job pflegt er seine Hobbies:

„Ich habe damals, in den 70ern, für *Colgate Palmolive* gearbeitet und eine neue Pflegeserie eingeführt. *Irischer Frühling* nannte sie sich. Zu den Filmaufnahmen flog ich mit nach Irland. Seitdem hat mich der Reiz dieses Landes nicht mehr losgelassen. Es gibt auf der Insel keinen Golfplatz, den ich nicht kenne. Den Rudersport dagegen pflege ich schon seit meiner Jugend- und Studentenzeit. Zuerst bei den berühmten *Ratzeburger Ruder-Recken* unter dem legendären Ruderpapst Adam, heute im Hamburger Traditionsverein *Favorite Harmonia*."

Der Sohn aus bürgerlichem Hause war nicht von Anfang an weich gebettet. In den Nachkriegswirren scheiterte die Familie mit einem Textilunternehmen, Schmalhans war Küchenmeister. Der Sohn sollte aber trotzdem eine solide Ausbildung erhalten. Und wie das in Hamburger Familien Tradition ist, stand nach dem Abitur zuerst eine kaufmännische Lehre auf dem Plan, sprich eine Lehre als Industriekaufmann. Wie es sich für begabte Söhne geziemt, wurde diese erste Karrierehürde bravourös genommen. Kai Uwe schnitt als Jahrgangsbester ab. Doch dann begann es zu haken. Nur Tariflohn als Angestellter? Aufstiegsaussichten begrenzt? Johannsen schrieb sich sofort an der Hamburger Uni ein und studierte Betriebswirtschaftslehre. Abschluß: Diplom-Kaufmann.

„Wenn man etwas erreichen will, muß man sich frühzeitig darauf einstellen, auch etwas investieren zu müssen. Mit anderen Worten: Wenn man sich darauf konzentriert, das schnelle Geld zu verdienen, statt weiterzulernen, so ist das eben kurzsichtig gedacht. Trotz harter Jahre möchte ich diese Zeit jedoch nicht missen. Das Geld zum Studieren habe ich mir durch Säckeschleppen im Hafen verdient, durch Autoüberführen und Lieferwagenfahren; manchmal auch, auf etwas weniger anstrengende Weise, durch Babysitten. Es gab tatsächlich keinen Job, den ich nicht angenommen hätte, nur um die notwendigsten Ausgaben bestreiten zu können. Da ist man schon mal hart am Rande der Aufgabe gewandert. Aber das Ziel stand fest.“

Durch seinen ausgewanderten Bruder kam Johannsen in Kontakt mit dem *Deutschen Akademischen Austauschdienst* und hierdurch mit den USA und mit Kanada – Länder, für die er sich brennend interessierte; tatsächlich bekam er in der Folge ein Stipendium. Doch bevor der Flieger abheben konnte, um der neuen Welt entgegenzuschweben, sollte er erst einmal, wie alle Aspiranten, politisch aufgemöbelt und argumentativ auf Hochglanz gebracht werden. Sollten sie doch in der Fremde als die ersten Gesandten der neuen Frische der Bundesrepublik Deutschland auftreten können. Unser Gesandter stürzte sich in Edmonton/Alberta ins Studium und faßte schon bald eine bis heute währende Liebe zum *Marketing*. Und dies zu einer Zeit, als man in deutschen Werbeküchen noch nach Rezepten der Großmütter kochte.

„Ich hatte als Frischling doch überhaupt keine Ahnung, was das ist, *Marketing*. Erst bei meiner Ankunft auf dem Flughafen, wo mich die geballte Kraft nordamerikanischen Marketings buchstäblich erschlug, erst von diesem Zeitpunkt an war ich fasziniert von der bunten Palette all dieser Kommunikationsmöglichkeiten. Logischerweise belegte ich dann nur die Fächer, die mir dieses Gebiet näherbringen konnten. Ich habe also ganz bewußt nur noch auf dieses Ziel hingearbeitet.“

Schon nach einem Jahr baute er seinen *Master of Arts*; ursprünglich war Johannsen fest entschlossen, auf dem amerikanischen Kontinent sein Glück zu machen, wie schon so viele vor ihm. Und weil man ganz unten anfängt, um alles auch von Grund auf zu kennen, verdingte sich der Zugereiste vorderhand bei Ford in Toronto und verkaufte fortan

Lastwagen per Telefon.

„Bis zum Bazillus *Marketing* war mein Leben eigentlich mehr durch Zufälligkeiten geprägt. Da waren keine besonderen Begabungen, da gab es keine besondere oder gelenkte Förderung seitens der Eltern. Es handelte sich ganz einfach um intuitiv getroffene Entscheidungen, wenn Entscheidungen anstanden. Es gab keine prägenden Einflüsse oder Ereignisse. Danach existierte jedoch nur noch dieses eine große Ziel in meinem Leben: als Experte für Problemlösungen im Marketing und der Kommunikation Erfolge zu produzieren, der bestmögliche Marketingexperte zu werden, den man sich vorstellen konnte.“

Im Großraumbüro zusammen mit 20 Kollegen, die natürlich alle perfekt englisch sprachen, bewies er sich selbst, daß er erstens im richtigen Beruf und zweitens auf dem richtigen Dampfer war. Hier holte er sich seine ersten Erfolgserlebnisse. Das Ergebnis: Seine Seniors wollten ihn auf keinen Fall gehen lassen. Doch Johannsen wollte mehr.

Daß erfolgreiches Verkaufen viel mit dem guten Ruf des Produktes und des Unternehmens zu tun hatte, erlebte er täglich. Deswegen wollte er die Image-Macher, die Werbebranche kennenlernen. Und schon lagen allen ortsansässigen Agenturen seine Bewerbungsschreiben auf den Tischen. Als angehender Marketingexperte wußte er bereits um die Wirksamkeit des Nachhakens. Seine „Personal-Marketing-Kampagnen“ hatte er deshalb als mehrstufiges Mailing konzipiert. Das Ergebnis überraschte niemanden: Kai Uwe Johannsen trat in Kanadas größte Werbeagentur ein. Als Marktforscher.

Man schrieb das Jahr 1964, als seine Karriere als *Mafo-Spezialist* begann. Über diesen Weg lernte er das ganze Know-how und Instrumentarium moderner Marktforschung kennen.

„Ich hatte das große Glück, unter einem Abteilungsleiter zu arbeiten, der eine Schwäche für Europäer hatte. So wurden mir also alle Fehler erlaubt, die man bei anderen sofort geahndet hätte. Denn, wie man weiß, nur durch Machen von Fehlern, nur durch Arbeiten ohne Angst vor Strafe, kann man sich richtig entfalten, kann alles ausprobieren und dann auch wirklich die Analogien ziehen, die man für eine universelle Anwendung des Gelernten braucht. Zwei Jahre lang habe ich alles aufgesogen, was man nur aufsaugen kann. Bis zu dem Zeitpunkt, da aus meiner schon bestehenden Zweierbeziehung eine Dreierbeziehung heranwuchs. Dieses dritte Glied in der Familienkette sollte jedoch in der Heimat zur Welt kommen.“

Ein Blick in die Kanadischen Handelsblätter zeigte dem Heimkehrer, daß man in Frankfurt dringendst einen versierten Etat-Direktor benötigte, der fest im Sattel des Marketing reiten konnte und der englischen Sprache mächtig war. Die Agentur hieß *Ted Bates*. Und setzte auf Johannsen.

„Ich bin heute noch überzeugter Bates-Mann. Denn die Arbeitstechniken – oder auch die ‘Philosophie’ der Agentur –, Produkte und Dienstleistungen mit der USP-Konzeption zum Erfolg zu bringen, sind heute für mich genauso gültig, wie sie damals von dem Werbepapst Rosser Reeves formuliert worden waren.“

Wir bitten natürlich sofort um eine nähere Erläuterung, denn mit solchen Abkürzungen können unsere Leser möglicherweise wenig anfangen. Was bitte ist ein *USP*?

„Übersetzt heißt das einfach *Unique Selling Proposition.* Auf gut deutsch etwa: die Alleinstellung des Produktnutzenvorteils in der Kundenansprache, das Verkaufsargument, das kein anderer so machen oder so kopieren kann. Nach diesem Prinzip wird bei uns heute noch ein Produkt im Markt lanciert. Nach dieser Methode gehen wir in allem vor, was nach draußen kommunizieren und verkaufen soll. Nur so sichern wir unserer Klientel vernünftige Preise, reduzieren wir das Risiko des Preiswettbewerbs. Objektiv vorhandene oder subjektiv zu schaffende Produktnutzenvorteile möglichst zugkräftig zu konzipieren und umzusetzen ist Schwerpunkt unserer Arbeit. Ebenfalls nach dem Motto von Rosser Reeves: ‘Der Wurm muß dem Fisch schmecken und nicht dem Angler!’

Diese Denke wurde dem neuen Bates-Mitarbeiter zunächst in New York in der Zentrale vermittelt, ehe man ihn nach Frankfurt ziehen ließ, im Gepäck die Erfahrung mit dem Colgate-Palmolive-Etat, im Kopf hochfliegende Pläne. Viele der dort gelernten Instrumentarien und Werbetechniken sind heute noch integrierter Bestandteil seiner eigenen Philosophie und Agentur-Ideologie. Und immenser Vorteil. Denn seine Erfahrungen bei den ganz Großen der internationalen Werbungtreibenden honorieren ihm heute auch seine jetzigen (internationalen) Kunden. Auf die Eigenschaften und das spezielle Know-how angesprochen, das seine Kunden an ihm schätzen, kommt erst einmal ein Zögern, dann ein „muß das sein, wird auch Eigenlob gedruckt?“ und endlich:

„Es gibt keine Geheimformeln, es gibt keine Recipes, sprich Kochbuchrezepte, die substantiell oder formal den Kunden überzeugen. Letztlich ist es immer die auf Kundenbedürfnisse maßgeschneiderte Arbeitstechnik, die den Markterfolg schließlich konkret werden läßt. Know-how ist also nur die Voraussetzung.“

ADMAR
ADVERTISING & MARKETING

Kunden-Liste

- Burlington Socks
- Clark Gabelstapler
- Electrolux Leisure Products
- GO-Travel Reise-Accessoires
- miniBar Hotel-Kühlschränke
- Munters Maschinen/Schadensanierungen
- Origo Kocher/Herde Bootsbau
- Torin Boot/Yachtbau
  Unifridge Hotelservices

Bemerkenswert ist, daß der illustre Kreis seiner Auftraggeber in den folgenden Jahren fast unverändert blieb. Waren sie nicht ohnehin schon lange bei ihm, kamen sie nach einer Scheidung immer wieder in den Schoß Johannsenscher Betreuung zurück. Sie kamen zurück, weil er unabhängig ist in seiner Meinung, weil er Sachkompetenz besitzt im internationalen Geschäft. Man fühlt sich von ihm beraten. Aber der springende Punkt ist, daß ganz einfach die Ergebnisse seiner Beratungstätigkeit stimmen, sprich im Markt sieht man den Erfolg.

„Als eine ganzheitliche Kommunikationsberatung könnte man die Prinzipien unserer Arbeit darstellen. Wir bei der *ADMAR* [1)] in Hamburg führen beide Bereiche, führen Werbung und Marketing zusammen, weil ohne einen gesunden Marketingunterbau keine sinnvolle Kommunikation nach draußen stattfinden kann. Wenigstens keine, die effizient und kostengünstig durchgeführt werden könnte.“

Mit zehn Mitarbeitern machte sich Johannsen nach vielen Jahren Geschäftsführertätigkeit bei amerikanischen und englischen Werbeagenturen 1986 selbständig. Und bemühte sich seitdem, auch verantwortliche Kollegen an der Agentur zu beteiligen. Dies zahlte sich ganz offensichtlich aus. Denn auftragsmäßig liegt die *ADMAR* im sicheren Fahrwasser guter Neugeschäfte, und auch die treuen Stammkunden fühlen sich wohl im Agenturschiff. Sein größter Erfolg in den zurückliegenden Jahren:

„Es gibt für mich zwei herausragende Erfolge. Der erste ist ein rein persönlicher Erfolg. Bei den Wechselfällen und bei der Hektik sowie der ständigen Extrembelastung unseres Berufes finde ich es schon ein

1) AD = Advertising, MAR = Marketing, also ADMAR = Werbung und Marketing

starkes Stück, daß die Familie Johannsen noch so toll zusammen funktioniert und harmoniert, wie sie es jeden Tag beweist. Als besonderen geschäftlichen Erfolg sehe ich unsere Arbeit für *Burlington Socks*. Innerhalb von drei Jahren steigerten wir die Umsatzzahlen von 30 auf 140 Millionen Mark. Mit einer *Corporate Identity*, also einem allumfassenden Erscheinungsbild für die Öffentlichkeit, und einer sinnvollen Verbraucherinformation. Da ich dieses Ergebnis auch als ein Produkt meiner Beratung bezeichnen darf, bin ich schon ein bißchen stolz darauf."

Als größte Leistung seiner Mannschaft sieht er nicht die Einzelleistung, sondern die Kontinuität, auf die sie über so viele Jahre zurückblicken kann. Und die Beschäftigung mit der Gesamtheit der Probleme eines Kunden, der betreut werden soll. Interessant ist darüber hinaus der Führungsstil, den Johannsen für seine Agentur pflegt und der beim größten Haushaltsgerätehersteller der Welt – und ADMAR-Kunde – für Erfolg sorgt. Es ist das bewußt gepflegte dezentrale Führungsprinzip der Eigenverantwortung vor Ort mit einem großen Entscheidungsspielraum. So hat er nach vielen Jahren feststellen müssen, daß nicht alles, was aus US-Amerika kommt, unbedingt gut sein muß – wie der zentrale Führungsstil zum Beispiel, wo selbst für das entfernte Honolulu die Entscheidungen noch in der Zentrale in New York getroffen werden. Hier mußte Johannsen umdenken, hier mußte er seine Erfahrungen und Ansichten revidieren. Die bewußt auf die Individuen eines Konzerns maßgeschneiderte Management-Philosophie der *Dezentralisation* beeindruckte ihn dagegen und führte zu einer Neuorientierung, so daß in seinem Unternehmen jetzt angewandt wird, was ein Kunde ihm vorgemacht hat.

„Das ist für mich die optimale Arbeitsweise zwischen Menschen im Team, zwischen Personen, die gemeinsam an einer Aufgabe arbeiten: Dieses Prinzip führte ich zunächst im kleinen Rahmen bei mir ein. Heute zelebriere ich es richtig. Und glauben Sie mir: Es ist schon ein kleines Kunststück für eine Werbeagentur, einen internationalen, dezentral operierenden Multi so lange beratend zu begleiten und als Leitagentur für die Weltmärkte zur Seite zu stehen. Aber das ist unsere Stärke, und das ist vielleicht auch die Marktlücke, die wir ausfüllen."

Aber bedeutet das im Einzelfall nicht einen enormen Streß?

„Eigentlich nicht. Es ist für mich im Gegenteil unfaßbar, daß der Mannschaft und mir dieses Leben immer wieder so viel Spaß bereitet, diese Arbeit, die doch immer wieder das letzte von der Einzelperson fordert. Dennoch haben wir gemeinsam so viel Spaß und Freude an unserem Beruf, daß bei uns sogar das Motto gilt: *Ohne Spaß kein Geld*. Das heißt, wenn uns ein Kunde keinen Spaß bereitet, lassen wir die Finger davon."

Wenn ihm das alles heute noch so viel Freude bereitet, dann wollen wir auch noch wissen, was ihm in der Zukunft vorschwebt an lustvollen Unternehmungen. Und da ist Johannsen flugs zur Hand mit einem ungewöhnlichen Traum, mit einem Wunsch, den er sich in den kommenden Jahren irgendwann einmal erfüllen will:

„In einer schönen Sommersaison möchte ich alle Golfplätze der grünen Insel Irland durchwandern und auf jedem einzelnen mein Handicap unterschreiten."

Darüber hinaus sind für die ADMAR die Ziele in die Zukunft schon geplottet. Man will auf rund 20 Mitarbeiter anwachsen, die Expansion soll sich im europäischen Raum abspielen. Was ist hierunter exakt zu fassen? Das Netz einer Kooperation mit ähnlich strukturierten Agenturen in Europa und USA steht. Bei einem Glas der alten Witwe Cliquot läßt Kai Uwe Johannsen die Katze aus dem Sack, das heißt, er verrät uns den jüngsten Erfolg, der ihn am Anfang dieses Interviews so strahlen ließ:

„Als Leitagentur für internationale Kunden sind wir stark geworden. Mit dieser speziellen Stärke haben wir uns jetzt wieder – diesmal gegen starke amerikanische Konkurrenz – durchgesetzt: Wir arbeiten jetzt für ein Unternehmen, dessen Name weltweite Reputation besitzt. Der Name: Clark. Das Produkt: Gabelstapler."

Während Johannsen seinen neuesten Erfolg nochmals langsam genießerisch auf der Zunge zergehen läßt, können wir nur noch konstatieren, daß er für seine Expansionspläne wahrlich keinen besseren Partner hätte finden können. Denn wie kann man sich schon sicherer und schneller in höhere Gefilde erheben, die man sich zu erreichen vorgenommen hat, als mit einem Forklift vom größten Hersteller der Welt?

Jupp Kroesen

„Alles geben und nie zufrieden sein. Wer in unserem Beruf weniger tut, ist ein Scharlatan.“

Langsam verschwindet der glühende Sonnenball hinter dem heruntergekommenen Drugstore an der Ecke zu den Mietställen; die harten Strahlen blitzen reflektierend auf den polierten Läufen der Revolver, das markante Gesicht des rechten Kämpfers leuchtet für eine Sekunde im Widerschein. Der Gegner leckt sich nervös die trockenspröden Lippen. Da gellt ein Schrei über den leergefegten Platz: „Das war schon recht gut so. Noch ein bißchen wütender bitte! Das Ganze noch mal!“

Der Revolverheld im schwarzen Gewand, Regisseur in Personalunion, wiederholt die Szene zum x-ten Male. Nun aber scheint er zufrieden. Ein Schuß peitscht durch die Stille. Er fällt, bäumt sich noch einmal auf, die Augen brechen. Aus den umliegenden Gebäuden stürzen Menschen, Entsetzen und unendliche Trauer im Antlitz. Man schart sich um den betrauerten Leichnam, Grabesruhe macht sich breit. Die Menschen weinen, weinen, bis die scharfe Stimme des Regisseurs den Fluß der Tränen stoppt und zufrieden alle Beteiligten für ihre herausragende Leistung lobt. Die Menge zerstreut sich, das Mittagessen wartet.

Hocherhobenen Hauptes macht sich auch Regisseur Kroesen auf den Heimweg, die Brust vor Stolz geschwellt, glücklich darüber, ein Macher zu sein, ein Führer, ein Boß. Und während ihm seine Mutter die Suppe schöpft, ist er in Gedanken schon beim Nachmittag, wo er die Olympischen Spiele mit dem Zehnkampf eröffnen und durchführen muß, deren Geräuschkulisse beim Nachtisch durch die Fenster dringt und zeigt, daß sich im verwüsteten Garten des Elternhauses schon allerhand zu entwickeln beginnt. Er ist bereit. Jupp Kroesen, gerade 8 Jahre alt geworden, macht sich nach dem Essen sofort auf den Weg...

Ein denkwürdiges Ereignis im Leben eines jeden Kindes, sollte man meinen. Nicht so im Leben dieses Kindes. Denn nach erfolgreich durchgeführter „Olympiade" und tatkräftiger Teilnahme an den Spielen (eine Gold- und zwei Silbermedaillen) versuchte eine ausgesuchte (Kinder-)Bodenmannschaft den Kroesen in den Himmel seiner Heimatstadt zu befördern – mit einigen phantasiereichen Vorrichtungen, denn der „Boß" wollte *fliegen*. Und es gelang. Jupp genoß für einige Augenblicke das Gefühl, Otto Lilienthal einige Zentimeter Flughöhe näher gewesen zu sein...

Wir haben heute den Enddreißiger Kroesen vor uns sitzen, und um es ganz ehrlich zuzugeben, warten wir nervös auf die ersten Anzeichen sich ankündigender Hektik, die irgendeinem weiteren Projekt Kroesens vorauseilen wie Böen dem Sturm. Doch sofort nimmt er uns den gefürchteten Wind aus den Segeln:

„Mit der Zeit wird man ruhiger. Ausgewogener. Diplomatischer vielleicht. Ich stehe zwar noch immer permanent unter Starkstrom, aber die Leitungen liegen unter Putz. Also, keine Angst."

Wir haben diesen Jupp Kroesen für unser Buch ausgesucht, weil zum einen sein Name immer wieder im Zusammenhang mit ungewöhnlichem Werbetalent fiel, zugegeben mit einhergehenden mißbilligenden Äußerungen über die Direktheit seiner Kollegenschelte, und zum anderen wegen seiner ungeheueren Flexibilität in Sachen Eigenproduktion, die sich in keine Norm zwingen läßt. Vorweg gesagt, er macht alles. Und mehr.

Kroesen im Originalton: „Kreativ sein bedeutet für mich, in allen Bereichen, die mein Verstand erfaßt, aktiv mitzumischen, mitzuspielen, mitzugestalten. Da kann es passieren, daß mich ein Kunde für seine Werbung engagiert und sich einige Zeit später wundert, daß ich auch noch sein neues Produkt entwickelt, verpackt und positioniert habe. Ich kann nicht einfach irgendwo aufhören, zu denken, zu kreieren, zu gestalten. Das geht in manchen Fällen sogar bis zur Eigenproduktion von Dingen, die mal durch meinen Kopf schwirrten."

Er gibt uns auch gleich die Beispiele und tischt uns die Geschichte auf. Zu Corporate Identity und Werbeoutfit einer Mode-Designerin in München entwarf er zusätzlich drei Kleider. Sie liefen zur Premiere über den Laufsteg. Applaus. Im Moment hat er sich in die Möbelproduktion gestürzt, eigene Entwürfe natürlich, zusammen mit einem renommierten Schweizer Hersteller, dessen Namen für Kenner der Einrichtungsbranche mit zum Feinsten gehört, baut er seine Prototypen. Aber so ist er. Was er sich vorstellen kann, das kann er auch verwirklichen. Denkt er. Und tut's auch.

Kroesen: „Ich muß sagen, was meinen Tatendrang anbelangt, so bin ich noch heute meinen Eltern dankbar. Die haben mich wirklich alles machen lassen. Es wurden keine Stopps gesetzt. Im Gegenteil. Da wurde ermuntert und motiviert. Meine Kindheit ist deshalb gekennzeichnet durch eine absolute Spielfreiheit. Da gab es sogar keine Schelte oder Prügel, als ich mal unser Klavier in seine Einzelteile zerlegte. Zusammenbau war nicht mehr möglich. Mein Vater hat später einen ganz tollen Gartentisch daraus gebastelt."

Man merkt's ihm an, daß da immer noch dieses unbändige Vertrauen in die eigene Fähigkeit vorhanden ist, von keiner Seite gehemmt – im Gegenteil, von allem und jedem herausgefordert. Wie sah denn für einen solchen Menschen der weitere Weg ins Leben aus?

Nachdem die Wunschberufe Dirigent, Regisseur und Maler eine Zeitlang durch seinen Kopf geisterten, entschied sich Jupp Kroesen zunächst für die *Schrift* als Ausdruck der Ästhetik. Autodidakt. Eine kaufmännische Lehre wurde begonnen, eine feste Freundin angeworben, und dann beides als viel zu einengend wieder verworfen. Daraufhin stürzte er sich voll in ein Studium als Graphik-Designer in Essen. Schon während des Studiums verdingte er sich als hochbezahlter Art-director an eine Werbeagentur, dozierte an der Volkshochschule und sammelte auf diese Weise Erfahrungen in einem Metier, das sich, laut Kroesen, viel zu wichtig nimmt.

„Ich habe während meiner Zeit in der Agentur leider feststellen müssen, daß viele Werber nicht wirklich wissen, was sie machen. Da wird blind getastet, groß angegeben, alles recht kompliziert gemacht und mit Geheimnissen umwoben, nur damit die Kollegen oder die Kunden meinen, das Geschäft sei wirklich etwas furchtbar Kompliziertes und nur was für ganz Ausgeschlafene. Dabei ist die Putzfrau, die oft zu den sogenannten 'Tests' herangezogen wird, manchmal kreativer als die sogenannten Macher."

Wir haben schon viele Meinungen über die Werbebranche gehört. Wir haben auch schon einige kritische Stimmen vernommen. Wir wissen selbst aus eigenen Erfahrungen, daß auch in dieser Branche nicht alles Gold ist, was glänzt, aber was uns in der Folge von diesem Jupp Kroesen über seine Mitbewerber präsentiert wird, hätten wir uns bei der Terminabsprache mit ihm bestimmt nicht träumen lassen. Und erst recht nicht beim Interview. Die gelassenen Engländer haben dafür nur ein Wort: Shocking!

Aber bleiben wir chronologisch, verfolgen wir den weiteren Lebensweg dieses Enfant terrible der Szene, als das er sich selbst überhaupt nicht sieht. Revoluzzer mit Augenzwinkern ließe er uns vielleicht noch durchgehen, aber mehr auch nicht. Was sei schon dabei, wenn man eben nicht anders kann, als überall und jederzeit Schaumschlägerei, Aufgeblasenheit und Blendwerk schonungslos anzuprangern oder wenigstens den Finger draufzulegen. Kein Wunder, daß er nicht gerade ein beliebter Kollege war.

„Da wird dir immer gesagt, *das geht nicht* und *das kann man nicht machen* und *das kauft der Kunde nie* und so weiter. Ich hab das alles einfach nicht geglaubt. Was also unternahm ich? Nun, ich habe mir einfach alles angelesen, was die Experten zur Werbung zu sagen hatten. Ich hab mich nächtelang schlau gemacht über Zusammenhänge, Strukturen, über Marketing und den ganzen Kram, bis ich dann feststellte, daß ich der einzige im Team war, der ein gewisses Basiswissen besaß; die anderen mogelten sich mit klugen Sprüchen nur durch. Und um keine Fehler zu machen, wurde eben die 'sicherste' Lösung eines Problems vorgezogen und vorgestellt."

Ein Mann mit einer solchen Einstellung kann nur in die Selbständigkeit. 1980 machte Kroesen diesen riskanten Schritt ohne die branchenübliche „Mitnahme" eines oder mehrerer Kunden aus der letzten Agentur. Die Folge: Er mußte eine Durststrecke durchstehen, die ihn an den Rand des berühmten Hungertuches brachte. Aber mit seiner nun schon bekannten Zähigkeit bei der Umsetzung von Zielen gelang es ihm, schließlich mit einem stark motivierten Team das zu verwirklichen, was er tatsächlich wollte.

Aber noch einmal einen Schritt zurück. Wie und wann fiel die Entscheidung, sich selbständig zu machen?

Jupp Kroesen: „Als ich in einer Agentur einmal vom Chef hörte, wir seien die Neger der Nation, und das gesagt mit dem selbstgefälligsten Lächeln der Welt, da wußte ich, der ist nicht mehr mein Chef. Ich habe sofort gekündigt. Auf der anschließenden Suche nach einem neuen Boß passierte mir noch mehrmals Ähnliches. Das war der Punkt, da ich beschloß, mein eigener Chef zu werden. Ich wollte auch auf keinen Fall so werden, wie es mir in den Agenturen vorgemacht worden war. Wenn ich nur an das schmale Akzeptierungsniveau eines gewöhnlichen Werbers denke, so mit den Accessoires, die stimmen müssen, die ganz bestimmten Kneipen, das richtige Auto und so fort, da überkommt's mich. Mit all diesen Statussymbolen ist der Werber selbst doch schon längst zu einer ganz klar umrissenen und definierbaren Zielgruppe geworden, zu einem Klischee, wo er doch überhaupt keiner Zielgruppe angehören sollte. Ich finde, nur wer sozusagen körperlos arbeitet, kann je nach Bedarf in jede Zielgruppe hineinschlüpfen, schauen und arbeiten, und unversehrt wieder herauskommen. Nur so kann er Wünsche, Bedürfnisse und Abneigungen voll wahrnehmen, ohne eine vorgefertigte Meinung. Und ohne diese oft schon blasiert zu nennende Attitüde, die manche Werber so gerne spazieren tragen."

Wie kommt nun ein solcher Querdenker und Feuerkopf an seriöse Kunden? Ist es überhaupt vorstellbar, daß sich ein einigermaßen vernünftiger Kunde auf so einen Kroesen einläßt? Offensichtlich! Kroesen besitzt eine Eigenart, die bei den prospektiven Kunden ankommt. Er ist laut eigener Aussage 'nicht zimperlich' mit seinem Gegenüber aus Dienstleistung oder Industrie. Und er hat etwas zu bieten, was seine Auftraggeber offenbar schätzen: Ideen aus dem Hut. Ideen und Umsetzungen an Ort und Stelle. Spontane Einfälle, ohne den langen Weg durch die Agentur-Instanzen. Und er produziert im Überfluß. Wenn er einem Kunden seine Arbeiten präsentiert, dann erhält der Kunde auch alles, was ihm dazu eingefallen ist. Also das genaue Gegenteil üblicher Präsentationstechnik, wo zu ein oder zwei Ideen die Agenturempfehlung vorgelegt wird. So arbeitete er in den zurückliegenden Jahren für die Branchen Möbel, Mode, Kosmetik und Tourismus in dieser Art und Weise – und lebte nicht schlecht davon, um es einmal bescheiden auszudrücken, auch wenn er über die harten Zahlen und Fakten lieber den Mantel des Schweigens breitet.

Seine Kontakte bahnt er über Kommunikationslinien befreundeter

Unternehmensberater an. Und mit seiner Technik der spontanen Ad-hoc-Kreation gewinnt er Kunden, wo andere sich in mühevollen und kostspieligen Wettbewerbspräsentationen aufreiben müssen. Was dann kommt, ist sein Eindringen in die tiefsten Tiefen der zu betreuenden Unternehmen. Mit seiner Politik, alles aus einer Hand zu bieten, mischt er sich auch schon einmal in die Politik und Strategie seines Kunden ein. Er will nicht nur mitreden und eventuell mitformulieren, er will auch dafür Sorge tragen, daß seine Ideen draußen auf dem Markt umgesetzt und angewendet werden. Und nicht nur in leeren Worten und Bekanntmachungen erstarren. Darüber hinaus vermittelt er seinen Auftraggebern noch etwas, was sie anscheinend von anderen nicht in dem Maße erhalten: Er vermittelt *Sicherheit*, Sicherheit für die Maßnahmen, die er vorgeschlagen hat, Sicherheit für die Wirksamkeit der vorgeschlagenen Mittel.

Jupp Kroesen: „Ich versuche meinen Kunden klarzumachen, daß den klugen Sprüchen aus der Werbekiste erst dann geglaubt werden soll, wenn ihre Anwendbarkeit sich für diesen Bereich oder für dieses Produkt herausgestellt hat. Vor allem darf man keine Ergüsse selbsternannter Koryphäen kritiklos akzeptieren. Und da schwirren schon einige markige Sätze in der Gegend herum. Zum Beispiel: *Die Funktion ergibt die Form*. Was für ein Quatsch! Wo bleibt denn da die Ästhetik? Es ist doch viel intelligenter, ein ästhetisches Produkt zu gestalten und dann die gewünschte Funktion in harmonischen Einklang damit zu bringen. Ein anderer Satz heißt: *Die Qualität von Werbung ist Kunst*. Ich sehe in der Werbung absolut keine Kunst. Ich sehe nur eines, nämlich daß Werbung ein Produkt anbieten und verkaufen soll. Wer da Kunstansprüche erhebt, ist in meinen Augen ein selbstgefälliger 'fisher-for-compliments'. Nicht von ungefähr klaffen die Meinungen der Werbemacher und der Werbekonsumenten über die Produkte so weit auseinander. Was für die Leute draußen eben bunte Bilder sind, wird von vielen Werbern als Kunst betrachtet."

So gesehen nimmt es nicht wunder, daß Kroesen mit seiner Selbsteinschätzung keine Probleme hat. Und auch noch nie hatte. Daraus leitet sich wohl auch seine Philosophie ab, die er für seine Arbeit konsequent anwendet: *Den Besten das Schönste*. Die Besten, das sind seine schon betreuten Kunden und die, die er noch zu betreuen gedenkt. Das Schönste, das sind ohne jede weitere Frage seine Produkte, seine Ideen, seine Designs, alle seine Arbeiten eben.

„Im Moment finde ich eben meine Sachen am schönsten. Ich habe wenig im Sinn mit anderen Dingen. Ich bin glücklich mit meinen Erfindungen und Ideen. Es ist meine Welt."

Und diese seine Welt spiegelt sich in seinen Produktionen, die er ausnahmslos als Geschenk betrachtet. Als Geschenk von sich an seine Auftraggeber. Zugegebenermaßen keine billigen Geschenke, aber zweifellos werden sie von seinen Kunden gerne angenommen. Und bezahlt natürlich. Denn der Gegenwert kann sich sehen lassen. Und die Arbeit, die dahintersteckt. Denn wie schon die Überschrift zu diesem Interview lautet: Kroesen gibt immer alles, und er ist nie zufrieden. Wer weniger tut, ist in seinen Augen ein Scharlatan.

Ein schönes Motto! Würde es jeder Werber anwenden, könnte er dem Erfolg wahrscheinlich nur durch Selbstmord entgehen.

Heinrich Hoffmann

„Was nutzt alle Taktik und Strategie, wenn man in der Folge nicht mit dem Ergebnis leben kann.“

Wir parken den Wagen in einer ruhigen Allee in der Nähe der Frankfurter Messe. Der gesuchte Gebäudekomplex, den wir nach einer Weile ausfindig machen, ist offenbar vor nicht allzu langer Zeit runderneuert worden, um einer Vielzahl Firmen aus der Kommunikationsbranche ein angemessenes Ambiente zu bieten. Linker Hand Schilder von Druckereien und Lithoanstalten, rechts Werbeagenturen.

„Hoffmann & Partner“ lesen wir schließlich. Wir sind am Ziel. Treppen. Überall um uns her riecht es nach pulsierender, dynamischer Prosperität. In Gängen und Treppenhäusern begegnen uns Models, die man aus Werbespots kennt. Im zweiten Stock öffnet sich auf unser Klingeln eine Stahltür: Wir stehen mitten in der Agentur. Vorherrschende Farben: Schwarz/Weiß. Hoher Raum. Große Fenster mit Stahlkreuzen. Viel Licht. An allen möglichen und unmöglichen Lokalitäten laufen Fernsehapparate. Und zeigen Werbespots. Was sonst. Computer-Terminals ergänzen den Eindruck von Modernität. Große Deckenventilatoren drehen flappig ihre Runden. Alles funktionell. Nirgendwo Schnickschnack. Kein Prestige-Schinken an der Wand. Auffallend: ein großes, einladendes Tischfußball-Gerät im Zentrum der Werbeschmiede. Eine Möglichkeit, sich abzulenken, sich zu erholen? Der Chef steht selbst an dem Gerät.

„Wagen Sie ein Spielchen? Oder wollen wir zuerst das Interview abhaken? Was wollen Sie trinken? Nehmen Sie schon mal Platz. Ich bin gleich bei Ihnen.“

Wie Sepp Maiers Abstöße kommen die Fragen auf uns zugeschossen. Wir winken ab. Zuerst die Arbeit, dann das Spiel. Hoffmann selbst beugt sich noch einmal kurz über das Tischfußball-Gerät, konzentriert sich auf die Spielfläche; dann schießt er mit seinem rechten Außenläufer durch die Beine der gegnerischen Verteidigung zu seinem Stürmer, täuscht mit einer schnellen Bewegung nach links, schneidet den Ball rechts an und versenkt die Holzkugel im Tor hinter der langen Ecke. Hoffmann lädt uns noch einmal zu einem Match ein. Er weiß jedoch nicht, daß wir ebenfalls erfahrene Tischfußball-Fans sind! Gleichmütig nehmen wir also seine Einladung an und schlagen vor, *nach* dem Interview unsere Kräfte zu messen. Möglicherweise wird er sein blaues Wunder mit uns erleben...

Heinrich Hoffmann: „Ich nehme an, Sie trinken Cola, ich kann aber auch Kaffee anbieten.“

Wir legen uns die erste Frage zurecht – und steigen unmittelbar ein in das Leben des Heinrich Hoffmann. Er hat sich jetzt zu uns gesetzt, ein Auge immer auf die flimmernden TV-Schirme, die Fenster, seine Mitarbeiter, Telefon und Fußballspiel gerichtet. Wir beginnen, wo auch ein Werber sein Leben beginnt, am Anfang.

1950 wurde Heinrich Hoffmann in Bietigheim geboren, in einer eher kleinbürgerlichen Atmosphäre, wie sie in Baden-Württemberg nach dem Krieg häufig anzutreffen war. Fleiß, Zielstrebigkeit und Integrität wurden ihm dortzulande automatisch in die Wiege gelegt. So machte sich der spätere Top-Werber zunächst schwäbisch-emsig auf den Lebensweg. Zuerst im benachbarten Ludwigsburg, dann auf der Waldorfschule in Stuttgart. Hier baute er auch 13 Jahre später sein Abitur, ein ausgezeichnetes Abitur. Damit stand ihm die Welt offen, was die Wahl der Studienfächer anbelangte. Aber genau hier erhob sich das erste Fragezeichen. Seine Eltern „wußten" ganz genau, was ihr Sohn studieren sollte: Lehrer sollte er werden, was denn sonst? Weil man hier *so schön abgesichert ist.* Doch schon früh zeigte sich sein ureigenster Dickkopf, sprich die Fähigkeit Hoffmanns, aus gewohnten Normen auszubrechen und *eigene* Ziele zu formulieren. Wofür entschied sich der spätere Werber also?

Heinrich Hoffmann: „Was mich schließlich geritten hat, *Graphik* zu machen, kann ich heute nicht mehr mit Sicherheit nachvollziehen. Ich wollte möglichst weit vom *Lehrer* weg. Im übrigen genügte mir nicht nur die Ausbildung zum Graphiker, es mußte auch noch am anderen Ende der Bundesrepublik sein."

Kiel bot sich an. Ein Semester Werkkunstschule ließ ihn jedoch sehr schnell erkennen, daß die Ausbildung nicht seinen Vorstellungen entsprach. Also hörte sich Hoffmann aktiv um. Das Ergebnis: Er erfuhr von einer anderen, ebenso lokal extrem gelegenen Institution: der Kunstgewerbeschule *Basel*, wo er sich für die folgenden vier Jahre als Student einschrieb. Hier erlernte er nicht nur ein hochqualifiziertes Handwerk. Schon bald übernahm er auch die Rechte und Pflichten eines Präsidenten des Schülergremiums. Besaß er schon immer ein gutes Selbstbewußtsein?

Heinrich Hoffmann: „Vor neuen Aufgaben graut es mir nie. Ich habe auch nie gezögert, etwas Neues oder Ungewöhnliches anzupacken. Während meines weiteren Lebens hat sich stets gezeigt, daß das 'learning by doing' eine Herausforderung ist, die ich brauche. Bislang klappte es ja auch immer, wodurch sich dieses Prinzip bestätigte. Ein weiteres Erfolgsgeheimnis: Ich gehe stets sehr unkompliziert an die Sachen heran, ich bin kein Taktiker. Von wirklicher Bedeutung dabei ist vor allem die Ehrlichkeit gegenüber mir selbst. Man muß wissen, was man kann, und auch davon überzeugt sein."

Minderwertigkeitskomplexe, wie der schöne Fachausdruck dafür lautet, schien Hoffmann schon damals nicht zu kennen. Etwas bescheidener denken wir an das anstehende Tischfußball-Match. Aber schließlich gilt für alle die Feststellung eines gewissen Fußballtrainers: der Ball ist rund. Mit anderen Worten: Unsere Chancen für das Match sind nicht schlecht, speziell wenn man in Rechnung stellt, daß Hoffmann nichts von unserem häufigen Training weiß...

Wie auch immer: In der Baseler Zeit entdeckte Hoffmann seine Liebe zur Fotografie. Einige Jahre später sollte ihn sein Professionalismus hier in eine Situation bringen, die Berufsfotografen gar nicht gerne sehen. Aber noch befand er sich in einer Phase, da er alles aufsaugte, was sich an Wissen und Erkenntnissen einverleiben ließ. Dieses Charakteristikum, Wissen förmlich zu inhalieren, bezeichnet er auch heute noch als eine seiner hervorstechendsten Eigenschaften. Als die Baseler ihm nichts mehr beibringen konnten, schrieb er sich an der Kunstakademie Stuttgart ein, bei Professor Weidmann. Drei weitere Semester studierte er hier im Ländle, bis er genug hatte. Den Abschluß schenkte er sich; alles andere, philosophierte er, mußte ihm das Leben beibringen.

Der Sprung ins kalte Wasser geschah bei der Werbeagentur *Leonhardt und Kern*, wo er prompt abgelehnt wurde. Also pilgerte er in das Mekka der Werbung, nach Frankfurt. Bei der *GGK unter Ortstein* bekam er seine erste Chance. Als nestliebender Schwabe gründete er im gleichen Jahr eine Familie, als Operationsbasis für seinen Angriff auf die deutsche Werbung. Zählt er heute die Häupter seiner Lieben, so kommt er auf drei Jungen und ein Mädchen, gestaffelt von 1 bis 15 Jahren, mit denen er sich, natürlich inklusive der besten aller Ehefrauen, ab und an ins gemütliche Häusle in der Toskana zurückzieht.

Weitere Lehrjahre folgten. Um sein Marketingwissen zu erweitern, arbeitete er später in der renommierten Frankfurter Agentur *Heumann, Ogilvy & Mather.*

Heinrich Hoffmann im Originalton: „HO & M, zu denen ich im Jahre 1978 wechselte, waren und sind für mich die Hohe Schule des Marketing in der Werbung. Hier habe ich außerordentlich viel gelernt. In unserem Beruf kann man nie zuviel wissen. Was *Information* anbelangt, das Reizwort des nächsten Jahrzehnts, so gilt hier: Man muß Informationen immer schneller besitzen als andere. Das ist in unserer Branche bares Geld. Trends und aktuelle Strömungen muß man erahnen, bevor sie passieren. Und umsetzen in Kreativität. Der Vorteil hierbei: Man besitzt nicht die Zeit, Rost anzusetzen. Das schmiert sich sozusagen dauernd von selbst."

In dieser Agentur traf Hoffmann auch den Gralshüter der Werbung, David Ogilvy. Hoffmann konzipierte damals eine Kampagne für den World Wildlife Fund (WWF), die aber in der Folge von Ogilvy abgelehnt wurde. Als sich die beiden trafen, entspann sich folgender, heute schon historischer Dialog:

Ogilvy zu Heinrich Hoffmann: „I don't know you."
Heinrich Hoffmann zu Ogilvy: „You know me, you refused my WWF-Campaign."
Ogilvy zu Heinrich Hoffmann: „And therefore you hate me."
Heinrich Hoffmann zu Ogilvy: „Yes."
Soviel zur Illustration von Hoffmanns Umgang mit anerkannten Autoritäten...

Hoffmanns Spezialität bestand im übrigen nicht nur darin, Trends zu erahnen, er zeichnete früh auch für die Entstehung bestimmter Strömungen mitverantwortlich. Das bewies er unter anderem bei einer Agentur, die von zwei der ganz Großen im Geschäft gegründet worden war: *Lürzer und Conrad.* In diesem superkreativen Umfeld konnte er in die vollen gehen, durfte er seine Drachen steigen lassen, salopp gesagt. In diese Zeit fielen so spektakuläre Kampagnen wie die der *tollen Kiste Panda.* Blenden wir kurz zurück und hören wir Heinrich Hoffmann selbst:

„Fiat lag damals so ziemlich am Boden. Und brauchte einen gewaltigen Push. Was uns dazu einfiel, wagte auch der Kunde mitzumachen, und sogar die Branchenpresse fand sich zu einem Kompliment bereit, das uns Humor und einiges andere mehr bescheinigte. So jedenfalls das Magazin *New Business* damals."

Was war geschehen? Und was waren die Erfolgsprinzipien bei der heute fast legendären Panda/Fiat-Kampagne?

Heinrich Hoffmann: „So eine Serie von guten Anzeigen kann man nur aus dem Bauch heraus machen. Es darf kein Korsett aus Marktuntersuchungen und Kundenrestriktionen den Erfolg beengen. Nur mit einem Kunden, der absolutes Vertrauen besitzt und der selbst eine gehörige Portion Mut mitbringt, kann man Kampagnen inszenieren, die in der Öffentlichkeit einschlagen."

„Für den Erfolg ist also auch ein Auftraggeber verantwortlich?"

Heinrich Hoffmann: „Unbedingt. Bei Bernd Berger handelte es sich um ein ähnliches Phänomen. Berger, der Mode zum Anziehen kreiert, lernte ich vormals bei *Lürzer & Conrad* kennen; ich betreue ihn heute noch, er hat sich zur gleichen Zeit wie ich selbständig gemacht. Anhand seiner Markenentwicklung erkennt man sehr rasch, welche Richtlinie für meine eigene Agentur gilt: *Nachprüfbare Kreativität.* Im Klartext bedeutet das: Unsere Arbeiten müssen *verkaufen* helfen, müssen dem Kunden bei *seinen* Problemen helfen. Noch deutlicher: Ich muß ein *Ergebnis* vorweisen können, Werbung darf nicht im Vagen bleiben und muß bereit sein, sich *messen* zu lassen."

Daß Hoffmann nicht hochstapelt, beweisen seine Anzeigen, von denen viele mit Preisen ausgezeichnet wurden. Ein Operationsprinzip, schon in dieser Zeit praktiziert, bestand darüber hinaus darin, auch für die Qualität der *Fotografien*, so notwendig, persönlich Verantwortung zu übernehmen.

Heinrich Hoffmann: „Oft gelangten wir an einen Punkt, wo der Fotograf nicht mehr nachvollziehen konnte, was der Kunde sich so vorgestellt oder was ich mir gedacht hatte. In so einem Moment fotografierte ich ganz einfach selbst. Das praktizierte ich jedenfalls bei *Fiat, Philipp Morris* und *BASF.* Die Kunden waren begeistert. Die Fotografenzunft weniger. Ein New Yorker Experte stellte zum Beispiel ganz öffentlich fest, daß es eine Tragödie für die gesamte Innung gewesen wäre, mir jemals eine Kamera in die Hand zu drücken. Und Christian Wülffing ging in seinem Artikel in *Horizont 2/88* noch einen Schritt weiter und fragte, ob Deutschlands Fotografen bald stempeln gehen müßten..."

Betreute Kunden:
- Bernd Berger Mode GmbH
- Jahreszeitenverlag GmbH
- Gervais Danone AG
- CBS Schallplatten GmbH
- Martin Brinkmann AG

u.v.a.

Wie auch immer, auch Neid kann offenbar Erfolg dokumentieren. Im übrigen schaffte es Hoffmann, daß ihm schon bald keiner mehr dreinreden konnte: Er machte sich selbständig. Seit dem 1. März 1988 firmiert er in seiner eigenen Agentur, zusammen mit zehn Mitarbeitern. Schon im ersten Jahr erwirtschaftete er mit seiner Crew 12 Millionen DM Umsatz. Daß so ein Erfolg nicht einfach hingenommen wurde, zeigte die Reaktion der Kollegen: Vom versteckten Angriff bis zur offenen einstweiligen Verfügung reichten die Steine, die man ihm in den Weg legte. Ja, er wurde sogar aufgefordert, in Zukunft die Urheberschaft an einer bestimmten *Kampagne* in Abrede zu stellen. Alternative: Forderung von einer halben Million DM, wenn er nicht einlenkt. Aber Hoffmann ließ sich nicht irremachen. Die Antwort von dem frischgebackenen Agenturchef war pragmatisch und gefühlsmäßig zugleich, wie Hoffmanns sonstige Erzählungen. Sie gipfelte in der Entscheidung:

„Okay, keine weiteren Broschüren mehr mit dieser Feststellung, Insider wissen ohnehin, daß es meine Ideen waren, wozu also der Hader!" Er nahm den Schlag der Konkurrenz gelassen hin, im sicheren Wissen, daß seine Kunden wegen einer solchen Breitseite nicht an ihm zweifeln würden. Aber diese Episode aus den Anfangstagen der Agentur belehrte Hoffmann, daß es „vom Standpunkt der Ethik aus betrachtet in der Welt der Werbeagenturen ständig bergab geht. Im Mittelpunkt steht zu oft das Geld, nicht die Leistung. Und dagegen muß man etwas unternehmen." Heinrich Hoffmann weiter: „Aufgrund der Entwicklung des Marktes schwemmen in zu vielen Agenturen zu viele Leute nach oben, die es ganz bestimmt nicht verdient haben, dort zu sitzen. Ich bin mir absolut im klaren darüber, daß ich mit diesem Statement nicht gerade den Popularitätspreis in unserer Branche gewinne, aber es entspricht den Erfahrungen, die ich in den letzten Jahren gemacht habe. Auf der anderen Seite eröffnet die Situation auch beträchtliche Chancen."

Und wie sieht er Werbung, wie macht er Werbung, was macht er anders?

Heinrich Hoffmann: „Ich mache meine Werbung mehr aus dem Bauch als mit dem in langen Jahren trainierten Werbesachverstand, der natürlich auch notwendig ist. Darüber hinaus inszeniere ich Kampagnen, die ehrlich sind und an denen alle Spaß haben, die daran beteiligt sind; das schließt den Kunden selbstverständlich mit ein. Und ich strenge mich an, öfter mal um die Ecke zu denken, das heißt nicht gleich die erste Idee für das allein Seligmachende zu halten. Ich möchte mich, was meine Arbeit betrifft, jeden Morgen im Spiegel betrachten können, ohne mich schämen zu müssen. Geld kann bei einer solchen Einstellung erst in zweiter Linie kommen. Das bedeutet nicht, daß ich es nicht gerne verdiene. Die Betonung liegt aber auf dem Wort *verdienen*. Die Anerkennung kommt dann von selbst. Anerkennung von Kunden. Applaus vom werbeorientierten Publikum. Und letztendlich auch von den Kollegen."

Die Zufriedenheit seiner Kunden spricht hierzu eine eigene Sprache. Der Umsatz eines seiner von ihm betreuten Kunden stieg von 15 auf 80 Millionen DM – dank der Neupositionierung des Produktes und der Werbestrategie aus dem Hause Hoffmann! Ein endgültiges Urteil über diesen Mann zu fällen, ist sicherlich verfrüht. Trotz seines Auftragsvolumens steht Hoffmann sicherlich erst am Anfang seiner Entwicklung. Bemerkenswert war, daß er auf der einen Seite wie ganz selbstverständlich auf die Mentoren seiner beruflichen Stationen verwies, so wenn er die Namen *Lürzer* und *Ortstein* erwähnte, aber im gleichen Atemzug sich seiner selbst und seiner Fähigkeiten so sicher war wie kaum ein anderer Interviewpartner. Einer der Kern- und Angelpunkte war zweifellos die ständige Lernbereitschaft, die Heinrich Hoffmann kultiviert. Dennoch ist er ein Werber, der keinem Vorbild nacheifert, weil er keines akzeptiert. Im übrigen sei uns erlaubt, darauf zu verzichten, von dem Kräftemessen auf dem „Fußballplatz", sprich dem Tischfußball-Gerät zu berichten. Wir ziehen es vor, hier nicht allzu ausführlich zu werden. Denn das Ergebnis war eher bescheiden für uns. Wir könnten auch noch deutlicher werden und zugeben, daß wir haushoch verloren haben. Aber wen interessiert schon das Detail. Außerdem: Hoffmann besaß zweifellos einen Heimvorteil. Und schließlich lautete unser Motto ein wenig anders als das seine: Nicht Siegen, Dabeisein ist wichtig.

Bretislav Josef Mrkos

„Nur wenn man mit Umfragen operiert, kann man Resultate in der Werbung vorprogrammieren."

Was bringt einen Selfmademan und vielfachen Millionär dazu, sich mit Werbung zu beschäftigen, *nachdem* er bereits mehrere Firmen erfolgreich aufgebaut hat? Was bewegt einen gutbetuchten Immobilienbesitzer dazu, der bewiesen hat, daß es ihm *nicht* um Geld gehen kann, für andere die Werbetrommel zu rühren? Und was bringt einen Tschechoslowaken von Haus aus, der sich in der Schweiz etabliert hat, rund um die Welt gereist ist und bei den Hopi-Indianern nach Erleuchtung gesucht hat [1], dazu, sich diesem geheimnisumwitterten und jedenfalls nicht kodifizierten Fachgebiet der Werbung auf leisen Sohlen zu nähern?

1) Vgl. Hania Mrkos, Porträt, In: Selfmademen und Millionäre, von Ha. A. Mehler, Hünstetten, 1990², S. 89

Bei der folgenden Person, bei Bretislav Josef Mrkos, Rufname Hania, handelt es sich jedenfalls um eine Ausnahmeerscheinung in der Werbebranche; seine Person ist mit den herkömmlichen Werbern nicht zu vergleichen und dementsprechend sind seine Einsichten auch gänzlich anders, jedenfalls sehr nonkonform, um das Mindeste zu sagen. Dieser Outsider der Branche ist gerade deswegen hochinteressant, *weil* er in ganz anderen Gefilden gewildert hat. Oder gibt es eine Legitimation für diesen in anderen Sparten top-erfolgreichen Businessmann, eine Berechtigung, die es ihm erlaubt, sich auch als *Werber* zu bezeichnen – oder handelt es sich ganz einfach um einen Typus, der keine Berechtigung braucht?

Hania Mrkos: „In gewissem, bescheidenem Sinne deutet einiges in meinem Lebensweg durchaus auf die *Werbung* hin. So schrieb ich früh schon Gedichte, ja sogar ein Theaterstück, und interessierte mich für Bilder. Speziell Fotografie studierte ich eingehend, fünf bis sechs Jahre lang, und zwar unter professionellen Gesichtspunkten, von der Entwicklung bis hin zur Objektsuche und allen technischen Raffinessen. Weiter schrieb ich als Schüler für Jugendzeitungen in der CSSR, später verfaßte ich Artikel für Tageszeitungen. Selbst Interviews und Reportagen für das Radio durfte ich machen."

„Und außerdem haben Sie einmal einen Preis gewonnen...?"

Hania Mrkos: „Ich habe verschiedene Preise gewonnen. Schriftstellerpreise, auch einen Journalistenpreis. Als Schüler allerdings. Aber immerhin."

„Warum können Sie sich heute als Werber bezeichnen, der Sie doch eigentlich in der Immobilienbranche zu Hause sind? Bieten Sie anderen ein Forum, in dem sie werben können?"

Hania Mrkos: „Ich ediere inzwischen ein *Immobilien-Journal*, das sich zugegebenermaßen aus meiner Berufstätigkeit als Immobilientreuhänder entwickelte. Der Hintergrund war folgender: Ich mußte einfach für meine Kunden, die mir ihre Aufträge anvertrauten, ein Kommunikationsforum bieten: Ich kann nicht mit Tausenden von Leuten ständig telefonieren, man braucht ab einer bestimmten Größenordnung eine Zeitung oder ein Magazin. Zuerst operierte ich mit losen Blättern, in denen Liegenschaftsangebote, sprich Immobilien, offeriert wurden, später wurde daraus ein gebundenes Heftchen. Diese Heftchen edierten wir fünf Jahre lang, bis sie einen sehr großen Beliebtheitsgrad erreichten. Kontinuierlich kamen andere Geschäftspartner hinzu, weil wir uns bemühten, Leser und Interessenten immer besser zu bedienen. Heute edieren wir ein regelrechtes *Haus- und Immobilien-Journal*, in richtigem Zeitungsformat."

„Nennen Sie einige Rahmendaten, damit der Profi etwas damit anfangen kann!"

Hania Mrkos: „Die Auflage beträgt 40.000. Unser *Haus- und Immobilien-Journal* wird nur an Kunden verschickt, das heißt, die Fachzeitschrift wird nicht im freien Handel verkauft. Man muß sie bei uns bestellen und erhält sie für einen bescheidenen Obolus von 15 Franken pro Jahr. Das Journal erscheint monatlich. Die Zielgruppe besteht praktisch ausschließlich aus Immobilieninteressenten. 5.000 Exemplare werden aus dem Ausland bezogen, von Leuten, die uns in vergangenen Jahren kontaktiert haben, um eventuell Liegenschaften in der Schweiz zu erwerben."

„Warum sollte jemand in Ihrem Journal annoncieren? Was sind die Vorteile?"

Hania Mrkos: „Die Zielgruppe ist bei uns sehr exakt definiert. Es handelt sich um den Investor, den Liegenschaftsinteressenten, der Wert vermehren oder Wert erhaltende Anlagen finden will."

„Kommen wir zu unserem eigentlichen Thema. Was ist Ihrer Meinung nach gute Werbung?"

Hania Mrkos: „Gute Werbung ist die, die im Prinzip ein Produkt anbietet, und zwar auf eine Art und Weise, daß dieses Produkt *verstanden* wird; darüber hinaus muß gute Werbung noch das gewisse Etwas haben, das heißt, es muß eine *geistige Idee* dahinterstehen. Des weiteren ist *Humor* ein integraler Bestandteil von guter Werbung."

„Wie beurteilen Sie die Werbung heute generell? Fangen wir beim Fernsehen an. Ist hier die Werbung professionell oder unprofessionell? Was ist schlechte Werbung?"

Hania Mrkos: „Ein Teil der Werbung schießt einfach am Ziel vorbei. Ich glaube nicht, daß sie ankommt, weil die Leute sich oft sogar darüber lustig machen. Das lächerlichste ist meiner Meinung nach die Waschmittelwerbung. Insgesamt schätze ich, daß nur vielleicht 10 oder 20 % der Fernsehwerbung etwas taugt. Werbung, die ankommt, operiert wie schon angedeutet mit *Humor*. Die beste Werbung ist in diesem Sinne die Werbung in Großbritannien. Die Engländer besitzen nicht nur die besten Kameraleute der Welt, ca. 60 % ihrer Werbung basiert auch auf *Humor*, während die deutschsprachige Werbung zu 80 % langweilig ist. Ein ganz anderer Aspekt heutiger Werbung ist, daß zu selten auf echte Recherchen, sprich Marketing-Umfragen Wert gelegt wird. Ein Experte analysierte hierzu das Problem kürzlich wie folgt: Viele sogenannte

Marktforschungsinstitute versuchen heute nur, große Aufträge zu ergattern. Das heißt, der Auftraggeber soll möglichst 1 Million Franken hinlegen für eine Umfrage, die in der Folge zwei Jahre dauert, übertrieben gesprochen. Solche Tatsachen machen natürlich das ganze Thema *Umfragen* suspekt."

„Werfen Sie diesen Instituten Unseriosität vor?"

Hania Mrkos: „Das wirkliche Problem hinsichtlich Marktumfragen besteht darin, daß selbst sogenannte Experten oft keine richtige Umfragetechnologie besitzen. Sogar die telefonischen Umfragen, die viele Meinungsforschungsinstitute inszenieren, taugen oft nichts, so wenn zum Beispiel die Berufsgruppe der Leute nicht vorher definiert und festgelegt wurde – um nur einen beliebigen Out-point herauszupicken, dem man allzu oft begegnet."

„Bevor wir auf dieses brisante Problem näher eingehen, würden wir gerne das Thema der *Qualität* in der heutigen Werbung noch ein wenig weiter beleuchten: Wie urteilen Sie in diesem Sinne über die Radiowerbung? Es handelt sich hierbei ja um eine völlig eigene Branche mit völlig eigenen Stilmitteln?"

Hania Mrkos: „Richtig. Wir haben dazu sogar eigene Versuche angestellt. So produzierten wir etwa kürzlich zu dem Thema Immobilienwerbung zwei verschiedene Versionen. Eine Variante bestand darin, den Werbetext von einer ziemlich monotonen Stimme sprechen zu lassen, bei der zweiten Variante setzten wir auf eine wirklich sexy Stimme, also eine richtig verlockende Stimme; die Leute haben viel darüber *gelacht*, weil ein *Paradoxon* gegeben war, weil Humor gegeben war. Denn Immobilien und Erotik haben nun wirklich nichts miteinander gemein."

„Würden Sie Sex in der Werbung befürworten?"

Hania Mrkos: „Zunächst einmal: In unserem Beispiel handelte es sich lediglich um eine *sexy Stimme*. Obszönitäten sind natürlich undiskutabel. Im übrigen bewegen wir uns hier auf einem ganz heißen Parkett! Meiner Ansicht nach waren es die Herren Psychologen, die den Sexus in die Werbung infiltriert haben. Sie berufen sich auf Sigmund Freud, aber auch andere Seelendoktoren. Sie dachten, man könne Menschen mit Sexus, Eros und Libido vollständig manipulieren. Sie stellten sich vor, daß man bei den Konsumenten, den Verbrauchern, nur eine gewisse Bildfolge zu entwickeln brauche, und schon funktioniere die Werbung."

„Das Gebiet der Psychologie hat Ihrer Ansicht nach die Werbewirtschaft aufs Glatteis geführt?"

Hania Mrkos: „Genau. Man glaubte plötzlich nur noch, man müsse 'Triebe' befriedigen. Auf diesem Niveau findet man oft, sehr oft, die Werbung angesiedelt. Zu oft ist geradezu lächerlich, was dabei herauskommt. Früher stand die leichtbeschürzte Frau als Werbeobjekt im Vordergrund, zunehmend kommt nun der Mann als Werbeträger zum Zuge. Die Wahrheit ist jedoch: Auf der Ebene des Sexus befinden sich eben *nicht* alle Leute! Außerdem ist es ebenso unmoralisch wie gefährlich, zu versuchen, auf dem Unterbewußtseins-Niveau dem Verbraucher etwas unterjubeln zu wollen."

„Es werden ja heute sogar in Werbeagenturen Psychologen angeheuert, die die Effizienz der verschiedenen Werbebotschaften erhöhen sollen...?"

Hania Mrkos: „Und genau diese Psychologen machen die Agenturen kaputt. Und pervertieren das Gebiet der Werbung, der völlig eigene Techniken zur Verfügung stehen, die mehr mit dem Gebiet der Kunst und der Wirtschaft zu tun haben als mit der Psychologie."

„Kommen wir noch einmal zurück zu dem Medium Radio. Welche weiteren Erfahrungen besitzen Sie hier?"

Hania Mrkos: „In der Vergangenheit haben wir damit wie gesagt verschiedene Experimente angestellt. Das Radio reizt mich auch persönlich, weil es ein Medium ist, mit dem man sehr viele Leute erreicht. Man muß aber, da es ein Metier für sich ist, hochprofessionell vorgehen. So muß man wissen: Beim Radio beschränkt man sich nur auf den Hörsinn, das Sehen ist ausgeschaltet. Man kann nur mit dem Ton arbeiten und mit Toneffekten. Es ist eine vollständig eigene Wissenschaft. So viel an dieser Stelle immerhin: Eine möglichst große *Realitätsvermittlung* ist von Bedeutung. Das heißt, je 'wirklicher' ein Werbespot, um so besser."

„Nun zu dem dritten Medium, dem Printmedium, bevor wir unseren roten Faden bezüglich Meinungsumfragen wiederaufnehmen. Fachleute gehen heute hier wie folgt vor, wenn sie eine Anzeige schalten: Sie etablieren zuerst das richtige Medium und fragen sich dann: Treffe ich damit die Zielgruppe? Weiter fragen sie: Welche Auflage besitzt die Zeitung oder die Zeitschrift? An welchem Tag muß ich inserieren? An welcher Stelle muß ich innerhalb der Zeitung inserieren? Wie groß muß die Anzeige sein oder wie klein? Stimmt das Preis-Leistungs-Verhältnis? Mit anderen Worten: Hierbei handelt es sich um beträchtliches Know-how! Welche Erfahrungen besitzen *Sie*, was funktioniert besonders gut im Printbereich hinsichtlich Anzeigen?"

Hania Mrkos: „Seit fast sieben Jahren schalten wir regelmäßig Zeitungsannoncen. Heute beträgt unser Anzeigenvolumen rund 250 Annoncen pro Jahr. Höchst bemerkenswert ist dabei folgendes Resultat: Wir haben nie zuverlässig etablieren können, trotz sorgfältigster Beobachtungen, daß bestimmte Annoncen voraussagbar etwas brachten. Der Annoncenmarkt, wie ich ihn kennengelernt habe, ist in erster Linie eine professionelle Geldmache, verzeihen Sie das offene Wort. Anzeigen garantieren *nichts*. In der Schweiz gibt es nebenbei bemerkt zwei beziehungsweise drei große Annoncenverwaltungen, die quasi eine Monopolstellung besitzen. Es gibt noch zwei weitere Annoncenverwaltungen, die aber kleiner und unwichtiger sind. Die zwei Großen verfügen praktisch über 70 bis 80 % des Marktes! Im Klartext: sie diktieren die Preise, und sie gehen jedes Jahr regelmäßig zwischen 8 und 12 % mit den Preisen hoch. Aber der Service ist äußerst gering: Ihre Vertreter nehmen ein Inserat nur entgegen und setzen es in die Zeitungen; es gibt keine Beratung, es wird nicht empfohlen, etwas so und nicht anders zu machen. Eigentlich könnten sie mit ihren Computern Auswertungen anstellen und Wahrscheinlichkeitszahlen hinsichtlich der Effizienz errechnen. Mit anderen Worten: Sie könnten dem Kunden echte Dienstleistungen bieten, aber das geschieht nicht. Sie kassieren nur, sie verwalten, und das ist doch ein bißchen wenig."

„Was war Ihre Lösung aus diesem Dilemma? Und noch einmal: Welche Anzeigen funktionieren Ihrer Erfahrung nach am besten?"

Hania Mrkos: „Wenn man sich als Kunde auf dem Annoncenmarkt in der Schweiz bewegt, muß man zunächst Höhe der Auflage, Wirkungskreis und Zielpublikum in Erfahrung bringen. Auch der Wochentag ist wichtig, die Größe einer Anzeige und wie man sie aufmacht. Ich persönlich besitze gute Erfahrung mit supereinfachen und kleinsten Annoncen mit Telefonnummern! Die Annoncen, die man über drei oder vier Spalten schaltet, mit einem Firmensignet, und in denen alle Details genau beschrieben sind, bringen fast nichts. Eine kleine Annonce dagegen, einspaltig, auf 20 mm mit Telefonnummer, und allenfalls noch ein paar Stichworte, zeitigen nach unseren Erfahrungen Resultate. Außerdem kann man mit höchster Wahrscheinlichkeit damit rechnen, daß man gelesen wird, wenn man *so oft wie möglich* erscheint. Der Faktor *Menge* ist also von Bedeutung."

„Wie gehen Sie vor, wenn ein Kunde an Sie herantritt, der in Ihrem Immobilien-Journal eine Anzeige schalten will?"

Hania Mrkos: „Wir versuchen, nicht nur das Inserat zu verkaufen, sondern wir sagen: *Bringen Sie uns die Vorlage, wir sehen sie uns an und beraten Sie!* Wichtig sind zum Beispiel die *Wörter*, die man verwendet! Bestimmte Wörter darf man benutzen und sind für den Produktkauf fördernd, andere sollten praktisch tabu sein."

„Damit sind wir indirekt wieder bei dem Thema *Umfragen*, dessen wir uns noch einmal annehmen wollten. Bestimmte Reizwörter bringen also größere Resonanz bei Anzeigen! Welche darf man verwenden, welche nicht?"

Hania Mrkos: „Es kommt immer auf das Produkt an. Betrachten wir ein konkretes Beispiel: *Immobilien auf Zeit*. Hierbei handelt es sich um ein neues Produkt auf dem Immobiliensektor, das besagt, daß man eine Eigentumswohnung in einem schönen Ferienort zwei Wochen im Jahr 'kaufen' kann. *Time-sharing* lautet der Fachausdruck hierfür. Wir haben nun genau herausgefunden, wie dieses Produkt anzupreisen ist. Nämlich wie folgt: *Das Leben genießen. Tun, was wirklich Freude macht*, das war jedenfalls das Ergebnis von Umfragen, die wir dazu angestellt haben. Den Begriff *Time-sharing* verstanden die Leute dagegen *nicht*, ganz einfach, weil er ein Fremdwort ist. Wir kennen diesen Begriff ja auch aus dem Computerwesen. Hier bedeutet *Time-sharing*, daß an einem einzigen Computer mehrere Personen arbeiten können, nacheinander natürlich, das heißt, sie *teilen die Zeit*. Aber es gibt diesen Begriff auch in der Immobilienbranche. Hier bedeutet er wie gesagt den Ein- oder Zweiwochenkauf von einer ganzen Ferienwohnung zur Benutzung jedes Jahr zur gleichen Zeit. Es handelt sich also um eine Art von *Ferieneigentum*. Unsere Umfragen ergaben weiter, daß wir in unseren Anzeigen nicht den Begriff *Time-sharing* verwenden dürfen; *Ferieneigentum* war dagegen ein Begriff, der schließlich als korrekt, sprich werbewirksam, etabliert wurde!"

„Sie machen auch Umfragen für andere, so daß das richtige *Wording* bei den Anzeigen gegeben ist?"

Hania Mrkos: „Ja. Und es ist sehr zu empfehlen. Denn praktisch jeder, der eine Produktwerbung inszenieren möchte, der Geld anlegen muß für die Werbung, sollte sein Geld auch zurückbekommen, in Form von Bestellungen, von Aufträgen. Wir testen Überschriften und Reizwörter vorher, bevor wir eine Anzeige schalten. Man *kann* Reaktionen testen."

„Woraus rekrutiert sich Ihre Kundenklientel?"

Hania Mrkos: „Wir beraten Computerfachleute, Eisenwarenhändler und Maurer ebenso wie Versicherungsexperten oder Immobilienfachleute. Aber an erster Stelle stehen immer *Umfragen*. Aufgrund von Umfragen produzieren wir gewöhnlich ein Prospekt, Flugblatt oder einen Serienbrief, kurz etwas, das Interesse erweckt. Der Serienbrief wird in der Folge im Direct-Mail-Verfahren an Adressen der potentiellen Zielgruppen verschickt. Für die meisten Produkte, für die wir Werbung betreiben, sind die Zielgruppen bekannt. Wir machen also wie gesagt vorher in dieser Zielgruppe Umfragen, finden die für diese Zielgruppe existierenden Reizworte und stellen erst dann die entsprechenden Texte zusammen."

„Noch einmal zurück zu den Anzeigen. Welches weitere Know-how können Sie verraten?"

Hania Mrkos: „Wir haben festgestellt, daß viele Leute – und das ist eine sehr wichtige Erkenntnis – nicht wissen, wann man Coupons einsetzen sollte und wann man am besten Telefonnummern nennt. Das heißt, man muß *lernen* können in der Werbung – das vermögen jedoch nur die wenigsten Zeitgenossen. Man muß aus dem Rückfluß, aus den Ergebnissen lernen, welche Form der Werbung effizient war, so daß die nächste Werbekampagne entsprechend geändert werden kann. Man muß wie ein Schießhund aufpassen, muß richtig adaptieren und muß auf weniger erfolgreiche Aktionen andererseits verzichten können. Wir haben schon riesige Bestellungsvolumen erhalten per Telefon, aber alles ist abhängig vom *Produkt*."

„Damit wir uns recht verstehen: Sie würden also nicht generell sagen, daß Coupons nichts taugen, Sie behaupten nur, daß die meisten Leute eben nicht lernen können, wann Telefonnummern besser sind und wann Coupons. Welche Produkte gehen denn gut per Coupon?"

Hania Mrkos: „Materielle Produkte gehen gut mit Coupons. Also die Bestellung eines Buches zum Beispiel. Aber nicht immer! Bestellung von bestimmten, handfesten Dingen, wie zum Beispiel einem Wäschetrockner für 1800 Franken, bekommt man nicht per Coupon rein. In diesem Fall wollen die Leute anrufen und nachfragen. Zum Beispiel: *Ich habe einen Elektroanschluß von 110 Volt, können Sie mir ihn adaptieren auf 220 Volt?* oder *Können Sie den Trockner installieren und was kostet die Installation?* Wird das gut beantwortet, dann kaufen die Leute. Sie bestehen also in diesem Fall auf einem persönlichen Kontakt. Noch deutlicher: Meine Erfahrung mit Wäschetrocknern besteht darin, daß man in entsprechenden Anzeigen Bestellungen per Telefon möglich machen sollte und auf den Coupon zu verzichten ist."

„Was sind Ihre Ziele, was die Werbung anbelangt?"

Hania Mrkos: „Meine Ziele gehen nicht nur in Richtung Werbung, sondern auch und besonders in Richtung Verlag. Wir edieren bereits jetzt eine Fachzeitschrift, und ein weiteres Magazin steht auf dem Battleplan."

„Was sind Ihre Ziele für den Kunden?"

Hania Mrkos: „Das Ziel der Werbung muß darin bestehen, das Produkt des Kunden zu *verkaufen*. Das heißt, seine Produkte müssen Abnahme finden, Werbung muß für den Kunden Erfolg zeitigen."

„Kann man in dieser Branche voraussagbare Ergebnisse garantieren?"

Hania Mrkos: „Nur wenn man mit Umfragen operiert, kann man Resultate in der Werbung vorprogrammieren."

„Im allgemeinen bleibt man in der Werbung lieber im Unverbindlichen, was Ergebnisse anbelangt?"

Hania Mrkos: „Ja, leider! Hier werden Milliarden lockergemacht, die im Prinzip dann auf die Produkte draufgeschlagen werden, was der Käufer wiederum letztlich bezahlt. Aber das ist eine ganz andere Problematik. Was die Werbebranche im allgemeinen angeht, so kann man hier beobachten, daß zu viele Werber mit dem Faktor Zufall arbeiten. Das heißt, sie schießen mit Schrotflinten statt mit Zielfernrohren."

„Es gibt ja diesen Spruch, den man in jeder zweiten Werbeagentur hört: Wir geben für Sie eine Million aus, 500.000 Mark haben Sie gut angelegt, 500.000 Mark schlecht, wir wissen aber nicht, *welche* 500.000 Mark gut angelegt sind. Das demonstriert genau dieses Schrotkugelprinzip und zeigt, daß im Grunde genommen keine stabilen Orientierungspunkte in der Werbebranche gegeben sind. Kann man sagen, daß die Werber zu einem Großteil Schwindler sind?"

Hania Mrkos: „Nicht unbedingt. Es ist mangelndes Know-how, fehlende Werbetechnologie, an der die Branche krankt. Darüber hinaus gibt es einfach einige gute und sehr viele schlechte Werber."

„Ein letztes Wort zu der Zukunft der Branche?!"

Hania Mrkos: „Ich glaube, daß der Konkurrenzkampf immer härter wird. Auftraggeber schauen zunehmend darauf, daß sie Werbeaufträge nur an Gesellschaften vergeben, die *Resultate* erzielen. Das heißt, nicht mehr der etablierte Name wird wichtig sein oder die Tatsache, daß der Bank–direktor eine Werbeagentur weiterempfiehlt, sondern das *Ergebnis*. Im Klartext: Die *Resultate* müssen stimmen. Werbung muß die Produkte tatsächlich *verkaufen*. Insofern wird in Zukunft mehr auf Know-how, sprich auf die Verkaufsergebnisse, Wert gelegt werden. Für die einzelnen Agenturen wird gelten: Auftraggeber bekommt man nur durch Resultate."

Rolf Gruber

„Werbung sollte nur an den Ergebnissen gemessen werden.“

Den folgenden Werber darf man ebenfalls als eine Ausnahmeerscheinung apostrophieren. Rolf Gruber lernte eigentlich *drei* Berufe, die jedoch alle in Richtung *Werbung* zielten. Der heutige Top-Mann studierte (1) Werbe-Dekorationsgestaltung, (2) Werbe-Graphik und (3) Fotografie. Ein erfreulicher Sonderfall, denn tatsächlich gibt es heute allzu viele „Werber“, die lediglich eine kaufmännische Ausbildung absolviert haben –

aber nicht wissen, wie ein Werbeproblem inhaltlich lösbar ist. Nach diversen Stationen, bis hin zum Werbeleiter eines großen Gastronomie-Unternehmens, gründete Gruber 1981 eine eigene Werbeagentur in der Schweiz. Zu den Kunden dieser Werbeagentur zählten und zählen renommierte Namen wie zum Beispiel die Motorola AG, der weltweit bekannteste derzeitige Elektronikhersteller, CEM Management AG, die zweitgrößte Hotelkette in der Schweiz, Knoll International, Elektro Phoenix AG oder UTAX Elektronik! Aber auch der drittgrößte Käsehersteller (wir sprechen von einem Schweizer Werber!) und *Heintz-Ketchup* wurden von Gruber betreut. Rolf Gruber operiert von Zürich auch über die Landesgrenzen hinaus – für einige deutsche Unternehmen ist er in einer Beraterfunktion tätig – und hielt ferner vielbeachtete Vorträge in der Bundesrepublik. Die Spezialität des Werbers besteht nach eigenen Worten darin, daß er *marketing-orientiert* denkt. Das heißt im Klartext, er hilft seinen Kunden nicht nur, ihre Güter oder Dienstleistungen konkret und handfest zu verkaufen, sondern achtet darauf, daß Werbung wirklich exakt in den gesamten Verkaufszyklus integriert wird. Werbung steht bei ihm nicht *neben* all den anderen Abteilungen im Marketingbereich, die da heißen PR, Vertrieb, Verkauf und Absatzförderung etwa, sondern ist ein integraler Bestandteil innerhalb des gesamten Marketings, ist *ein* Mosaikstein, der exakt den anderen Bereichen zugeordnet sein muß. Gruber definiert in diesem Sinne Werbung und die Aufgabe der Werbung gänzlich neu. Zur Werbung zählt seiner Meinung nach also auch ein Wissen um die übergreifenden Unternehmensstrategien, die das Image dieses Unternehmens fördern.

Bevor wir uns mit dieser Neudefinition und dem gänzlich anderen Ansatz näher beschäftigen, interessieren uns jedoch zunächst die Erfahrungen des Werbers aus seinen Lehr- und Wanderjahren. Wir wissen, daß Rolf Gruber zusammen mit einem Werbeberater vormals sogar einen Wettbewerb gewann – als es darum ging, für die Deutsche Bank ein Messestandkonzept zu entwickeln.

Was ist seiner Meinung nach das Wichtigste, was man als Dekorateur wissen muß.

Rolf Gruber: „Nun, wesentlich als Dekorateur ist es, *einfach* zu denken. Gleichgültig, ob man ein Schaufenster einrichtet oder einen Messestand aufbaut, man muß gradlinig und direkt konzeptionieren.“

„Bedeutet dies, daß der Zuschauer die Botschaft schnell erfassen können muß?“

Rolf Gruber: „Ganz exakt! Werbung, um überhaupt wahrgenommen zu werden, muß unkompliziert aufgebaut sein. Werbung sollte schnell wirken und muß sehr plakativ sein. Das bedeutet, daß man sich als Werber dazu erziehen muß, wie gesagt, *einfach* zu denken. Schon wenn ein Grafiker oder ein Dekorateur zu *viele* Elemente integriert, kann er fehlgehen. Selbst Details, selbst Nebensächlichkeiten sollten einfach sein. Das ist eines der ganz großen Geheimnisse."

„Als Sie als Fotograf tätig waren, was war hier das wichtigste Know-how, das Sie gewonnen haben, hinsichtlich Werbung?"

Rolf Gruber: „Nun, ich habe zum Beispiel Wochen damit verbracht zu beobachten, wie man mit dem Licht experimentiert und umgeht. Ich lernte, wie mit Licht alles sichtbar gemacht werden kann oder wie man die Charakteristiken eines Produktes herauszustreichen vermag. Wenn jemand zum Beispiel eine Werbung für einen Fotokopierer braucht, so genügt es nicht, daß dieser einfach abfotografiert wird. Man muß lernen zu erkennen, was die Charakteristiken eines Produktes sind, und muß diese Charakteristiken in der Folge hervorheben. Das gleiche gilt für die grafische Gestaltung einer Werbebotschaft."

„Gelten auch hier ähnliche Gesetze?"

Rolf Gruber: „Ja, richtig! Auch dort muß die Gestaltung einfach sein, man kommt immer wieder auf dieses Prinzip zurück. Darüber hinaus muß die Aufmerksamkeit rasch gebannt werden können; denn in der Werbung muß es *schnell* gehen. Wenn jemand etwas sozusagen im Vorbeigehen anschaut, so muß man ihn stoppen können, man muß verursachen können, daß er an dem Produkt hängenbleibt, klebenbleibt. Farben und kreative Formen kann man hierzu einsetzen. Aber über alldem darf man nie vergessen: Das Hauptkriterium in der Werbung ist, daß man den Betrachter *festhalten* können muß. Dafür sind bemerkenswerterweise keine psychologischen Kenntnisse notwendig."

„Wie sehen Sie die Rolle der Psychologie in der Werbung?"

Rolf Gruber: „Psychologen besitzen grundlegend eigentlich kein Know-how, es tut mir leid, dies so offen sagen zu müssen. Die Rolle der Psychologen beschränkt sich oft darauf zu sagen, daß etwas nichts taugt, sonst sind sie ihr Geld nicht wert, so glauben sie selbst jedenfalls. Ich habe immer wieder beobachtet, daß Spitzenentwürfe von echten Werbern niedergemacht wurden von Psychologen, die lediglich ihre Meinung abgeben sollten, ob ein Entwurf ausgeführt oder ob eine Kampagne inszeniert werden sollte oder nicht. Das Ergebnis: Sie bremsen fast immer, nur um ihr Honorar wert zu sein. Aber sie bringen selbst keinen

Alternativvorschlag, und das ist der springende Punkt. Sie begeben sich nicht ins Kreuzfeuer der echten Verantwortung."

„Psychologen benutzen stets ein bestimmtes Vokabular..."

Rolf Gruber: „...das meist irreführend und nutzlos ist. Tatsächlich haben wir es den Psychologen zu verdanken, daß die Werbung teilweise zu einem Mythos entartet ist und daß Werbung als ein Gebiet betrachtet wird, in dem es ein geheimes Know-how gibt. Der Trick ist jedoch nur folgender: Der Unternehmer und Auftraggeber glaubt in der Folge nicht mehr, daß er Werbung selbst verstehen und beurteilen kann. Eine größere Lüge kann es jedoch nicht geben."

„Aber die Unterteilung nach Altersgruppen und Geschlecht etwa ist mit Sicherheit nicht falsch?"

Rolf Gruber: „Das ist Soziologie, nicht Psychologie. Und selbst hier darf man folgendes sagen: Werber haben meines Erachtens oft grundlegende Mißverständnisse hinsichtlich *Alter.* Denn *jung* bedeutet nicht einfach das biologische Alter zwischen 14 bis 21 etwa. Jemand kann 80 Jahre zählen und sich jung *fühlen.* Fälschlicherweise werden viele Produkte jedoch nur mit *jungen* Leuten beworben. Dies nur als Randbemerkung."

„Was ist noch falsch an der gängigen Werbung?"

Rolf Gruber: „Nun, viele Werber benutzen Werbung als Selbstdarstellung für sich selbst, oder um in irgendeinem Werbeclub einen Preis zu holen, den sie dann natürlich nicht einmal gewinnen. Das heißt, der Kunde wird ganz einfach nicht bedient. Solche Werber akzeptieren keine Einwände seitens des Kunden. Dabei muß man grundsätzlich davon ausgehen, daß ein Kunde von seinem Produkt und seiner Branche naturgemäß sehr viel mehr weiß als der Werber. Ohne dieses Marktwissen könnte ein Unternehmer gar nicht bestehen. Ein Werber darf einem Kunden aber dieses Wissen nicht in Abrede stellen. Man muß als Werber im Gegenteil dieses tolle Know-how voll ausschöpfen. Man muß fähig sein, dem Kunden *zuzuhören.* Viele Werber wissen nicht, daß die Meinung des Kunden pures Gold wert ist..."

„Aber machen die Unternehmen selbst nicht manchmal auch etwas falsch?"

Rolf Gruber: „Zweifellos, aber in einer ganz anderen Richtung..."

„... Nämlich?"

Rolf Gruber: „Nun, Unternehmer sollten nicht alle halbe Jahre einer neuen Werbepolitik das Wort reden, sondern wirklich eine rote Linie etablieren. Also lieber am Anfang etwas Geld investieren, um genau herauszukristallisieren, was wichtig ist – und dann das Geld sparen, was leicht ist, da man nicht ständig gänzlich neue Konzepte auf die Beine stellen muß, weil das alte nicht richtig funktioniert hat."

„Sie fordern, gute Werbung muß immer eingebunden sein in all die anderen Marketing-Maßnahmen eines Unternehmens. Erläutern Sie das ein wenig."

Rolf Gruber: „Gut, gehen wir ans Eingemachte! Alles, was ein Werber macht, ist, eine Anregung für den Verkauf zu schaffen. Er kann dem Käufer zum Beispiel eine Problemerkenntnis vermitteln, kann ihn eben *anregen*. Des weiteren kann er ihm einen *Nutzen* verdeutlichen, auch dies gehört zu der Anregungsphase. Dies kann man unterstützen, wenn man *Prospekte* beispielsweise herstellt, Direct-Mails komponiert oder Inserate aufsetzt. Der springende Punkt ist jedoch, daß zu oft ein tatsächlicher *Verkauf* danach nicht stattfindet. Das heißt, es nützt überhaupt nichts, wenn man ein Produkt verkaufen will, wenn *nach* der Werbung keine wirkliche Verkaufsbemühung auf dem Fuße folgt."

„Das bedeutet doch im Klartext, daß die Werbung eigentlich unwichtiger ist, als man allgemein annimmt...?"

Rolf Gruber: „Ohne Frage wird Werbung als Einzelleistung oft überschätzt. Das ist vielleicht keine populäre Aussage, aber sie besitzt den Vorteil, wahr zu sein. Wirklich wichtig wird die Werbung aber zum Beispiel, wenn es um das sogenannte *Image* geht; hierbei geht es darum zu analysieren, wie man das Image eines Unternehmens positioniert. Hier gewinnt Werbung wieder an Bedeutung. Aber wie auch immer die Wichtigkeit von Werbung im Einzelfall definiert wird: Man darf nie aus dem Auge verlieren, daß Werbung in den Gesamtrahmen aller Marketing-Maßnahmen einbezogen werden muß und daß man wie ein Luchs darauf zu achten hat, daß alle Aktivitäten genau aufeinander zukomponiert sind und in die gleiche Richtung zielen. Ein kreativer, mit Marketing-Wissen beschlagener Werber kann hier für einen zukunftsorientierten Unternehmer eine wirkliche Ergänzung sein."

„Manchmal wird durch Werbung jedoch auch direkt ein *Verkauf* bewirkt. Wie beim Direct-Mailing...?"

Rolf Gruber: „Das ist eine Ausnahme, bei Konsumgütern jedenfalls. Beim Direct-Mail wird tatsächlich unmittelbar die Ware an den Mann gebracht. Aber das ist nur ein Aspekt der vielen möglichen Werbemaßnahmen."

„Was sind die wichtigsten Erkenntnisse hinsichtlich Direct-Mailing?"

Rolf Gruber: „Von erstrangiger Bedeutung ist das Adressenmaterial. Mit dem Adressenmaterial steht und fällt alles."

„Mittlerweile gibt es eine eigene Direct-Mail-Kriminalität. Das heißt, man kauft zum Beispiel 10.000 Adressen ein, die wirklich etwas taugen, man rechnet die Ergebnisse hoch, reibt sich als Unternehmer die Hände, kauft in der Folge 100.000 aus der gleichen Bezugsquelle ein – und plötzlich werden faule Adressen daruntergeschoben. Hierbei handelt es sich um regelrechte Wirtschaftskriminalität in bezug auf gute Adressen. Wie kann man sich hiervor schützen?"

Rolf Gruber: „Man darf ganz einfach nur mit seriösen Unternehmen zusammenarbeiten. Aber welche Firmen sind seriös, werden Sie zu Recht fragen. Natürlich kann ich an dieser Stelle keine Namen nennen, aber man sollte auf *Empfehlungen* hören. Außerdem sollten Unternehmen selbst professionell und systematisch Adressen sammeln. Ich habe bis jetzt noch kaum ein Unternehmen gesehen, das eine wirklich gute Adreßkartei unterhalten hätte. Neben der Qualität des Adressenmaterials ist außerdem auch die Quantität und die genaue Zielgruppen-Definition von Bedeutung. Das heißt, man muß in großem Stil gezielt operieren."

„Es gibt Fachleute, die behaupten, daß man nur soundsoviel Prozent Rücklauf beim Direct-Mailing erwarten kann. Die Zahl 0,2 % geistert hier durch die Lande. Was ist Ihr Kommentar hierzu?"

Rolf Gruber: „Ich habe Mailings gemacht, bei denen 14, ja 16 % Rücklauf gegeben waren. Das sind natürlich Ausnahmeerscheinungen. Selbstredend kommt es auf das Produkt an. Bei wirklich guter Software zum Beispiel – vorausgesetzt das Adressenpotential taugt etwas und die Software funktioniert – kann man einen immensen Rücklauf hervorrufen. Wenn man aber zum Beispiel eine neue Zeitschrift lancieren und Abonnements per Direct-Mail kreieren will, so sind 1 oder 2 % bereits ein unglaublich gutes Ergebnis. Das heißt, es kommt auf den Markt an und das Produkt. Die Zahl 0,2 % ist jedoch, wenn sie generell genannt wird, auf jeden Fall falsch."

„Welche Methoden kann man beim Direct-Mailing benutzen, so daß der Leser unmittelbar nach der Post greift?

Rolf Gruber: „Das A und O ist: Der *Nutzen* muß äußerst schnell erfaßt werden können. Wenn der Kunde erst einen dreiseitigen Text durchzulesen hat und der Nutzen erst am Ende der dritten Seite genannt wird, so funktioniert das Direct-Mailing natürlich nicht; die wenigsten Kunden besitzen die Zeit, sich lange und umständlich zu informieren."

„Können Sie noch ein wenig mehr aus der Küche plaudern? Was ist noch erfolgreich beim Direct-Mailing?"

Rolf Gruber: „Ein ganz wesentlicher Punkt ist, daß das Mailing *groß* sowie kreativ sein sollte. Das heißt, es ist unklug, wenn man einfach ein normales DIN-A4-Blatt versendet. Deckt das Werbeblatt dagegen förmlich den ganzen Tisch ein, so fällt es gezwungenermaßen auf. Die Leute müssen wirklich daran *klebenbleiben.* Das Kuvert kann farbig oder schwarzweiß sein, aber es muß auf jeden Fall auffallen. Auch die Headlines müssen *groß* sein, und sie sollten ganz stark nutzenbezogen sein. Die Richtlinie lautet: *Es darf sich um kein normales Prospekt handeln.* Viele inszenieren Mailings, indem sie einfach das Prospekt, das sie ohnehin besitzen, aussenden. Wenn man jedoch nur ein normales Prospekt verschickt, so wird dies üblicherweise allenfalls irgendwo abgelegt. Wenn man aber etwas sendet, was einen ganzen Schreibtisch zudeckt, das also so groß ist, daß man es nirgends einordnen kann, so muß es sich offenbar um etwas ganz anderes handeln. Die *Größe* ist also ein Geheimtip bezüglich erfolgreichen Direct-Mailings."

„Und wie etabliert man den Nutzen?"

Rolf Gruber: „Durch Umfragen. Vorher muß man natürlich das Zielpublikum herausfinden. Bei diesem Zielpublikum kann man dann durch Umfragen den Nutzen etablieren. Das Gebiet der Umfragen besitzt übrigens seinen eigenen Reiz. Mit der richtigen Umfragetechnik an den Nerv einer Sache heranzugehen und wirklich taugliche Resultate hervorzuzaubern ist für viele, die im hart umkämpften Markt mitmischen, oft die letzte Chance, sich gegenüber den Mitbewerbern abzuheben."

„Nun noch einmal zu Ihrem speziellen Marketing-Know-how, das heißt dem Prinzip des Aufeinanderzukomponierens der verschiedenen Marketing-Aktivitäten. Was machen Sie hier anders als andere Werber?"

Rolf Gruber: „Darf ich zunächst noch einmal wiederholen: Werbung darf nur ein Teilbereich innerhalb eines ganzen Kommunikationssystems sein. Ein Schlagwort hierfür ist das der *gesamtheitlichen Kommunikation.* Zur gesamtheitlichen Kommunikation gehört zunächst das Herausfiltern des richtigen Produkts, das heißt die Frage, was auf dem Markt gewünscht und gebraucht wird; aber auch all das Know-how, das sich um PR oder Direct-Mailing rankt, das wir eben angesprochen haben, ist von Bedeutung. Werbung muß einfach *abgestimmt* werden auf alle anderen Kommunikationsbereiche. Dazu gehört des weiteren die Produktgestaltung. Profis gestalten zum Beispiel heute ein Produkt von vornherein schon so, daß man am Anfang sagen kann, daß das Produkt auf diese Weise optimal zu verkaufen ist. Die Form und die Eigenschaften des Produktes werden also *frühzeitig* festgelegt. Das alles fällt unter das

Kapitel *gesamtheitliche Kommunikation.* Und in dieser Richtung sollte eigentlich grundlegend vermehrt gedacht werden."

„Was gehört noch zu dieser Werbephilosophie?"

Rolf Gruber: „Auch der Unternehmer selbst sollte mehr integriert werden. Ich meine, der Werber sollte nicht in einem unpersönlichen Arbeitsverhältnis zu dem Unternehmen stehen. Ein Werber sollte im Gegenteil ein persönlicher Berater des Unternehmers sein. Gute Werbung, kann man beobachten, entsteht oft durch ein exzellentes Verhältnis mit dem Auftraggeber. Bevor eine Werbeschiene etabliert wird, gilt es, eine gemeinsame Wellenlänge zu finden – zwischen Werber und Unternehmer. Auch das ist *ganzheitliche Kommunikation*, wenn wir diesen Begriff weiterkultivieren wollen. Ferner gehört zu dieser Philosophie, daß der Werber dem Unternehmen eine *permanente* Unterstützung angedeihen läßt. Der Werber sollte also das Unternehmen nie aus dem Auge verlieren. Es gibt auch ein Thema, das da heißt *Nachbetreuung*. Das bedeutet, man muß dem Unternehmen fortlaufend beratend zur Seite stehen."

„Stellen Sie sich vor, Sie hätten nur eine einzige Botschaft, die Sie dem Leser dieses Buches mit auf den Weg geben könnten. Was würden Sie ihm mitteilen?"

Rolf Gruber: „Ein Unternehmen sollte sich einen Werber suchen, der Gruber heißt! Nein, lassen Sie mich ernsthaft antworten. Von wirklicher Bedeutung ist, daß man als Werber über menschliche Verhaltensweisen sehr genau Bescheid weiß sowie über Emotionen – ein Thema, das wir noch gar nicht berührt haben und das auf diesem Raum auch kaum ausführlich erörtert werden kann, das aber unheimlich interessant ist und einen wirklichen Schlüssel für den Werbeerfolg darstellt. Außerdem sollte ein guter Werber hinsichtlich Kommunikation *ganzheitlich* operieren, in dem von mir definierten Sinne. Und schließlich sollte Werbung nur an den Ergebnissen gemessen werden."

Dietrich Freiherr von Gumppenberg

„Wer beim Managen ständig nach dem Profit äugt, vernachlässigt dabei seine Arbeit und seine Aufgaben.“

Wir hätten unser Interview mit Dietrich Freiherr von Gumppenberg schon in den ersten Minuten abbrechen können, wären wir kundig genug gewesen, sein Drudeln psychologisch richtig einzuordnen. Sie wissen, was Drudeln ist: Dieses ziel- und planlose Auf-dem-Notizblock-Kritzeln, ohne Anfang und Ende, und ohne Sinn für den unbedarften Laien. Nicht so für die Experten der Psyche, die auch diesen Bereich unbewußten Handelns in ihren Deutungskatalog zu integrieren wissen. Wir dagegen waren ahnungslose Outsider und mußten uns mühsam dieses tiefgründige Wissen in einem lebendig-langen, ausführlich-informativen, tiefgreifend-offenen Gespräch mit diesem Landedelmann – in des Wortes wahrster und schönster Bedeutung – erwerben, um zu erfahren, was ihn zu einem der erfolgreichsten Public-Relations-Spezialisten der Bundesrepublik gemacht hat. Dabei lag seine Persönlichkeit schon nach den oben erwähnten wenigen Minuten offen vor uns. In akkuraten Rechtecken. Das Psychogramm eines Rechteckdrudlers. Sie werden es erleben. Und Sie werden vielleicht auch zum ersten Mal erfahren, was einen echten PR-Mann ausmacht, und was ... Aber fangen wir an.

„Ich bin am 16. Juli 1941 in Thüringen geboren...“, eröffnet er das Gespräch und schmunzelt über unsere erstaunt sich wölbenden Brauen, drudelt einen bayerischen Bierfilz aufs Papier und bestätigt unseren Augenschein sofort: „...aber bin natürlich ein waschechter Bayer mit allem, was dazugehört. Mein Vater war damals, 1941, nur zufällig in jener Gegend stationiert. Ansonsten ist die Familie ausnahmslos in Niederbayern zu Hause, und das nun schon seit über 800 Jahren.“

Kein Wunder, daß unser Gegenüber buchstäblich an der Scholle hängt, mit dem Land und seinen Leuten untrennbar verbunden ist.

„Ich finde, jeder junge Mensch sollte sich zunächst einmal den Wind um die Nase wehen lassen, im Ausland Erfahrung sammeln, Sprachen lernen und derlei mehr, bevor er sich etwas Bleibendes aufbaut. Ich habe all das hinter mir und bin nun kein Weltenbummler mehr. Ich fühle mich rundherum wohl. Außerdem brauche ich gerade das Land zur Stimulanz, zum seelischen Auftanken nach der Arbeit.“

Darüber freuen sich nicht nur seine Frau und die beiden Buben, darüber ist auch schon so mancher Mitarbeiter froh gewesen, wenn es zum Nachdenken frischen Wind und Blumenduft gegeben hat statt Münchner Föhn. Denn regelmäßig nimmt er Teile seiner Mannschaft mit aufs Land, um in harmonischer Atmosphäre kreativ befreit zu arbeiten. Doch nicht nur zur Arbeit trifft man sich auf (frei)herrlichem Grund.

„Ich habe mir Mitarbeiter-Motivation nicht erst anlernen müssen. Und jeder meiner Mitstreiter spürt das tagtäglich. Der klassische Chef war ich nie. Ich arbeite und führe in einem Team, das bei aller Individualität gerne zusammen mit mir Lösungen erarbeitet für die Probleme unserer Kunden. Und wenn wir das Gefühl haben, daß diese Arbeit zu Hause auf dem Lande fruchtbarer und effektiver erledigt werden könnte, dann ist das überhaupt kein Thema. Und wenn man schon zusammen hart arbeitet, dann hat man sich das gemeinsame Feiern geradezu verdient. Natürlich auch bei uns zu Hause.“

Das ist also eines seiner „Erfolgsrezepte“: die Gemeinsamkeit. Das Zusammensein beim Arbeiten und beim Feiern. Beim Sport und, wie er es nennt, bei Meetings, „wo weniger erfahrene Mitarbeiter sich freischwimmen lernen und Fehler machen können, um zu lernen“. So nimmt es uns nicht wunder, daß der Umgangston in der wbpr Frauenschaft – über 70 % der Gesellschaft für Public Relations und Marketing mbH besteht aus attraktiven Damen – den Eindruck erweckt, als ginge es hier mehr um die Planung eines relativ diffizil auszuarbeitenden gemeinsamen Ausfluges und nicht um die Konzeption einer PR-Kampagne, die dem beinharten Vergleich mit den Mitbewerbern standhalten muß. Doch gerade darin liegt wohl der Erfolg von wbpr. D.v. Gumppenberg veranschaulicht sein Modell mit einem Dekorationsstück in seinem Büro: ein hölzernes Boot, in dem alle sitzen. Und, wie wir uns mit eigenen Augen überzeugen konnten, sehr gerne mitrudern. Und, wie wir auch wissen, zu immer neuen, interessanteren Ufern streben. Der Name wbpr leitet sich übrigens aus den Anfängen der Agentur ab, als man vor 10 Jahren unter der Bezeichnung Wirtschaftsberatung und PR lossegelte.

„Natürlich haben wir auch schon negative Erfahrungen gesammelt, wenn wir, wie in letzter Zeit häufiger, gegen die reinen Werbeagenturen präsentieren, also Neukunden von unserer Arbeit überzeugen wollen. Aber im großen und ganzen setzen wir uns doch durch.“ Was überzeugt dann aber die Kunden letztendlich von der Qualität der wbpr?

v.Gumppenberg: „Unser Vorsprung ist die Reputation, die wir uns in den zurückliegenden Jahren sorgfältig aufgebaut haben, das Wissen, daß man bei uns nicht nur mit Presseartikeln versorgt und oberflächlich betreut wird. PR – das sind bekanntlich die ‘Beziehungen zur Öffentlichkeit’. Die Möglichkeiten, die sich hier eröffnen, erschöpfen sich keineswegs im Verschicken von Pressemitteilungen. Sicherlich ist gute Pressearbeit ein unverzichtbares, effektives Mittel in der Arbeit mit den Medien.“

Dafür gibt es bei wbpr eine eigene Abteilung, die ausschließlich für die Redaktion von Mediendiensten und auch von Mitarbeiter- und Kundenzeitschriften zuständig ist.

„Aber das ist bei uns nur einer von mehreren Bereichen“, so von Gumppenberg. „Wir probieren immer wieder neue Maßnahmen aus. Und wenn die – gut durchdacht – umgesetzt werden, so kann man hier noch wirkliche Überraschungen erleben."

Wie zum Beispiel im vergangenen Jahr, als wbpr an Stelle einer herkömmlichen Pressekonferenz eine rollende Pressekonferenz 'auf die Schienen setzte'. Mit dem Zug quer durch Deutschland erreichte man eine Journalistenschar, die in ihrer Breite mit herkömmlichen Maßnahmen niemals gewonnen werden könnte. Ein anderes Beispiel ist die Idee, an Stelle von konventionellen Broschüren ein 'Interaktives Lernprogramm' an Schulen einzusetzen, das gemeinsam mit Siemens entwickelt wurde. Grundgedanke dieser Maßnahme ist es, sachbezogene Informationen im spielerischen Umgang mit dem Computer zu vermitteln. Wir zeigen immer wieder, daß PR mehr ist als bloße Pressearbeit, daß PR viel mehr kann, als allgemein angenommen wird. Wir sehen unsere Arbeit, unser Produkt sozusagen, darin, unsere Kunden mit Corporate Communications, Marketing Communications und Communication Services zu versorgen."

Unter diesen für die Branche üblichen Anglizismen verbergen sich Dienstleistungen wie Image-Kampagnen, Corporate-Identity-Beratung, Corporate-Design-Entwicklung, journalistische Beratung, unternehmerische Darstellung – in Geschäftsberichten, Broschüren oder ähnlichem –, Public Affairs, soziale Kommunikation und Management-Beratung. Dazu gesellen sich Markt- und Meinungsforschung, Marketing-Beratung, Sozial-Marketing – übrigens ein Lieblingskind unseres Gesprächspartners – Produkt-PR-Kampagnen und natürlich die „ganz normale" Pressearbeit. Als weiteres Highlight im Angebot der Agentur sind Veranstaltungen zu nennen, die von Seminaren über Konferenzen bis zu Messen und Ausstellungen reichen. Abgerundet wird das Service-Paket durch Sponsoring-Aktivitäten und Promotion-Maßnahmen. Begriffe, die in klassischen PR-Agenturen nicht einmal gestreift werden! Zu diesem Thema bezieht v. Gumppenberg einen klaren Standpunkt:

„Wo bitteschön hört Werbung auf, und fängt PR an? Wer will denn da die Grenzen festlegen? Und, wenn's einer tut, zu welchem Zweck und mit welchen Auswirkungen? Wir besitzen in dieser Branche unsere ureigensten Ansichten. Für uns ist die Zielvorgabe des Kunden oberstes Kriterium. Was will der Kunde erreichen mit seinem Budget, und in welcher Zeit? Darauf werden dann die Maßnahmen hauteng zugeschnitten. Bei einer Nur-Werbeagentur geschieht es nicht selten, daß schon 90 % des Etats sogleich in Doppelseiten verbraten werden, um es einmal kraß auszudrücken: der Rest fließt eventuell in PR-Maßnahmen."

Ironisch fügt der PR-Macher hinzu: „Diese Doppelseiten-Mentalität ist es, was uns PR-Leuten fehlt... und das ist nur der auffälligste Unterschied zu den Werbern. Bei uns wird ein Ganzheitskonzept entwickelt, in dem werbliche Maßnahmen nur eines von vielen Instrumenten sind, die wir einsetzen. Wie schon gesagt, immer im Hinblick auf das gesamte Paket der Ziele, die der Kunde erreichen will. Im Klartext: Werbung und PR müßten allgemein viel mehr voneinander lernen, um für ihre Kunden ein Optimum bieten zu können. Erfahrungsaustausch und Kooperation sind angesagt, nicht kleinliches Konkurrenzdenken."

Eine klar konzipierte Ganzheitsmethode also, nach der in seiner Agentur gearbeitet wird. Und eine nimmermüde Suche nach dem Neuen, der neuen Technik, dem neuen Medium, der neuen Darstellung.

v. Gumppenberg: „Experimentieren wird bei uns großgeschrieben, das heißt, im Globalbegriff Kommunikation suchen und testen wir die vielschichtigsten Möglichkeiten. Die klassischen Wege werden dabei nicht außer acht gelassen, aber doch niemals als Fesseln betrachtet, höchstens als Anregung. Wer erfolgreich sein will, darf niemals auf die letzten 5 Jahre zurückblicken und sagen, so, damit haben wir ein funktionierendes Schema gefunden, das machen wir nun so weiter. In unserem Beruf, wie auch in vielen anderen, ist diese Denke absolut tödlich, weil nach 'Schema F' nie zwei verschiedene Kunden mit ihren Problemen unter einen Hut passen, weil eben Kunden und Probleme zu unterschiedlich und individuell sind. So ist eigentlich auch unser erstes Nachdenken für ein Projekt immer auch schon ein Pilotprojekt. Denn wenn man über eine Sache ganz neu nachdenkt, kommt man auch zu ganz neuen, hoffentlich noch nie dagewesenen Lösungen."

Geht das denn nicht ins Geld, das Experimentieren? Kann denn eine Agentur unter solchen Vorzeichen noch Profite einfahren?

v. Gumppenberg: „Voraussetzung zum Erfolg ist sicherlich ein positives Betriebsergebnis. Wer aber ständig nach dem Mammon schielt, vernachlässigt dabei seine Arbeit. Wir sehen unsere Aufgabe schon so, daß auch bei vordergründig nicht kostendeckender Einzelaufgabe die Gesamtidee nicht darunter leiden darf, das Gesamtergebnis für den Kunden stimmen muß. Wir vernachlässigen nie unsere Aufgabe, nur weil uns die Sorge um Deckungsbeträge vielleicht die Sicht verstellen könnte. Wir lassen eine solche Betrachtungsweise gar nicht erst Einzug halten ins Kreationsgebäude. Mein Motto lautet: Wer gute Arbeit leistet, wird dafür auch gut honoriert. Und wir leisten beste

Arbeit. Also brauchen wir uns um die Belohnung nicht, zumindest nicht als Fokuspoint, zu kümmern.“

Langfristig traf v. Gumppenberg mit dieser Einstellung immer ins Schwarze. Sicher – beim ersten Anlauf wurden auch schon mal Tausende in den Sand gesetzt, weil seine Präsentationen immer sehr aufwendig sind. Wenn dann aber der nächste Anlauf dafür ins Schwarze traf, lächelt auch die Dame in der Finanzabteilung wieder zufrieden.

„Wenn wir eine Präsentation vorstellen, dann wirklich ausgefeilt bis ins letzte Detail. Wir schlagen zum Beispiel nicht vor, ‘man könnte als Kommunikationsmittler EDV einsetzen als interaktive Lösung der

wbpr

Betreute Kunden:

- Bundesministerium des Innern
- Bundesministerium für Raumordnung, Städtebau und Bauwesen
- Bundespresseamt
- Brochier
- Brochier Haustechnik
- Siemens
- Heidrick & Struggles
- Oberbank
- CMA-Centrale Marketinggesellschaft der Deutschen Agrarwirtschaft
- Exper Team

u.v.a

innerbetrieblichen Kommunikation’, wir schreiben für diese Präsentation ein eigenes Programmm und führen es vor. Ebenso würden wir niemals die Idee eines Filmes mit Worten zu erklären versuchen: Wir fertigen eine Layout-Version und führen sie kurzerhand vor.“

Zweifellos eine wirksame Art und Weise, um sich von Mitbewerbern abzuheben. In einem Konkurrenzkampf, der an Härte und Finten nichts zu wünschen übrigläßt, muß man notgedrungen Eigenschaften entwickeln und manifestieren, die deutliche Vorteile gegenüber dem

Wettbewerb aufzeigen. Nur auf diese Weise ist nicht nur Überleben, sondern auch Wachstum machbar.

„Im Buhlen um die Gunst der Kunden wird heutzutage zwar nicht mehr mit offenen Waffen gefochten, der Druck ist aber deshalb nicht weniger stark. Was heute zählt, sind wirklich die besseren Konzepte. Mit unserer Philosophie sind wir bisher sehr gut gefahren und haben im Überlebenskampf überdurchschnittlich gut abgeschnitten. Wir wachsen ständig. So ist für die nächsten 5 Jahre ein weiteres organisches Wachstum geplant, das bei ungefähr 30% liegen soll."

Und die Prognosen für die nächsten 20 Jahre? Was sind seine Ziele für diesen weiten Zeitraum?

v. Gumppenberg: „Ganz einfach, ich möchte dafür sorgen, daß diese Agentur in meinem Sinne weitergeführt wird, das heißt nach meinen Prinzipien, nach den Maßstäben und den Meßlatten, die ich gemeinsam mit meinen Mitarbeitern erprobt und für richtig befunden habe. Dann muß die Frage geklärt werden, ob meine Kinder vielleicht diese Agentur übernehmen wollen, und wenn nicht, muß die Nachfolge rechtzeitig geregelt werden."

Da befinden wir uns schon im Jahr 2000 und haben noch nicht einmal etwas über seinen Werdegang erfahren! Dabei hört sich v. Gumppenbergs Lebensgeschichte doch wirklich erzählenswert an. Aber wie bei allen dynamischen Teamworkern steht die eigene Person dezent im Hintergrund. Wo er nun doch wirklich Grund hätte – ohne falsche Bescheidenheit natürlich –, mit seiner Person und den ihn umgebenden Freunden Staat zu machen. Im wahrsten Sinne des Wortes. Doch darüber später. Hier sein Weg im Telegrammstil:

In Niederbayern aufgewachsen und zur Grundschule gegangen, schickte man den agilen Jungen in ein Schweizer Internat, wo er nicht nur die Eidgenössischen Tugenden lernte, sondern auch seine Sprachbegabung nutzbringend umsetzen konnte. In den folgenden Jahren erwarb er sich nicht nur Kenntnisse, sondern geradezu Perfektion in den Sprachen Englisch, Französisch, Italienisch und natürlich Deutsch: das Bayerische hatte er ja schon von Haus aus gelernt. In der Schweiz absolvierte er auch sein Abitur und studierte zunächst in Cambridge, dann in Wien Betriebswirtschaft. In den verschiedenen Sprachen. Und arbeitete darauf in jenen Ländern auch in verschiedenen Unternehmen. Hautnahe Erfahrungen mit Sprache, Land und Bewohnern. Würde er sich als Internationalist bezeichnen?

v. Gumppenberg: „Ich bin ganz bestimmt Kosmopolit. Ich habe bei meinen Auslandsaufenthalten nicht nur die Sprache des jeweiligen Landes wie ein Heimischer sprechen gelernt, nein, ich habe auch gelernt, zu denken und zu fühlen wie ein Engländer zum Beispiel. Denn in Zukunft wird es in unserer Branche noch viel wichtiger werden, die internationalen Kunden, genauer, die europäischen, nicht nur der Sprache nach, sondern auch mental zu begreifen. Hier bin nicht nur ich persönlich, sondern sind auch meine Mitarbeiter anderen zwei Nasenlängen voraus."

Diese Nasenlänge voraus zu sein scheint ihm in die Wiege gelegt worden zu sein. Schon während des Studiums anläßlich eines Praktikums in einer Bank, deren Namen er uns verschweigt, fiel der schnelle Studiosus auf, weil er in Vertretung eines Sachbearbeiters eine gestellte Aufgabe mit 30%iger Kostenersparnis nicht nur besser, sondern auch noch schneller löste. Und in seinen ersten Unternehmensjahren wurde er bald bekannt als ein ausgefuchster, beschlagener und kreativer Manager bei Betriebssanierungen. Dabei hatte er von Anfang an echte Marketing-Probleme zu knacken. Hier konnte er Studiertes auf seine Anwendbarkeit prüfen. Hier vermochte er aus erster Hand Erfahrung zu sammeln, für die andere ein langes Arbeitsleben brauchen. Er war sein eigener Herr geworden, in seinem Bereich. So war fast automatisch irgendwann der Punkt gekommen, wo er wußte, jetzt muß es in die Selbständigkeit gehen, um Ziele zu erreichen, die nicht von anderen gesteckt waren, die er selbst in den Raum stellen konnte.

Was würde er denn heute als die Kriterien bezeichnen, die einen guten Kommunikationsmanager ausmachen?

v. Gumppenberg: „Zuerst einmal können in diesem Beruf nur Menschen bestehen, die extravertiert sind. Für die verschlossenen Typen ist hier ganz bestimmt kein Platz. Dann sollte man ein überdurchschnittliches Allgemeinwissen mitbringen, sollte auf jeden Fall extrem kontaktfreudig sein, schlagfertig, ein schneller Denker eben, und mit der deutschen Sprache wie ein Talkmaster umgehen können. Dazu würde ich einige praktische Erfahrungen in Agenturen mit auf die Liste schreiben, nicht zu vergessen auch die theoretischen Voraussetzungen, die man für unseren Beruf sich auf Schulen oder in Seminaren holen kann. All das zusammen verlangt natürlich Zeit, Geduld und Durchhaltevermögen. Aber dafür sind wir auch keine Würstchenbude um die Ecke. Es ist schon ein langer, mühsamer und harter Weg. Aber die geschäftlichen Perspektiven sind natürlich auch besser als bei Curry mit Fritten", scherzt unser Gesprächspartner fröhlich.

Offensichtlich hat er in seinem 18köpfigen Team nur derartige Profis gefunden oder solche, aus denen er Profis machen kann. Denn nicht jeder kommt in seine Mannschaft. Viele haben es zwar probiert, waren dann aber doch nicht zur Integration fähig. Die Auswahlmethodik ist nachahmenswert: Aus einer Vielzahl von Bewerbern für eine Position werden drei Kandidaten selektiert, die dann 8 Tage mit dem gesamten Team arbeiten. Danach wird abgestimmt, welcher der drei sich im Tagesgeschäft qualifiziert hat. Nicht nur fachlich, nein, natürlich auch menschlich. Er muß sich in den vorhandenen Ethik- und Moralvorstellungen wohlfühlen, zwanglos. Eine konformistische Gruppe, die Druck ausübt, besteht nicht. Wer die Strömungen und Vorstellungen nicht einfach spürt, paßt nicht dazu. Sicherlich ein anspruchsvolles Auswahlverfahren, doch wer einmal dabei ist, darf sich auch ausleben. Autoritäre, kleinliche Mitarbeiterführung ist nicht der Stil des Freiherrn. Ideenreichtum wird vorausgesetzt und Eigenverantwortlichkeit im Agieren verlangt. Wenn das gewährleistet ist, so herrscht ein großer Spielraum für Persönlichkeit und Selbstverwirklichung.

„Was habe ich von einem Opportunisten, einem braven Ja-Sager? Auch in der sachlichen Auseinandersetzung kommt man dem gemeinsamen Ziel ein Stück näher. Dabei habe ich keine Berührungsängste mit Querschlägern“, läßt uns v. Gumppenberg wissen, in seiner beiläufigen Art, nicht ganz gewöhnliche Sachverhalte als das Selbstverständlichste darzustellen..., so als wüßte er nicht, daß Führungskräfte ihre Angestellten leider nur allzuoft als Echo der eigenen Stimme, als Bestätigung der eigenen Denke brauchen.

Ein anspruchsvolles Auswahlprinzip besteht aber nicht nur, wenn es um die Beurteilung von neuen Mitarbeitern geht. Dieses Verfahren wendet v. Gumppenberg auch an, wenn er prospektive Kunden einschätzt. Auch auf die Gefahr hin, daß ihm dabei ein „dicker Fisch vom Haken springt.“

„Ganz abgesehen davon, daß ich meinen Kunden immer meine Meinung sage, niemandem nach dem Munde rede und auch mit unpopulären Ansichten nie hinter dem Berg halte, gehen wir in der Agenturarbeit noch einen Schritt weiter. Wir würden einen Kunden nicht akzeptieren, wenn er unserem Kodex nicht folgen würde. Das heißt, für eine umweltzerstörende Chemikalie würden wir ebensowenig arbeiten wie für einen menschenverachtenden Konzern. Und dabei spielte das Etatvolumen wirklich keine Rolle, es wäre gegen unser aller Prinzip.“

Zum Punkt offene Meinung sagt er uns noch etwas, was wohl so präzise noch keiner nachvollzogen hat. Daß nämlich das Zurückhalten der ehrlichen Meinung des Beraters dem Produkt des Klienten schadet. Denn wenn er als Spezialist etwas weiß und aus Höflichkeit oder Opportunismus schweigt, gerät dies letztendlich seinem Kunden zum Nachteil.

„Diesen Opportunismus unter allen Umständen zu vermeiden ist mein Streben. Auch bei Kunden, die noch nie mit Werbung oder PR konfrontiert wurden. Viele machen an diesem kritischen Punkt einen Fehler, indem sie fürchten, den Auftrag zu verlieren. Aber gerade bei Neukunden muß man konsequent zu seinen Meinungen stehen, denn dieser Kunde braucht die Guidelines, er braucht die Kritik, er braucht die unvoreingenommene Beratung. Man soll sich zwar eine fremde und andere Meinung anhören, sie auch respektieren, aber wenn man sie als Fachmann für falsch erkennt, muß man auch versuchen, sie zu widerlegen."

Auf die Frage, ob dies Auswirkungen auf das Ansehen der Agentur haben kann, versicherte uns v. Gumppenberg, daß solches Vorgehen, entgegen weitverbreiteter Ansicht, langfristig viel erfolgversprechender sei. Ehrlichkeit, gerade bei der PR, war noch eh und je besser für ein Unternehmen als opportunistisches Schmeicheln und Verdrehen von Fakten. Im hochsensiblen Bereich des Ansehens eines Unternehmens in der Öffentlichkeit, übrigens die Gumppenbergsche Definition des Fachbegriffes *Image* in diesem mit Glacéhandschuhen anzupackenden Bereich der Öffentlichkeitsarbeit, trennt sich die Spreu vom Weizen. Wer hier nicht feinfühlig differenziert und analysiert, sondern gleich massiv klotzig ein gewolltes Image in den Markt powert, der bereitet weder sich noch seinem Kunden einen Gefallen.

v. Gumppenberg: „Differenzierung ist das A und O. Nehmen wir doch mal ein Beispiel aus der Politik. Politik als solche hat bekanntermaßen ein recht dürftiges Image in der Bevölkerung. Ein einzelner, integrer Mann dagegen kann ein sehr positives Image besitzen. Wenn ich nun durch geeignete Maßnahmen versuche, dieses sein Image auf die Gesamtheit seiner Partei zu übertragen, wird über kurz oder lang das Bild dieser Gruppe in der Öffentlichkeit zum Positiven hin verändert. Außerdem, da die eingesetzten Maßnahmen ganz besonders auch nach innen wirken, wird sich der ethisch-moralische Gesamtzustand der Partei zum Besseren entwickeln und dann das neue, gute Image rechtfertigen."

Nicht von ungefähr hat er das Beispiel Politik gewählt. Als klardenkender, zielstrebiger, sich nicht nach vorn drängender Mensch, der lieber in der zweiten Reihe lenkt und führt, hat er es nicht nötig, mit guten Freunden zu protzen. Aber wenn man sich die Mühe machte, könnte man ihn allenthalben auf Pressefotos erkennen, wie er mit Persönlichkeiten der hohen Politik auf recht vertrautem Fuße steht. Und wer ihn dann so kennt, wie wir ihn in diesen kurzweiligen Stunden kennengelernt haben, den wird es nicht verwundern, daß Dietrich Freiherr v. Gumppenberg nicht nur als Berater dort oben akzeptiert und geachtet ist, sondern auch als Freund anerkannt wird. Namen wurden uns verraten, wir geben sie aber hier nicht preis. Denn auch wir halten es mit dem von-Gumppenbergschen Grundsatz:

„In erster Linie man selbst sein, andere sich selbst sein lassen, Dinge nicht auf den Kopf stellen wollen, aber ab und an versuchen, sie gerade zu rücken, das Ganze eingebettet in Ehrlichkeit zu sich selbst wie zu allen anderen, so wird man selbst zu dem zuverlässigen Freund, den man sich wünschen würde."

Wolfgang W. Becker

„Wer aufhört, Wissen aufzusaugen, stirbt. Nur Schwämme überleben."

Wir wissen nicht, woher sie kommt, wir wissen nur, daß sie da ist. Die Idee, daß man ihn kennt. Ihn, den Menschen Becker, dem man „irgendwie" schon einmal begegnet zu sein glaubt. Am Telefon taucht zum erstenmal die Ahnung auf, seine Stimme irgendwo schon mal gehört zu haben. Beim persönlichen Vis-à-vis verstärkt sich der Verdacht. Und nach einigen wenigen Worten sind wir absolut sicher: diese Stimme, wenn nicht die gesamte Person Wolfgang W. Becker, schon immer gekannt zu haben. Weiß der liebe Gott woher. Auch, wenn wir im Augenblick den Finger noch nicht drauflegen können, so sind wir doch überzeugt, sehr bald Gewißheit zu erlangen.

Doch jetzt sitzen wir erst einmal gemütlich bei einem leichten Roten in der guten Stube. Man hat offenbar gerade delikat gespeist. Becker und seine bessere Hälfte senden Wellen der Zufriedenheit aus, die alles im Raum mit einzubeziehen scheinen. Sogar der Schäferhund zu unseren Füßen schenkt uns nur ein träges Murren der Zurkenntnisnahme unserer Unbedenklichkeit. Im renovierten Bauernhaus der Beckers beginnen wir unsere Suche nach Lebens- und Erfolgsrezepten unseres Interviewpartners und fangen an mit einer Frage, die uns schon beim Eintreten auf die Lippen sprang. Warum dieses relativ bescheidene Zuhause? Dazu soviel: von außen präsentiert sich das Beckersche Anwesen in einer Art und Weise, die eher unscheinbar zu nennen ist. Und hier soll der Erfolgsmensch Becker sein Off-road-Domizil aufgeschlagen haben? Hier sollte er seinen Kreativitätsakku aufladen? Milde kommentiert, wir staunten erst einmal. Aber natürlich läßt er uns nicht lange im dunkeln.

„Als es damals darum ging, auch die Außenfront zu renovieren, haben wir uns dagegen entschlossen. Ist doch die Zeit, in der man seine Behausung von außen genießt, relativ gering verglichen mit dem Wohnen im gemütlichen Innern. Und Eindruck erwecken oder Erreichtes zur Schau stellen, das liegt uns nun wirklich nicht."

Damit haben wir einen Punkt berührt, den es fester zu machen gilt. Und so erfahren wir, daß sich dieses Prinzip auch auf sein Verständnis der Werbung bezieht. Zu viele Scharlatane machen seiner Ansicht nach hier zu viel Lärm um zu viel Mittelmäßiges. Und mit dem Mediokren will unser Gegenüber nichts zu tun haben:

„Ich habe in den letzten Jahren festgestellt, daß die nachwachsenden Werbeleute nicht mehr von der Pike auf lernen. Wenn sie heute Erfahrungen in den Agenturen sammeln wollen, so können sie sich den dazu nötigen kreativen Freiraum einfach nicht mehr schaffen, den wir damals hatten. Ins kalte Wasser geworfen, kämpfen sie schon vom ersten Tag an mit dem Rücken zur Wand. Und sie lernen vom ersten Tag an, sich den Gepflogenheiten unterzuordnen, um geistig und optisch dazuzugehören. So wird zuviel Augenmerk auf die Karriere gelegt, zu Ungunsten einer gesunden, soliden Ausbildung. Und auch die

Möglichkeit, aus Fehlern zu lernen, wird von Anfang an wenn nicht verbaut, so doch ganz bestimmt entscheidend gehemmt."

Darüber hinaus ist Beckers Ansicht nach der Zeitdruck, oder besser gesagt die heutige hektische Entwicklung, schuld daran, daß kaum Zeit zur Verfügung steht, um wirklich exzellente Sachen zu machen. Der Zampano der roten Stifte wirft gar zu oft sein Veto ein, wenn ein Etat auch nur die geringsten Anzeichen von Unwirtschaftlichkeit erkennen läßt. Hinzu kommt, daß mittlerweile weniger Geld als noch vor etwa 15 Jahren für die Werbung zur Verfügung steht, die ganz großen Namen natürlich ausgenommen. Aber die stellen nicht den Löwenanteil der Werbetreibenden. Nur wenige Agenturen können sich heute somit noch diese vormals praktizierte Art der Werbung leisten, sprich Qualität. Und selbst die Agentur mit Kreativitätsbonus muß sich vor Gefahren hüten.

„Irgendwann einmal wachsen alle in eine Größenordnung, wo sie die Qualität der Arbeit gegen die kostendeckende Quantität einhandeln müssen. Dann muß eben Fließbandarbeit produziert werden, um den Apparat zu füttern. Für alle, die einmal im Zenit anerkannter Kreativität und Innovation standen, schlug diese Stunde der Notwendigkeit früher oder später – während ihrer Entwicklung zur großen Agentur. Sehen Sie sich doch die ehemals berühmten Namen an!"

Wo so wenig Aufsehenerregendes produziert wird, wo im Gegenteil so viel Banales und Gleichförmiges die Agenturen verläßt, ist es natürlich Gebot der Stunde, sich mit lautem Geschrei bemerkbar zu machen. Diese oft auch für Insider peinliche Selbstdarstellung ist Becker zuwider. Deshalb beschritt er einen Weg, der ganz andere Werte in den Mittelpunkt stellte. Möglicherweise spielte hierbei auch der Lebensweg Beckers eine Rolle...

Am 23. 12. 1949 wurde Wolfgang Willi Becker in Grevesmühlen, einem Ort etwa 30 Kilometer außerhalb Lübecks, geboren. Sein Vater soll, nach Berichten der Familie, an der Entwicklung und dem Bau der ersten, vormals noch hölzernen Trabant-Automobile der DDR maßgeblich beteiligt gewesen sein. Er unterhielt damals eine eigene Fabrik als Stellmachermeister, wie die Wagenbauer hießen. Doch verließen die Beckers bald darauf die „Ostzone", um sich in der Nähe von Stuttgart anzusiedeln. Und hier erkannte ein Onkel schon sehr früh die musische, künstlerische Begabung des kleinen Willi Wolfgang und bekniete Vater Becker so lange, bis dem Jungen die Einschulung auf einer Waldorfschule erlaubt wurde. Diese Ausbildung und schulische Philosophie förderte und prägte ihn und programmierte ihn sozusagen für seinen späteren Lebens- und Berufsweg.

„Damals wußte ich natürlich noch nicht, was einmal aus mir werden würde, aber meine schon vorhandenen Anlagen wurden in der Schule optimal gefördert. Ich male heute noch, und ich spiele Klavier und Gitarre. Zu allem Gestalterischen, ob im Seh- oder Hörbereich, zieht es mich immer wieder stark hin, und ich finde auch nur dann Befriedigung, wenn ich meine Talente in dieser Richtung wuchern lassen kann. Wissen Sie, man fühlt als musischer Mensch, ob etwas 'gut' ist. Man *fühlt* sozusagen eine Anzeige und *spürt* einen Text. Harmonie ist meines Erachtens erst erreicht, wenn die Sinne *ja* dazu sagen. Viele behaupten, der Becker sei so vielseitig geworden, weil er seine Kunden besser bedienen wollte. Ich halte dagegen, daß ich schon immer vielseitig war, weil ich einfach als Mensch so bin; deshalb vermag ich diese Vielseitigkeit meiner Einschätzung nach einzusetzen und anzuwenden."

Und in dieser Richtung tat sich wirklich allerhand beim Multi-Talent Becker. Wie der Zufall so spielte, war sein damaliger Deutschlehrer gleichzeitig Intendant am Stuttgarter Schauspielhaus und konnte ihn zum Mitmachen bei der Jugendtruppe bewegen. So ganz nebenbei bildete er ihn bis zur Bühnenreife als Schauspieler aus. Noch während seiner Schulzeit kam er außerdem im Rahmen eines Ferienjobs mit einem Kinobesitzer in Kontakt, für den er abends die Filme vorführte. Jener Herr brachte aus Kenia umfangreiches Filmmaterial mit, das jetzt gesichtet, geordnet, zusammengeschnitten und vertont werden mußte. Ob Willi nicht dabei helfen wollte. Willi wollte.

„Gut vier Wochen lang habe ich da bis in die Puppen gehockt und gepusselt. Habe mit Tonbandgerät, Umroller, Naßkleber und Klebepresse jongliert. Habe Türöffnen rückwärts als Elefantenbrüllen aufgenommen und dann aus dem Ganzen einen 60-Minuten-Film komponiert, der nicht nur mich begeistert hat. Aber danach wußte ich ziemlich genau, in welche Richtung ich weiterlernen mußte."

Die Hochschule für Film und Fernsehen in München nahm den Wißbegierigen nach einer bravourös bestandenen Aufnahmeprüfung in ihre Reihen auf – und verlor ihn kurz darauf wieder, weil Becker mit der dort vermittelten Theorie schon bald nichts mehr anzufangen wußte. Die *Praxis* hatte es ihm angetan. Wichtig waren für ihn *Erfahrungen*, die er zur Finanzierung seines Studiums abends in den Studios der Bavaria Film gegen wenig, aber gutes Geld sammelte. Nach und nach verlagerte er deshalb in der darauffolgenden Zeit sein Tätigkeitsfeld an die Stätten der Produktion von Filmen und Videos. Bis er nur noch für diese faszinierende Industrie arbeitete.

„Basiswissen ist wichtig. Aber das kann man zur Not auch aus Büchern holen. Das wirkliche Handwerkszeug des Berufes vermag man sich jedoch nur über die praktischen Anwendungen zu erarbeiten, indem man den erfahrenen Kollegen nicht von der Seite weicht, alles abguckt, ständig den Großen der Branche auf die Finger schaut und alles Wissenswerte und Neue, jeden Kniff und Trick aufsaugt wie ein Schwamm. Das alles konnte mir keiner meiner Dozenten vermitteln. Wie sollten sie auch? Aber was noch wichtiger war, ich habe bei diesem Aufsaugen das Glück gehabt, auch immer das Endprodukt zu sehen, zu erleben, was dabei herauskommt, wenn man diesen oder jenen Kunstgriff anwendet. Und diese Erfahrung war eigentlich die wertvollste während meiner Münchener Zeit."

Doch außerhalb der „reinen" Kunst war bedeutend mehr zu verdienen. Und so folgte er dem Rat erfahrener Kollegen und ließ sich schließlich von einer Agentur als Praktikant für Film-Funk-Fernsehen anheuern. Also in die Abteilung, die sich mit der Gestaltung und Produktionsüberwachung agentureigener Ideen beschäftigt. So ganz nebenbei besuchte er auch noch die Werbefachschule und schloß mit summa cum laude ab. Wie er das alles damals geschafft hat, weiß er heute auch nicht mehr so recht. Erinnern kann er sich nur noch an die großzügige Unterstützung des Agenturchefs, an die Möglichkeit, wirklich alles ausprobieren zu können, und an die permanenten Einsätze bis tief in die Nacht.

„Von diesem Mann habe ich ungeheuer viel gelernt, was das Agenturbusiness angeht. Desgleichen was Menschenführung und Motivation anbelangt. Stellen Sie sich vor, als ich nach meinem Abschluß bei ihm kündigte, zahlte er mir noch einen Bonus, als Startkapital für meine beginnende Karriere! Solche Menschen gibt es heute kaum mehr."

Mit so renommierten Markenerfahrungen im Gepäck wie *Blend-a-med, Simca* oder *Nivea* machte sich Becker auf in die Metropole deutscher Werbung, nach Frankfurt. Doch Glück im Unglück, sein altersschwacher PKW gab schon in Neu-Isenburg den Geist auf, in einer Stadt, die eine der am schnellsten wachsenden Filmproduktionen der damaligen Zeit beherbergte.

Und so schlug das Schicksal zu. Bei der *Interteam* in Neu-Isenburg fing Becker schließlich als Aufnahmeleiter- und Regieassistent an, mit der zusätzlichen Aufgabe, das Archiv in Ordnung zu bringen. Er erledigte das in schon bekannter Becker-Manier. Und als das Archiv picobello geordnet glänzte, glänzte Becker noch mit einer Zugabe – einem Zusammenschnitt der lustigsten Szenen aus Filmen, einem 12-Minuten-Feature über Takes, die zwar nie in Werbespots Verwendung gefunden hatten, aber mitkopiert worden waren. Denn das Schneiden, die Technik dahinter, hatte er wieder einmal so ganz nebenbei aufgesaugt. Und so nahm es auch niemanden wunder, daß er wenig später dem Ruf einer großen Agentur folgte und technischer Leiter der Film-Funk-Fernseh-Abteilung wurde.

In welche Schublade sollte man diesen Willi Wolfgang nun also stecken? Ist er ein schreibender Regisseur? Ein Technikfreak mit Regieambitionen? Oder ein malendschreibendmusizierender Regisseur plus Technik?

„Die einzelnen Fähigkeiten sind für mich nicht maßgebend. Hauptsache ist das Endergebnis, das ich erreichen will. Ich greife auf jede meiner Eigenschaften unbewußt und automatisch zurück, wenn ich sie brauche. So komponiere ich eben einen Jingle, wenn ich im Archiv nichts finde – oder wenn ich spüre, daß da einer hingehört. So schreibe ich ein Drehbuch selber, wenn ich glaube, daß ich das in dem Falle besser kann. Und so zeichne ich auch mal ein Story-Board, um dem Computer-Techniker zu zeigen, was ich genau von ihm haben will."

Beim Stichwort Computer werden wir hellhörig. Sind diese Tausendsassas doch in den letzten Jahren explosionsartig ins Geschäft des Gestalters Becker eingedrungen. Wie wirkt sich das auf seine Arbeit aus, wie nutzt er die Errungenschaften der modernen Computertechnologie?

„Ich hatte das große Glück, in unsere moderne Zeit mit hineinzuwachsen. Oft konnte ich sogar als erster reinriechen, wenn sich wieder ein Mutationssprung im Computer-Graphik-Bereich tat. So durfte ich also neue Technik hautnah miterleben, ich wuchs sozusagen graduell und permanent mit der Technik auf. Nicht als Experte auf diesem Gebiet, Gott bewahre! Aber als Anwender dieser faszinierenden Elektronik bin ich heute in der Lage, die verschiedenen Faktoren in den Griff zu bekommen. Ich denke, ich kann hier auf allen Registern spielen. So war ich zum Beispiel einer der ersten in der Branche, der digital produzierte! Heute ist das wenn keine Selbstverständlichkeit, so doch weit verbreitet."

Und wie um uns seine Kompetenz zu beweisen, steht Becker auf und bedeutet uns, ihm zu folgen. Wir überqueren einen Innenhof, steigen einige Stufen in einen Annex des Hauses und befinden uns plötzlich und ohne Vorwarnung in einem Videostudio, nach dem sich so mancher Produzent die Finger lecken würde. Wir leisten innerlich Abbitte, was unsere Gedanken und Fragen zu dem äußerlich eher bescheiden wirkenden Anwesen anbelangt. Im übrigen wollen und können wir natürlich die Fachwortsammlung nicht wiedergeben, die er uns inmitten seiner flimmernden und oszillierenden Gerätschaften zuwirft, aber wir sind ehrlich beeindruckt von der Professionalität der gesamten Einrichtung, die er für uns kurz zum Leben erweckt.

Betreute Kunden:

- Deutsche Bank AG
- Dresdner Bank AG
- Commerzbank AG
- DG Bank
- Peugeot
- Volvo
- Alfa Romeo
- Iveco
- Hoechst
- Polaroid
- Kraft General Foods
- Patek Philippe
- Platin Gilde
- CBS
- WEA
- Arcade
- Sony
- Linotyp
- BBC
- Danfoss
- Otto Versand
- Gong Verlag
- Heraeus Kulzer GmbH
- Allibert GmbH
- EKU Aktienbrauerei

u.v.a.

„Es gibt zu viele von diesen riesigen MAZ-Studios heutzutage, die zu oft nur aus Geldgebern und Fachidioten bestehen. Millionenschwere Unternehmen beschäftigen heute nicht selten keine gelernten Profis mehr, sondern angelernte Dilettanten. Das sind keine echten Produktionshäuser mehr, das sind allenfalls dünnblütige Dienstleister. Dort kann man Filme nicht mehr kalkulieren oder disponieren lassen, weil kaum einer das noch aus dem Drehbuch ableiten kann. Und auch nur ganz wenige in diesen Studios sind in der Lage, das umzusetzen, was tatsächlich gebraucht wird. Allein schon für den Bereich des Vorfeldes in einer Produktion habe ich mich technisch auf eigene Füße gestellt. So kann ich meinen Kunden praktisch Layout-Material in Profiqualität bieten, zu mehr als guten Konditionen. Bei mir läuft die Uhr zwar auch, aber nach einem ganz anderen Rhythmus."

Seit 1983 operiert Becker mit seinem Studio – und konnte sich seither einen ansehnlichen Kundenstamm aufbauen. Nach dem 'Becker-Verfahren', so erklärt er uns, spart der Kunde Zeit und Geld und Becker erheblich Nerven bei der Endfertigung, weil alle kritischen oder fraglichen Punkte schon im Vorfeld audiovisuell geklärt werden können. Auf diese Weise kann außerdem auf den individuellen Kunden besser eingegangen werden. Und Termine und Kosten sind besser im Griff.

„Ich bin jemand, der es haßt, unpünktlich zu sein. Ich bin jemand, der es haßt, Termine platzen zu lassen. Und ich bin jemand, der es absolut nicht ab kann, wenn einer die Kosten überzieht. Mit meiner Ausrüstung wirke ich all dem entgegen und erspare mir schon dadurch viel Ärger, mit dem sich andere täglich herumschlagen."

Auf dem Weg zurück ins Haus lenkt er unsere Schritte am Wohnzimmer und unseren halbvollen Gläsern vorbei ins Obergeschoß und bittet uns, eine bestimmte Tür zu öffnen. Wir kommen seiner Aufforderung nach. Und bei dem Versuch ins Schleudern. Was sich unseren Augen bietet, ist ein weiterer gelinder Schock. Im Halbrund vor uns aufgebaut erstreckt sich ein komplettes Tonstudio mit allem, was dazugehört. Vom Allerfeinsten wieder die Technik. Warum all diese Instrumente, brauchen wir jetzt nicht mehr zu fragen. Wir wissen, daß er sie alle beherrscht. Dennoch: Ein Tonstudio, wofür braucht ein Filmer sein eigenes Tonstudio, fragen wir entgeistert. Ist es vielleicht ein Hobby des Megamachers Becker?

„Das nahm Ende der 70er Jahre seinen Anfang. Da hat man mir gesagt, ich hätte eine gute Stimme und solle doch mal Werbespots sprechen. Und so bin ich da reingerutscht. Am Anfang produzierte ich nur so nebenher Spots für meine Agentur, schließlich flatterten Aufträge von den verschiedensten Agenturen und Tonstudios herein."

Und plötzlich fallen uns die sprichwörtlichen Schuppen von den Augen oder, genauer gesagt, die Stöpsel aus den Ohren. Natürlich wissen wir, woher wir diesen Becker kennen: Man kann ja heute sein Radio nicht mehr anstellen, ohne von dieser Stimme erreicht zu werden, ohne von ihm für die unterschiedlichsten Produkte motiviert zu werden. Und als er uns jetzt einige seiner Kostproben anbietet, sind wir ehrlich begeistert, wie ein Mensch mit seiner Stimme so flexibel umgehen kann wie dieser Wolfgang W. Becker.

„Ich kann weder Strauß noch Brandt nachmachen, aber ich kann brummen wie ein Knuddelbär und quaken wie eine Ente. Ich kann wie ein jugendlicher Idiot quasseln, und ich kann jauchzen, brüllen oder brettern wie ein bulliger Killer. Ich kann alle diese Rollen sprechen und glaubhaft rüberbringen, weil ich eben in alle diese Rollen schlüpfen kann, wirklich persönlich reinkriechen kann. Das habe ich wieder alles von Kollegen aufgesaugt, von Profis dieser Spezies Sprecher gelernt."

Nach seinem Schmunzeln zu urteilen, muß ihm das alles enormen Spaß machen. Das Drehbuchschreiben, das Texten, das Filmen, das Produzieren, das Organisieren, das Sprechen, das Regie-ren, das Wer-weiß-was-noch-was-Alles. Dennoch ist es auch knallhartes Busineß, wenn dabei auch ein professioneller Standard gewahrt geblieben ist. Auf eine entsprechende Frage hin gibt er uns recht, in Beckerscher Manier natürlich:

„Werbung ist für mich ein Abhak-Geschäft. Du machst einen 30-Sekunden-Spot, und der läuft ein halbes Jahr. Gut. Abgehakt. Der 30-Minuten-Film läuft länger. Auch gut. Abgehakt. Vergessen. Es ist ein schnelles Geschäft. Wer da nach Akklamation fiebert und sich auf Beifall zu verlassen sucht, ist verlassen. Für mich ist der Job dann getan, wenn sich mein Inneres dabei wohlfühlt. Wenn ich beim Sprechen zum Beispiel 30 Sekunden Topleistung und Topqualität geliefert habe, zu einem vernünftigen Preis."

Zusammengefaßt sind Beckers Prinzipien damit eher einfach als spektakulär, eher gesund als tiefschürfend psychologisch. Aber wer sagt denn, daß nur Kompliziertes oder Psychologisches Qualität bedeutet? Becker liefert dafür seinen Kunden immer eine Alternative mehr, er glaubt an seine Kunden und an seine Arbeit, und er hat ihnen bis heute offenbar wieder das Gefühl der Sicherheit vermitteln können, daß er niemanden im Stich läßt. Hinter alldem steht seine grundlegende Absicht, niemals seine Schwammeigenschaften aufzugeben. Niemals aufzuhören, aufzusaugen. Was es denn in Beckers Zukunft gäbe, das er gerne aufsaugen möchte, wollen wir abschließend wissen und erhalten wieder einen echten Becker als Antwort:

„Bisher habe ich geackert wie ein Pferd, es wird langsam Zeit, daß ich auch lebe. Werbung ist ja ganz schön, aber ich möchte mir in Zukunft viel mehr Zeit nehmen für die sogenannten geistigen Dinge im Leben. Die großen Philosophen lesen. Zum Beispiel. Meinen Garten umgraben. Und natürlich mein Handicap beim Golf verbessern. Aber erst, wenn ich ein wenig mehr Zeit habe."

Sagt's und entschwindet ins Studio, um wieder eine seiner spontanen Ideen umzusetzen, die ihm plötzlich zufliegt. In welches seiner Studios er sich da zurückzieht, bleibt uns verborgen, wir werden aber bestimmt zu gegebener Zeit davon hören oder sehen. Das walte Becker.

Heinrich Rainer Brües

„Nur mit gesunder Sturheit kann man Ideen durchsetzen, von denen man überzeugt ist.“

Gäbe es eine Jury für Ästhetik in der Werbung, müßte Heinrich Rainer Brües den Vorsitz innehaben. Beim Betreten seiner Agentur in der Düsseldorfer Mutter-Ey-Straße ist man jedenfalls von dem Ambiente beeindruckt; alle Gegenstände, Designs und Bilder scheinen genau aufeinander zukomponiert zu sein, fügen sich gewissermaßen ein in ein ästhetisches Konzert, virtuos dirigiert vom Meister selbst. Eben dieser empfängt uns, an einem riesigen Glastisch sitzend, in einem lichten Maisonnette-Office. Man versorgt uns mit Kaffee, während er selbst für uns in der geschickt getarnten Küche nach Plätzchen sucht, sie aber nicht findet. Ein hilfreicher Geist steht ihm schließlich zur Seite und versorgt uns mit dem Notwendigsten; wir können beginnen. Bei Heinrich Rainer Brües handelt es sich um einen Vollblut-Werber, der selbst während eines Interviews nicht auf seine Arbeit verzichten kann, was vielleicht schon ein erstes Erfolgsprinzip ist. Jedenfalls gibt er bereits während des Vorgeplänkels zwischendurch sein Urteil über ein Layout ab, das ihm von einem seiner Art-direktors vorgelegt wird. Uns erklärt er dabei eine seiner Richtlinien: „Bei der Arbeit an einem Auftrag kochen alle Beteiligten gleichberechtigt mit. Da kann und muß es heiß hergehen. Aber das letzte Abschmecken besorgt der Chef, er gibt die notwendige letzte Prise Pfeffer oder Salz dazu."

Aber gehen wir chronologisch vor: Es ist noch gar nicht so lange her, daß Brües bei seiner Arbeit alles allein kochte und abschmeckte und trotzdem als Einzelkämpfer recht gutes Geld verdiente. Wie er so vor uns sitzt in seinem feinen Zwirn, können wir uns sehr schwer vorstellen, daß der Spitzenwerber tatsächlich einmal als *Pflastermaler* angefangen hat, während der sogenannten „Hippie"-Zeit! Die Frage drängt sich unmittelbar auf: Wie konnte es ein „einfacher" Pflastermaler schaffen? Wie gelang ihm der Durchbruch? Fängt man an, Brües näher kennenzulernen, so kommt man nicht umhin, sich zunächst mit der Familie des Interviewten zu beschäftigen, mit dem geistigen Umfeld und dem „Stall", aus dem er stammt. Der Name Brües besitzt im Raum Mönchengladbach – Krefeld – Düsseldorf – Köln seit eh und je einen Klang, der eng mit Kunst und Kultur verbunden ist. Großvater Otto Brües, Schriftsteller und Leiter des „Rheinischen Merkur" und der „Rheinischen Post", war Initiator und Triebfeder so mancher Künstlervereinigung sowie Patron vieler Kreativen. Eva Brües, seine Tochter, gründete und leitete ein Museum. Die gesamte Familie Brües kümmerte sich während des „Tausendjährigen Reiches" um die bedrohten und gefährdeten Kunstschaffenden in aufopfernder Weise. Das Brüessche Haus war Zufluchtsburg und Hilfswerk und bot Raum für Diskussionen. Darüber hinaus hatten die Brües immer eine offene Hand für Künstler, die nicht gerade im sogenannten Trend lagen. Begabten Hungerleidern manchmal, die sich am Rande der „Szene" bewegten, griff man unter die Arme.

Wie auch immer: in dieser schützenden Treibhausatmosphäre wird Heinrich Rainer Brües am 5. November 1949 geboren. Er wächst in einer extrem freidenkenden Familie heran, wo er seine Träume hegen und pflegen kann. Da steht kein strenger Vater im Hintergrund, der Kleinejungenträume lächerlich macht. Da versucht keine gluckenhafte Mutter den Sohn von seinen „Spinnereien“ abzubringen. Da steht keine Familie mit harten „Realitäten“ am Lebensweg, um den Kleinen auf den „richtigen“ Pfad zu bringen. Brües muß *nicht* Meßdiener werden wie die anderen, er wird auch nicht bei den Pfadfindern angemeldet, weil das die Nachbarskinder tun, er kann sich immer *selbst entscheiden*, erzählt er uns. Selbst heute ist Brües in keinem Verein, er mag die Vereinsmeierei nicht, wie er uns gesteht; denn: „Da sind schon so viele Leute engagiert, daß man nicht auch noch mich braucht“. Ein weiteres Erfolgsprinzip, anders zu sein als die anderen und nicht wie ein Schaf in der großen Herde mitzutrotten? Mit Sicherheit! Schließlich sehen wir den jungen Heinrich Rainer auf der Schule in Mönchengladbach seine Lieblingsfächer Biologie, Geschichte, Erdkunde und Physik studieren. Die Lehrer legen Wert auf die perfekte Repetition des vermittelten Stoffes; aber unser Schüler bricht wieder aus dem vorgegebenen Rahmen aus und gestaltet sich seine eigenen Lehrbücher! Dazu sammelt er förmlich alles, was nicht niet- und nagelfest ist. Alles, was mit dem zu lernenden Fach in irgendeiner Beziehung steht, wird fein säuberlich in Hefte geklebt und übersichtlich aufbereitet. Auf diese Weise besitzt der Pennäler stets die anschaulichsten, interessantesten und lesenswertesten Unterlagen. Woher dieser Eifer, alles gleich in „Bilder“ umzusetzen? Hören wir ihn selbst im Originalton:

„In unserer Familie wurden wir dazu angehalten, alles in schriftlicher oder zeichnerischer Form zu Papier zu bringen. Es gehörte sozusagen zur Brüesschen Familientradition, daß, wenn man etwas sagte, man das auch unmittelbar festhielt. Dadurch vermochte ich mich sehr früh in der Kunst zu üben, Gedanken und reine Theorie sozusagen optisch festzumachen.“

Der weitere Weg des Selfmademan nimmt sich abenteuerlich aus. Nachdem er mit Ach und Weh das Abitur bestanden hatte, zog es ihn in die aufregende Welt Berlins. Hier lebte er knapp fünf Jahre in einer der damaligen so berühmten Wohngemeinschaften, wo das Zusammenleben der Zukunft geprobt wurde. Außerdem wurde Kunst studiert. Und so ganz nebenbei formte sich das Multitalent des Malers, Schreibers und Aktionisten, der sich nicht mehr auf nur einen Bereich festlegen konnte und wollte. In dieser Periode wurden Möbel designed, Kurzgeschichten verfaßt und das notwendige Studiengeld verdient: Vor dem Café Kranzler am Ku-Damm malte Brües mit Kreide Bilder auf die Pflastersteine – und verdiente auf diese Weise 35 bis 40 Märker am Tag. Ohne Stipendium brachte er sich so durch die harten Berliner Jahre. Gelegentlich mußte er sogar Schweinehälften in die Kühlhäuser tragen. Aber das wertet Brües heute als Pluspunkt: „Schon damals lebte ich nach dem Motto: Erst mal alles selbst machen, bevor man Freunde oder Familie um Hilfe bittet." Außerdem konkretisierte sich mehr und mehr sein grundlegendes Ziel: die ständige Suche. Brües wollte Neues ergründen und das Leben in seiner Gesamtheit kennenlernen. Darüber hinaus mochte er nicht nur Zuschauer sein, sondern wollte engagiert mitgestalten.

Das Ergebnis: Brües sah sich schließlich angezogen von der *Werbung*. Über einen noch vorhandenen Draht nach Düsseldorf erfuhr er von einer freien Stelle als Trainee bei der Werbeagentur Eggert. Seine Aufgabe bestand zunächst darin, sich in Wort und Bild in ein schon bestehendes Team einzuarbeiten. Mit „Teekanne", „Seidensticker" und „Carstens SC" lernte er die neue Branche kennen, lernte er, Ideen aufmerksamkeitsstark umzusetzen, und er kniete sich in Produktentwicklungen und fetzige Texte. Eines Tages stellte Brües fest, daß ihn das Metier faszinierte. Stante pede beschloß er, den Unterbau weiter auszubauen. Die Konsequenz: eineinhalb Jahre Studium in Berlin – diesmal Kommunikationswissenschaften.

Danach pilgerte er postwendend wieder zurück zu Eggert – und stürzte sich mittenmang hinein ins turbulente Werbeleben der 70er Jahre. Eines Tages ging dem Tausendsassa Brües die starre Struktur einer straff geführten Agentur jedoch ans Kostüm. Er fand sich auf einmal in den Netzen der vorgegebenen Prämissen als zappelnder Fisch wieder, der sich nicht richtig freischwimmen konnte. Die künstlerisch überlebensnotwendige Konsequenz: Brües nahm den Hut. Mit zwei Freunden richtete man sich auf einem Bauernhof bei Rathingen wohnlich und werblich ein und probte den alternativen Approach. Fast drei Jahre lebte er dort zufrieden mit Familie und Tieren an der frischen Luft; Brües arbeitete in dieser Periode vornehmlich für große Agenturen, als Konzeptionist und Presenter, als Feuerwehr und Vordenker.

Im Zug jener aktiven Zeit fanden sich auch schon die ersten eigenen Kunden ein. Brües: „Wir lebten damals zunächst von den Aufträgen großer Agenturen, die uns als Präsentationsteam kannten und auch Konzeptionen erstellt haben wollten. Bei dieser Arbeit fielen dann die ersten kleinen Kunden für uns selbst ab. Und bald wollten diese Kunden den 'Denker Brües', wie sie das nannten, nicht mehr nur über die Vermittlung anderer."

Damit war der Startschuß für die nächste Runde gegeben. Brües fand es an der Zeit, sich selbständig zu machen. Seine Freunde auf dem Bauernhof waren allerdings gegenteiliger Meinung. Was tun?

Zu jenem Zeitpunkt geschah etwas Typisches für den Top-Werber, der damals noch als Geheimtip gehandelt wurde. Anstatt sich mit seinen Partnern auf lange Diskussionen einzulassen, ging der eigenwillige Werber erst mal spazieren. Nichts weiter! Und zwar in die Düsseldorfer Altstadt. Hier sah er „rein zufällig", daß in der Mutter-Ey-Straße ein Bürohaus gebaut wurde, wo noch Räume zu vermieten waren. Nun, das alleine ist noch nichts Besonderes. Wenn man aber weiß, daß die historische Figur der Mutter Ey eng mit der historischen Figur des Otto Brües verbunden ist, die Familie also ein sehr gutes Verhältnis zu dieser berühmten Kunsthändlerin und Kneipenbesitzerin besaß, einer Frau, die wie weiland Otto sich in rührender Weise um die Künstler kümmerte, indem sie oft bildende Kunst statt Geld als Bezahlung annahm, wenn man das alles weiß, dann kann man fast schon erraten, was Brües unternahm. Richtig! Er mietete sich postwendend mit seiner neuen Agentur in der Mutter-Ey-Straße ein. Fast mag man pathetisch sagen, hier habe das Schicksal zugeschlagen, wenn man an so gefährliche Vokabeln wie „Glück" glauben würde. Fest steht jedoch, daß hierdurch wieder ein *Kreis* geschlossen wurde, ein Kreis zurück zu den Wurzeln, wenn man so will. Perfekt also! Der Name der neuen Agentur, die 1980 gegründet wurde: *Perfact.*

Am Anfang tritt die Truppe mit drei Mann und einer Sekretärin gegen den Rest der Welt an. Mit einem Qualitätsanspruch, der andere schon nach kurzer Zeit entweder in die Verzweiflung oder den sicheren Ruin getrieben hätte. Aber der Macher Brües marschiert ständig weiter mit seiner Mannschaft in Richtung Erfolg. Heute stehen ihm 16 Mitarbeiter zur Seite, die einen Kundenstamm betreuen, der sich sehen lassen kann. Auch sein Etatvolumen ist nicht von schlechten Eltern: 17 Millionen wurden im letzten Geschäftsjahr bewegt. Nicht wenig für einen Berliner Pflastermaler...!

Betrachten wir nun die Erfolgsprinzipien und die Besonderheiten dieses Selfmademan! Außerdem interessiert uns, ob der Werber so etwas wie einen Lieblingskunden besitzt.

Brües winkt bei der letzten Frage lächelnd ab: „Ich kann doch nicht ernsthaft hier in diesem Buch einen meiner Kunden vor anderen herausheben! Aber um die Wahrheit zu sagen: Ich arbeite für alle gleich enthusiastisch, mit voller Kraft und wirklichem Engagement." Waren es früher die Denker-Qualitäten des freien Mitarbeiters Brües, die von Kunden gewünscht und gesucht wurden, sind es heute darüber hinaus auch die Managementqualitäten, die mit seinen Mannen und Frauen

Betreute Kunden:

- CPT Computer Systeme
- VGT Feuerfest-Erzeugnisse
- DYKO Industriekeramik
- Lichtenberg Industrieanlagen
- ISD Ingenieurkeramik
- DMF Fasertechnik
- Goebel Werk
- C & A Düsseldorf
- MSK Verpackungs-Systeme GmbH
- SHW Schwäbische Hüttenwerke/MAN-Gruppe
- Ashton-Tate GmbH, Software
- BXB Bildungszentrum Bürowirtschaft
- Gianni Bugli, Mode
- Kultur/Kunst/Veranstaltungen, Stadt Düsseldorf

u.v.a.

PERFACT
WERBEAGENTUR GMBH

seit 1987 das *gesamte* Service-Spektrum abdecken. Heute wird alles inhouse gemacht. Dabei wird ein Arbeitsprinzip konsequent befolgt:

Brües: „Eine Idee ist nur so gut, wie sie auch realisiert ist. Das bedeutet: Kontrolle vom ersten Ansatz bis hin zum fertigen Produkt. Das bedeutet weiterhin: Streben nach Perfektion entlang der gesamten Strecke."

Ein Qualitätsfanatiker also, was mit Sicherheit teilweise seinen Erfolg erklärt. Dabei muß, laut Brües, „die Wirkung von Wort und Bild optimal aufeinander abgestimmt sein, das kann man nicht voneinander trennen." Das Ausfriemeln ist es, was Brües offenbar an seiner Arbeit so fasziniert und ihn nicht ruhen läßt auf der Suche nach der optimalen Lösung. Wie schlägt sich dies jedoch in der Praxis nieder?

Brües: „Das bedeutet nicht, daß ich zu jeder Minute über die Schultern meiner Mitarbeiter spioniere und sie ohne Ende nerve. Aber es bedeutet regelmäßiges Checken, ob die Normen eingehalten werden, die Qualitätsrichtlinien.“

Brües motiviert seine Leute also kompromißlos in Richtung *Qualität.* Zufrieden ist der Meister erst, wenn das gesamte Team strahlt. Wodurch etabliert sich jedoch Qualität? Und was macht eigentlich den Spitzenwerber aus?

Brües: „Werbung muß dem Ästhetischen Genüge tun und dabei aber auch über das ‘Genüge tun’ hinausgehen. Zur Qualität gehört auch und immer das Überzeugtsein von seinen eigenen Ideen. Meiner Meinung nach ist dies das Wichtigste in unserer Branche.“

Unserer Meinung nach sind dies zwar löbliche Postulate, aber wie bringt der Werber die *verschiedenen* Ideen der Mitarbeiter unter einen Hut?

Brües: „Ich lasse zweifellos viel Selbständigkeit im Team zu und fördere die Eigenverantwortung, aber es muß sich in eine bestimmte Richtung bewegen. Oft ist es von Bedeutung, Blockaden und Barrieren, die beim Kreationsprozeß entstehen, beiseite zu schieben und zu überwinden. Manchmal rette ich sogar Ideen, die schon fast im Papierkorb gelandet sind. Aber wie gesagt: die rote Linie ist wichtig.“

Zu dem Glaubensbekenntnis des Spitzenwerbers gehört es ferner, ein positives, begeisterndes Beispiel zu setzen und ständig daran zu arbeiten, stets noch bessere Ideen zu bringen. Brües schmettert dabei nach eigenen Worten nicht ab, sondern hegt und peppelt das Pflänzchen Kreativität. Was dabei entsteht, sind Produkte, die von allen am Entscheidungsprozeß Beteiligten getragen werden. Doch damit noch nicht genug. Bevor auch nur ein Motiv einem Kunden präsentiert wird, wird erst einmal intern, also innerhalb der eigenen Agentur, eine Art Vorpräsentation arrangiert. Eine Art Probelauf. Dadurch kann man aufdecken, ob es wider Erwarten noch Schwachstellen in der Darstellung gibt, die man ausmerzen muß, bevor dem Kunden die endgültige Fassung vorgestellt wird. Spätestens jetzt kristallisiert sich heraus, ob die Arbeit etwas taugt. Ob sie den Argumenten des Kunden standhält. Ob die Grundidee wirklich gut war. Nach dieser Nagelprobe ist nicht nur das Endprodukt getestet, sondern sind es auch die Mitarbeiter, die zu der geleisteten Arbeit stehen können müssen. Erst jetzt wird mit voller Überzeugung verkauft.

Brües betont in diesem Zusammenhang, daß es von Bedeutung ist, die Mitarbeiter ständig zu trainieren, mit den Augen eines Profis die Werbewelt zu sehen. Hierzu gehört unter anderem die Brüessche

„Bierdeckel-Übung“. Wie läuft sie ab?

Brües: „Wir setzen uns hierbei vor den Fernsehapparat und begutachten Werbespots. Jedem steht nur die Rückseite eines Bierdeckels zur Verfügung, um niederzuschreiben, welchen Spot er für den besten hält; außerdem muß er kurz festhalten, *warum* er sich so entschieden hat. Der Clou dabei ist: man muß radikal versimplifizieren, um in nur wenigen Worten die Essenz der eigenen Meinung darzulegen. Diese Vorgehensweise trainiert unglaublich und lenkt den Blick auf das Wesentliche.“

Aber wie geht der Perfektionsfanatiker Brües mit Kunden um, die ihm trotz allem Engagement eine Absage erteilen, sprich eine andere Vorstellung von Perfektion kultivieren. Was dann?

Brües: „Ich würde in einem solchen Fall tatsächlich alles hinschmeißen. Nämlich dem Kunden vor die Füße.“

Er muß unsere Ungläubigkeit gefühlt haben, denn sofort schiebt er nach:

„Ich kann doch nicht eine Arbeit, von der wir alle tausendprozentig überzeugt waren, einfach fallen lassen wie eine heiße Kartoffel. Ich kann mir selbst gegenüber nicht unglaubwürdig werden. Ich bin kein Opportunist!“

Mit Sicherheit eine reichlich unorthodoxe Verhaltensweise! Aber: Was sagen seine Kunden zu einer solchen Einstellung? Wie reagieren sie? Nun, ganz offensichtlich stehen sie zu der Brüesschen Überzeugung und zu den Ergebnissen seiner Arbeit. Einige Kunden, so gibt der fanatische Werber zu, brauchten eine Zeitlang, um diesen Stil zu akzeptieren. Aber praktisch alle siedelten schließlich „aus Hochachtung vor der Leistung“ ins Lager der Bewunderer über.

„Die Kunden“, so Brües, „sehen diese meine Sturheit nicht als Nachteil, im Gegenteil; heute hängt man mir für diese Einstellung manchmal sogar einen Orden um. Und ich trage diesen Orden auch recht stolz.“

Ein Beispiel?

Brües: „Stolz war ich etwa über ein Lob des ehemaligen Ford-Managers Godaevert. Weil,“ so der Werber weiter, „der nicht nur Erfolg hat, sondern immer auch sich und sein Produkt in Frage stellt und darüber hinaus ungewöhnliche Ideen durchzusetzen versteht“.

Wir bohren noch einmal nach in Richtung Erfolg. Kultiviert er ein spezifisches Erfolgsrezept? Spontan kommt eine Antwort, die überzeugender nicht sein könnte.

Brües: „Der Motivation meiner Mitarbeiter messe ich *wirklich* Bedeutung bei. Wenn's im inneren Kern nicht stimmt, kann man auch nichts Vernünftiges nach außen tragen. Dabei muß offen über alles gesprochen werden können. Man muß mit seinen Mitarbeitern absolut wahrhaftig umgehen, es muß beidseitig vollständig ehrlich gearbeitet werden. Daraus resultiert dann Vertrauen, ohne das eine erfolgreiche Zusammenarbeit nie möglich sein wird. Hierfür gibt es keine Abkürzung und auch keinen Trick."

Für den Menschen Brües ist Erfolg im übrigen jederzeit machbar. Er ist überzeugt davon, daß man immer das erreicht, was man will, und daß man natürlich als Konsequenz daraus sich niemals mit dem zufriedengeben sollte, was man zu einem x-beliebigen Zeitpunkt erreicht hat. Für Brües ist Erfolg im Busineß darüber hinaus auch Resultat der Fähigkeit zu *träumen*.

Über Heinrich Rainer Brües insgesamt zu urteilen, ist nicht leicht. Es bleiben der Eindruck nach bedingungslosem Qualitätsstreben wie auch die Besonderheiten seines Elternhauses. Es bleiben des weiteren haften sein Zielbewußtsein und die Tatsache, daß er Schritt für Schritt von unten nach oben gewandert ist, ohne eine Stufe auszulassen. Am intensivsten bleibt jedoch der Eindruck des unbeirrbaren, „sturen" Werbers und Kämpfers, dessen „Sturheit", sprich Standfestigkeit, ihn schließlich auf den Platz gestellt hat, wo er heute steht.

Horst Pütz

„In meinem Metier ist die konzentrierte und gezielte Informationsübertragung von Bedeutung."

„Nein, ich glaube nicht, daß ich der richtige Mann für dieses Buch bin. Ich möchte nicht interviewt werden. Außerdem glaube ich nicht, daß ich etwas wirklich Wesentliches beizutragen hätte."

Ob er sich's vielleicht doch noch einmal überlegen wolle?

„Also gut, rufen Sie in ein paar Tagen wieder an."

Nach ein paar Tagen ist der Industriefilmer und Werber noch beim Drehen. Wir lassen eine weitere Woche verstreichen. Wieder ist Pütz beim Filmen, aber, so wird uns versichert, er kommt gleich wieder ins Büro zurück. Ob wir nicht in ein paar Stunden vielleicht könnten? Wir können. Er nicht.

„Herr Pütz muß jeden Augenblick zurückkommen, wollen Sie nicht so lange warten?“ Wir wollen.

Horst Pütz ist schwer zu erreichen, so schwer wie nur noch ein zweiter unserer Interviewpartner. Mit dem Unterschied, daß jener ständig über den großen Teich entschwand, sobald man ihn am Rockzipfel hatte, dieser hier aber offensichtlich noch immer nicht genau weiß, ob er, oder ob er nicht, oder ob er vielleicht... Nach mehreren Wochen geben wir auf. Pütz hatte sich endgültig gegen ein Interview entschieden.

Heute können wir's noch immer nicht glauben, daß wir ihm gegenübersitzen, live. Gemeinsam schlürfen wir den obligatorischen Begrüßungskaffee. Wir wollen gerade eine diesbezügliche Bemerkung loswerden, als er uns unvermittelt unterbricht, die Tasse ungeduldig zur Seite schiebt und stante pede beginnt, ohne auch nur eine Frage unsererseits abzuwarten:

„Ich habe mich entschlossen, an Ihrem Buchprojekt teilzunehmen, weil ich finde, daß unsere Branche, oder besser gesagt die Filmproduktion in der Werbung, in den Medien zu kurz kommt. Ich bin der Überzeugung, daß wir mit unserem Unternehmen nicht hinter dem Berg halten müssen und uns auch nicht zu verstecken brauchen, wenn es um Professionalität, Qualität und Kreativität beim Filmemachen geht.“

„Danke, Herr Pütz, dieser Meinung sind wir auch. Gerade deshalb wollten wir Sie in dieses Buch integrieren.“ Wir überlegen, ob wir ihn vorher noch darauf hinweisen sollen, daß wir hinsichtlich des Ursprungs seines Entschlusses erhebliche Zweifel hegen und daß ja nicht er es gewesen sei, der... Im Gegenteil, er hätte ja eindeutig und unwiderruflich..., aber er läßt uns nicht zu Wort kommen. So sparen wir es uns für später auf, ihm zu offenbaren, daß wir natürlich die Person kennen, die hinter dem Zustandekommen des heutigen Termins steht. Mitten in unsere Überlegungen hinein setzt Horst Pütz seine Ausführungen fort:

„Wissen Sie, in der Filmbranche treiben sich genug Scharlatane herum. Seien es die Weltmeister und Alleskönner oder die Preisdumper, die im aktuellen Bereich zu selbstmörderischen Preisen arbeiten. Wichtig ist sauberes Handwerk, kreative Ideen und das alles zu einem realistischen Preis. Gerade im Bereich des Industriefilms werden diese Eigenschaften gebraucht, wenn man für renommierte Kunden arbeiten möchte.“

Ohne listige Fragen zu stellen, sind wir damit plötzlich schon mitten im Interview, mitten in der Arena der Auseinandersetzungen der Branche. Der „ruhige, besonnene Mensch“, den man uns vorher avisiert hatte, verrät mit solchen Statements ganz und gar nicht, daß er aus einem beschaulichen Schulmeister-Umfeld stammt. Er kann sich im Gegenteil richtig in Rage reden, kann sich engagieren und ist jedenfalls kein braver Jasager. Eines seiner Charakteristika besteht jedenfalls darin, daß er bestimmt nicht jedem nach dem Munde redet. Vor allem nicht den geheiligten Kühen der eigenen Branche. Vielleicht schon ein Erfolgsrezept? Bemerkenswert ist jedenfalls diese Fähigkeit, sich den Luxus einer eigenen Meinung zu erlauben, gerade im Hinblick auf die Herkunft; wuchs er doch auf im Glauben an Law and Order, an feste Regeln und gefügte Verhaltensnormen, denen man sich frag- und klaglos unterzuordnen hatte.

Am 29. November 1954 wurde Horst Pütz in Bonn geboren. Die ersten Jahre verliefen in geregelten Bahnen. Erst kurz vor dem Abitur schlich sich Bewegung in seinen Lebensweg. Da wechselte er Schulen, da verdiente er sich als Briefträger oder Telegrammbote ein paar Ferienmark dazu. Im übrigen wußte er damals noch nicht im entferntesten, was er einmal werden wollte. Eines aber wußte er ganz genau, was er auf gar keinen Fall werden würde: nämlich Lehrer. Und so bereitete er sich konzentriert auf eben dieses Berufsziel vor und wurde Nichtlehrer.

Horst Pütz: „Über meine Kindheit, und auch die Jugendzeit, ist kaum etwas zu kommentieren. Allenfalls ist bemerkenswert, daß ich während meiner Ferienjobs ungeheuer gern Außendienst machte. Da kam ich mit dem gesamten Spektrum einer Stadtbevölkerung in Kontakt. Ich besuchte die Villenviertel ebenso wie die Armenquartiere. Das hat mich unglaublich fasziniert. Nicht unter dem Aspekt des *So-eine-Villa-will-ich-auch-mal-haben*, sondern mehr unter dem Gesichtspunkt des Lernens, des Beobachtens."

Nach dem Abitur sollten es eigentlich die Sprachen sein, denen er sich zuwenden wollte; aber schließlich machte die Fotografie das Rennen. Das erste Ziel war damit erreicht: er mußte nicht Lehrer werden. Aber warum gerade Fotografie?

Horst Pütz: „Fasziniert hat mich schon immer die Technik. Ich gedachte so etwas wie Forschung und Weiterentwicklung der Fotografie zu betreiben, fand dann aber doch weit mehr Gefallen an der fotografischen Gestaltung. Der kreative Umgang mit der Kamera und die Darstellung im Rahmen einer Dia-Multivisions-Show ließ mich schließlich nicht mehr los."

In der Folge studierte Horst Pütz Fotoingenieurwesen. Und tauchte ein in die Technik und deren Anwendung. Seine Abschlußarbeit beschäftigte sich natürlich auch mit der Multivisions-Show. Das Thema: das Centre Pompidou in Paris. Die Multivisions-Show gelang so gut, daß künftig außer Frage stand, was dieser Studiosus dereinst einmal werden würde.

Und auch Pütz selbst hegte jetzt keinen Zweifel mehr daran, in welcher beruflichen Richtung er sich weiter bewegen würde. Die Voraussetzungen waren gegeben, die Basis gelegt. Jetzt mußten die einzelnen Teile nur noch in der Praxis geschliffen und danach zusammengesetzt werden. Horst Pütz stürzte sich in die Arbeit, zunächst als Angestellter einer Firma, die Veranstaltungen, Motivations-Shows und Tonbildschauen anbot. Schon bald übertrug man dem talentierten Freshman Aufgaben, die er praktisch selbständig erledigen mußte. Was lernte Pütz in dieser Phase?

Horst Pütz: „Man muß in diesem Beruf ein Multi-Talent sein. Man muß ultraflexibel sein. Man muß sich auf die unmöglichsten Situationen blitzschnell einstellen können. Und man muß natürlich auch alles unmittelbar in Ideen umsetzen können, in Ideen, die beim Publikum ankommen."

In Zusammenarbeit mit Kollegen fand Pütz nicht nur Anregung, sondern wurde auch mit Techniken der Praxis vertraut, die keine noch so gute Schule vermitteln kann. Intelligenz bestand in dieser Phase darin, solche Techniken aufzugreifen und sofort in die eigenen Produktionen einzubringen. Was lernte er konkret?

Horst Pütz: „Ich war mir nie zu fein für etwas, wenn ich nur Lehrkapital daraus schlagen konnte. Schon während meines Studiums jobbte ich nebenher als Tonhiwi (= Hilfswilliger) für die Deutsche Welle oder holte mir als Kabelaffe (= Träger) wertvolles Wissen aus erster Hand. All diese Dinge konnte ich später ganz hervorragend verwenden und vor allem anwenden."

In der Folge produzierte der Filmer vornehmlich Dia- und Multivisions-Shows. Zwar mit bestem Foto-Material und mit den schönsten Motiven, aber eben doch „nur" stehende Bilder. Aber ihm bot sich die Gelegenheit zu interessanten beruflichen Reisen. Ein neuer Abschnitt eröffnete sich, als die Aufträge für Video-Produktionen zunahmen.

„Schon als Angestellter kümmerte ich mich zunehmend um Filme, also um Video. Wir produzierten so ziemlich alles, was es auf diesem Sektor gab und gibt. Diese Art Filme befanden sich damals noch im embryonalen Stadium; es herrschte noch echter Pioniergeist."

Die folgende stürmische Entwicklung im Video-Film-Busineß hatte Pütz jedoch schon vorausgeahnt. Wer so eng und so exponiert in diesem neuen Medium arbeitete und zu Hause war, der hörte nicht nur die sprichwörtlichen Flöhe husten, der nutzte auch die sich damals überschlagenden Informationen für seine Zwecke aus. Pütz reagierte. Und stürzte sich in die vollen, sprich ins Risiko einer eigenen Produktionsfirma.

Horst Pütz: „Ja, man muß schon einmal ein Risiko eingehen können, insbesondere ein finanzielles Risiko, wenn man wirklich die ganzen Gerätschaften, das Studio, Büros und so weiter alles auf einmal und vor allem selbst finanzieren will. Aber ich sehe Erfolg immer mit dem Faktor Risiko verbunden."

Warum er denn nicht peu à peu angefangen habe, wollen wir wissen. Warum er nicht, wie so viele andere, erst mal die notwendigen Gerätschaften gemietet habe?

Horst Pütz: „Der große Vorteil einer eigenen Technik ist die ständige Präsenz. Das gilt natürlich vor allem für die Videonachbearbeitung in unserem Hause. Denn in der Post-Produktion liegen nicht nur die höchsten Hardwarekosten, sondern auch eine Vielfalt von kreativen Möglichkeiten, um den Film richtig rund zu machen. Und das gilt auch für die Dreharbeiten vor Ort. Mit einer 35-mm-Kamera, einer Hasselblad oder einer Videokamera kann man es sich nach einem Dreh für einen Industriekunden in Paris natürlich leicht erlauben, dort noch atmosphärisches Archivmaterial aufzunehmen. Mit gemietetem Equipment wären hier die Kosten einfach zu hoch."

Wie auf ein abgesprochenes Signal hin tritt Frau Pütz auf die Bühne. Sie erscheint mit frischem Kaffee, lächelt wissend, zwinkert uns verschwörerisch zu und sagt launig:

„Für einen, der keine Interviews gibt, hat er Sie schon ziemlich lange aufgehalten. Rufen Sie einfach nach mir, wenn Sie noch was brauchen oder wissen wollen."

Pütz selbst winkt ab: „Ich kann den Herren auch alles allein erzählen. Aber danke für das Angebot."

Er schenkt sich ein, sie blinzelt uns nochmals zu, worauf Pütz nicht weiß, ob er hinterfragen soll. Aber wir bombardieren ihn schon mit dem nächsten Problem: Ob das Video den traditionellen Film verdrängen würde oder schon verdrängt hat, wollen wir weiter wissen. Ob bei diesen fantastischen Möglichkeiten der computerunterstützten Filme noch Raum und Zukunft für das Medium Film auf Zelluloid sein könne.

Horst Pütz: „Der 35-mm-Film wird immer noch weiter verwendet. Es gibt nach wie vor Situationen, vor allem ganz bestimmte Lichtstimmungen, wo nur der 35-mm-Film das adäquate Trägermaterial bietet. Ganz besondere Atmosphären sind eben noch nicht mit Video zu realisieren. Dafür ist die Video-Postproduktion für die Nachbearbeitung ideal geeignet. Egal ob man auf Video oder auf Film produziert. Denn die Kombination des Aufnahmematerials mit Grafik-Computern oder Computer-Animation bietet vielzählige gestalterische Möglichkeiten. Dies gilt sowohl für didaktisch aufgebaute Programme mit vielen Grafikkombinationen als auch für Multi-Layer-Effekte bei digitaler Nachbearbeitung. Ein guter Film bedarf also heute vor allem guter Ideen, eines sauberen Filmhandwerks und eines kreativen Umgangs mit Video- und Computertechnik. All dies führt in der Summe zu einem guten Ergebnis."

Betreute Kunden:

- Mannesmann AG
- Ford-Werke
- Deutsche Bank
- Aral
- ARAG
- Bayer
- Rigips-Werke
- TNT-Express
- TÜV-Rheinland
- Volkswagen-Werke
- American Express
- NOWEA
- ITT Intermetall
- Mars
- KHD

u.v.a.

Ein Blick auf seine Kundenliste läßt keinen Zweifel daran, daß die Pützsche Visitenkarte in den zurückliegenden Jahren schon recht weit herumgereicht wurde. Es sind noble Namen darunter, die sich mancher Konkurrent gerne andichten lassen würde. Bei der großen Zahl erfolgreich durchgeführter Projekte ist die Frage erlaubt, wie er denn das alles schaffe? Macht er alles allein, wird delegiert, und wenn ja, was braut der Meister selbst zusammen?

Horst Pütz: „Die Konzeption stammt von mir. Für die einzelnen Teile der Produktion, für den Text zum Beispiel, suche ich mir Spezialisten, Leute, die das jeweilige Metier besser beherrschen als ich. Wenn ich einen fertigen Film von uns sehe, dann ist das genau das, was ich schon ganz zu Anfang vor meinem geistigen Auge sah."

Uns interessiert weiter das Problem, wie er seine prospektiven Kunden überzeugt. Schließlich können sie nie vorher wissen, was sie von ihm und seiner Firma zu erwarten haben. Man kann zwar eine Art Strickmuster anhand anderer Arbeiten erkennen, alles übrige aber muß Spekulation bleiben. Ist es daher nicht äußerst schwierig, neue Kunden von der eigenen Leistungsfähigkeit zu überzeugen?

Horst Pütz: „Es ist alles eine Frage des Vertrauens. Wie wollen *Sie* denn einen Kunden davon überzeugen, daß Sie der richtige Partner für ihn sind? Mit fertigen Produkten? Das geht nur bedingt, denn jedes Produkt ist anders, ist unterschiedlich, besitzt sein eigenes unverwechselbares Gesicht. Außerdem verlangt der Kunde stets etwas Eigenes, Außergewöhnliches, Originäres. In einem solchen Fall kommt es darauf an, daß unmittelbar bei dem ersten Kontakt etabliert wird, ob man miteinander *kann* oder nicht. Ob die Chemie stimmt. Ob man sich gegenseitig akzeptiert. Wenn all diese Faktoren zusammenkommen, dann entwickelt sich der gesunde Boden, auf dem man gemeinsam gute Leistungen vollbringen kann. Unseren Service kann niemand 100 % voraussehen, unsere Dienstleistungsbereitschaft muß uns abgenommen werden."

Wir haken noch einmal nach. Wie stellte er es an, so viele und vor allem so gute Kunden seine Partner zu nennen?

Horst Pütz: „Ich verfüge über kein Patentrezept. Ganz bestimmt wird honoriert, daß ich in den Vorgesprächen den Mund nicht zu voll nehme. Ich bin nicht wie die Politiker, die vor der Wahl alles versprechen, was sie dann nicht halten können. Ich bemühe mich, stets ungeschminkt meine Meinung zu sagen, und zeige genau auf, wie ich mir das jeweilige Projekt vorstelle. *Glaubwürdigkeit* ist also ganz bestimmt ein Eckpfeiler meines Erfolges. Und ganz bestimmt auch die danach folgende *Zuverlässigkeit* bei der Durchführung. Was wir vorschlagen, setzen wir auch genauso um."

Man sieht es den Werken der *Pütz & Partner Film und TV Produktion* an, daß sie mit Begeisterung und Spaß an der Aufgabe gefertigt wurden. Das hat vielleicht auch damit zu tun, daß sich Pütz zwar voll in die Arbeit stürzt, aber zum Glück auch die Fähigkeit besitzt, sich nach

Feierabend auf etwas anderes zu konzentrieren. Die freien Abende werden zu entspannenden Zwecken benutzt. Kino steht manchmal auf dem Programm, Tennis folgt in der Wichtigkeitsskala noch vor Segeln. Doch ist die Wahrscheinlichkeit recht gering, ihn unter vollem Tuch in südlichen Gewässern zu erleben. Dazu ist er zu sehr in seinen Beruf verliebt. Was mag er eigentlich daran so sehr?

Horst Pütz: „Das schöne an meinem Beruf ist, daß man mit den verschiedensten Menschen immer wieder neue Erfahrungen sammelt. Außerdem ist es eine immense Herausforderung, mit den uns zur Verfügung stehenden Mitteln Produkte, Vorgänge oder Zusammenhänge darzustellen und verständlich zu machen, auf unterhaltsame Weise. Das schlägt jede andere Art von Beschäftigung um Längen."

Empfinden auf diese Weise auch seine Mitarbeiter? Und wie sieht Pütz selbst die Kooperation? Was verlangt er von ihnen?

Horst Pütz: „Bei uns ist jeder zunächst einmal Dienstleister. Das heißt, jeder muß seinen Dienst, für den er vorgesehen ist, professionell leisten. Dafür gebe ich dem Mitarbeiter jeden Freiraum, den er künstlerisch oder technisch braucht. Abgesehen von Abstimmungsgesprächen zeichnet bei uns jeder in gewissem Rahmen für seine Produkte allein verantwortlich und ist sozusagen selbständig. Mir ist wichtig, daß ein Produkt nach unseren Standards reibungslos durchgezogen wird, das heißt im Klartext, daß die Qualität stimmt. Außerdem muß die Zustimmung des ganzen Teams sowie vor allem des Kunden gegeben sein."

Von seinen Mitarbeitern fordert Pütz des weiteren Eigeninitiative. Aus Fehlern darf gelernt werden, ohne daß Köpfe rollen. Wenn dazu noch Kreativität kommt, wird man bei *Pütz & Partner* reibungslos zur Familie gezählt. Zu einer Familie, die zur Zeit aus sechs festangestellten und einer wechselnden Zahl freier Mitarbeiter besteht. Eine Gruppe gut eingespielter Spezialisten, die in erster Linie Wert darauf legen, die Kunden exzellent zu bedienen. Denn mit seinen Kunden verbindet den Werber ein ganz besonderes Verhältnis.

Horst Pütz: „Gut 80 Prozent meiner Kunden fühlen sich schon recht lange bei uns gut aufgehoben und kommen immer wieder, was wir als Kompliment werten. Von ihnen erhalten wir auch Empfehlungen. Für uns ist das die beste Werbung. Einer unserer Kunden teilte uns einmal mit, daß ihm, abgesehen von der kreativen Arbeit, besonders die problemlose Abwicklung und die persönliche, permanente Betreuung gefallen. Daß wir ein Problem lösen, bevor es beim Kunden zum Problem geworden ist. Auf diese ganz spezielle Bemerkung über unseren *Kundendienst* bin ich offen gestanden sogar ein wenig stolz."

Und Pütz hat allen Grund dazu. Seit gut fünf Jahren verzeichnet seine Firma ein stetiges Wachstum. Die Auftragslage ist rosig, neue Ideen und Projekte stecken in der Pipeline. Es existiert darüber hinaus sogar noch Zeit und Kraft für einige Experimente, die den Sprung ins Fernseh-Unterhaltungsgeschäft wahrscheinlich machen. *Pütz & Partner* leben damit in gewissem Sinn schon in der *Zukunft*, möglicherweise ein weiteres Erfolgsrezept.

Und da wir schon beim Partner sind, welche Rolle spielt seine Frau im Unternehmen? Welche Aufgabe nimmt sie wahr? Ist sie überhaupt aktiv dabei?

Horst Pütz: „Natürlich ist sie involviert. Sehr sogar. Obwohl sie nicht ganztags mitarbeitet. Aber wir sprechen über alles. Sie weiß Bescheid. Vor allem in den finanziellen Dingen ist sie unentbehrlich. Ihr Rat ist natürlich nicht nur hochwillkommen, er ist notwendig."

Da können wir ihm nur gratulieren und zustimmen. Wir wissen, warum. Denn, wie man sich erinnert, von sich aus hätte Pütz kaum diesem Interview zugestimmt. Da stand offenbar eine andere Gewalt dahinter, wägte ab und entschied. Und überzeugte den Meister.

Hans Jürgen Fink

„Das Bessere ist der Feind des Guten.“

Die Leistungsgrenze des Hans Jürgen Fink, Jahrgang 1942, war schon immer etwas höher angesiedelt als die seines Umfeldes. Auch jetzt, in seinen Agenturräumen, demonstriert er dies uns: Geschäftig wird hier etwas durchgelesen, da etwas abgehakt und dort etwas angeordnet, ganz zu schweigen von dem Telefon, das er auch während unseres Interviews weidlich nutzt.

Es war schon mehr als schwierig, diesen Mann überhaupt vor's Mikrofon unseres Tonbandes zu locken. Aber trotz dieser Schwierigkeiten war es hochinteressant, was Fink uns über Erfolg in der Werbung, Chancen für die Zukunft, Nachwuchsförderung, Geldverdienen und berufliche Visionen mitzuteilen hatte. Dies ließ uns auch alle Unbill vergessen, die wir mit diesem Energiebündel erlebten. Denn: Versuchen Sie einmal einen Intercity während der Fahrt zu fragen, was ihn antreibt. Im übrigen wartete am Ende des Gesprächs noch eine Überraschung auf uns, die uns für alle Mühe belohnen sollte... Aber gehen wir chronologisch vor:

Die hervorragenden Zeugnisse in den Schuljahren braucht man kaum zu erwähnen. Bemerkenswert waren dagegen das starke Interesse und die Begabung für das Malen und *Zeichnen*. Diese Disziplin faszinierte den Schüler so sehr, daß er – entgegen jeder Philisterphilosophie – seiner Berufung nachging und nach seiner Lithografenausbildung auf der Städelschule Malerei und Architektur studierte. Selbst beim Wehrdienst ließ er sich in ein verwandtes Feld versetzen; hier leistete er seinen Dienst in einer kartographischen Einheit ab.

Doch nicht genug damit: Weil der Besuch einer Fachschule damals nicht möglich war, holte Fink auf dem 2. Bildungsweg das Abitur nach. Und zwar über das Quadriga Funkkolleg. Die Themata, die ihn interessierten, sind deshalb breit gestreut. Neben Soziologie zählten Betriebswirtschaft und Jura ebenso wie neuere Geschichte und Mathematik dazu, eben alles, was sein Verstand aufsaugen wollte. Fünf Semester absolvierte er auf diese Weise, um das „Begabten-Abitur" zu erlangen. Aber, und da brach der originale Fink durch, der spätere Top-Werber wollte *alles*, er wollte *umfassend* arbeiten, und nicht spezialisiert. Das Rüstzeug dafür holte er sich in den folgenden Jahren auf beiden Seiten der Werbung – bei Herstellern und Top-Agenturen. Bei renommierten Unternehmen wie Richardson Merrel. Dort war er Marketing-Manager für Clearasil-Hautpflegeprodukte oder im Kosmetikunternehmen Margret Astor, wo er für sämtliche Parfümlinien äußerst erfolgreiche Arbeit leistete. Seine gute Nase kann man auch äußerlich gut ausmachen. Schließlich wagte er sich mit Breitbandwissen und wertvoller Erfahrung in die Selbständigkeit. Und gewann.

„Warum war dem jungen Unternehmer sofort Erfolg beschieden?"

Hans Jürgen Fink: „Viele Kunden, das gilt speziell für die mittelgroßen Unternehmen, weisen beachtliche Informationsdefizite auf. Auch und gerade was Werbung anbelangt. Noch mehr aber hinsichtlich Marketing. Hier sehe ich mit meinem Betrieb eine Aufgabe, eine Lücke im Angebot sozusagen, die wir schließen. So beraten wir unsere Kunden schon im *Vorfeld* der Marketing-Kommunikation, schon bei der Produktpolitik und Preisgestaltung, bei der Vertriebsplanung, bis hin zum Merchandising. Darüber hinaus definieren wir die Zusammenarbeit als Partnerschaft, ein Kunde ist beinahe so etwas wie ein Familienmitglied, wenn Sie so wollen. Das geflügelte Wort vom „Im-selben-Boot-Sitzen" wird bei uns wortwörtlich umgesetzt. Und weil wir durch die Beratung vieler Unternehmen im Einzelfall nicht betriebsblind werden, können wir nicht nur objektiv beraten, sondern sind auch in der Lage, kritisch zu kommentieren und wertfrei vorzuschlagen. Erst dann, nach all diesen ganzen Vorarbeiten, wenden wir uns der eigentlichen Werbung zu". Uns interessiert unmittelbar, wie es Fink gelingt, ein solches Partnerschaftsverhältnis aufzubauen. Normalerweise braucht es eine gewisse Zeit, bis ein Kunde Vertrauen zum Service einer Agentur faßt. Es braucht Zeit, bis er feststellt, daß die Berufserfahrung des Inhabers auf festen Beinen steht. Gibt es hierfür eine Taktik, gibt es hierfür Know-how?

Hans Jürgen Fink: „ Im Prinzip sprechen Sie damit den Faktor *Vertrauen* an. Hierzu zunächst soviel: Vertrauen baut sich Schritt für Schritt auf; es etabliert sich, sobald Demonstrationen von Professionalität und Erfolg zu sehen sind. Sehr schnell merkt man dann auf Kundenseite, daß man es mit kompetenten Beratern zu tun hat. Das Ergebnis besteht in der Folge darin, daß man uns auch schon mit einbezieht, wenn es noch gar nicht um den Kommunikationsbereich geht. Wir werden dann z. B. zu vielen wichtigen Sitzungen, die die Planungen der Unternehmen betreffen, eingeladen."

Der vielzitierte Erfolgsfaktor *Vertrauen* etabliert sich also einerseits zunächst durch Professionalität. Als wir nachbohren, verrät Fink, daß es nicht *nur* fachliche Kompetenz ist, die einen Kunden mit Fink verbindet. Es ist nach seinen Worten darüber hinaus auch noch die Fähigkeit, *schnell* in neue Felder einzudringen, was die Produkte des Kunden anbelangt, ob es sich nun um Probleme der Herstellung handelt, um Chancen am Markt oder um die Akzeptanz bei den prospektiven Verwendern. „Aber wird diese Fähigkeit nicht von vielen Kunden angezweifelt?"

Hans Jürgen Fink: „Man muß solche Skepsis verstehen. Ist ja auch ein kleines Wunder: Da hat sich ein Produkt-Manager jahrelang mit seinem Themenbereich auseinandergesetzt, hat dazugelernt und sich weitergebildet, und da sitzt er nun einem Agenturtypen gegenüber, der schon nach wenigen Wochen vorgibt zu verstehen, wie der Kunde denkt, der sich anmaßt zu wissen, was alles zur Betreuung dieses Produktes notwendig ist. Da fällt es im Einzelfall schon schwer, sich einfach auf die

Erfahrung und das Geschick des Werbemannes zu verlassen. Hier kann man nur sorgfältig schrittweise aufbauen."

Sicherheit ist offenbar eines der wichtigsten Kriterien, die man im Umgang mit den Riesensummen, die manchmal in der Werbung eingesetzt werden, vermitteln muß. Sicherheit in der Kampagnen-Entwicklung, Sicherheit aber auch in der Abwicklung. Fink operiert dabei nicht nur innerhalb der deutschen Grenzen, sondern in vielen Fällen innerhalb ganz Europas. Und immer öfter im weltweiten Rahmen. Dazu bedient sich Fink seines weltweiten IMPA-Networks, Partner-Agenturen in den entsprechenden Ländern, und ist somit in der Lage, kostengünstig für seine Kunden zielgruppen- und marktorientierte Maßnahmen in den jeweiligen Staaten durchzuführen. So können auch mittelgroße Unternehmen wirtschaftlich eine expansive Exportpolitik betreiben – und dennoch Service aus einer Hand genießen. Hierzu gehört, daß die Verwaltung der immensen Informationsmengen so rationell wie möglich abgewickelt wird. Fink dazu:

„Wir haben uns schon seit den ersten Tagen unserer Agenturtätigkeit mit dem Fortschrittlichsten umgeben, was es auf dem Computersektor gab. Schon von Anfang an arbeiteten wir mit *Word-Processing*, und lassen auch Kalkulation und Abrechnung über die Datenverarbeitung laufen. Recht schnell wandten wir uns darüber hinaus dem *Desktop-publishing* zu, was ebenfalls seit Jahren Erfolg zeitigt. So konnten wir durch den massiven Einsatz von High-Tech immer kostengünstiger für unsere Kunden produzieren. Im Prinzip ist jeder F & P-Mitarbeiter mehr oder weniger EDV-erfahren."

Wenn man ihm jetzt so zuhört und vor allem zusieht, wie er gezielt zwischen uns, seiner Sekretärin, dem Telefon und dem einen oder anderen Mitarbeiter agiert, muß man ihn einfach bewundern, ob man will oder nicht. Gibt es für all diese Hyperaktivität eine Erfolgsformel? Wie schafft es ein Fink, permanent die selbstgesteckten hohen Qualitätsansprüche aufrechtzuerhalten? Wie schafft er es, auch noch für die Familie da zu sein?

Hans Jürgen Fink: „Ich kümmere mich immer intensiv um *das*, was ich *gegenwärtig*, was ich *unmittelbar* tue. Wenn ich mit der Familie zusammen bin, bin ich *nur* mit ihr zusammen. Nicht nur mit dem Kopf allein, sondern auch mit dem Herzen. Zugegeben, die freie Zeit für die Familie ist nicht so großzügig bemessen wie bei einem Angestellten oder vielen Beamten, aber ich versuche eben, in jeder Situation mein Bestes zu geben. Auch und gerade im familiären Bereich.

Darüber hinaus gebe ich mich nie mit Zweitklassigem zufrieden, wie es viele, leider auch oft in unserer Branche, tun. Da wird in der Alltagshektik viel gesündigt. Da wird Zeitdruck als Ausrede für Drittklassigkeit ins Feld geführt. Gleichzeitig muß man sich immer vor Augen halten, daß es das fehlerlose, ideale Produkt, das nichts-mehr-zu-wünschen-übriglassende Werk nicht gibt. Nie geben kann. Es wird in unserem Beruf nichts geben, was wirklich allen Anforderungen gerecht wird. Was folgert daraus? Daß wir immer weiter nach der perfekten Lösung streben sollten, um wenigstens in die Nähe des Perfekten zu kommen. Auf diese Formel kann man mein Streben bringen."

Am Beispiel der Japaner erläutert er uns das Prinzip des permanenten Strebens nach dem Besseren, das bekanntlich der Feind des Guten ist. In Windeseile, so erklärt Fink, stellen sich die Japaner auf veränderte Marktsituationen ein, noch schneller, wenn das überhaupt möglich ist, produzieren sie genau das, was der Markt verlangt, sprich, was die Verbraucher wollen. Dafür werden auch einmal unumstößliche Prinzipien umgestoßen. Heilige Kühe sind also dazu da, um geschlachtet zu werden, nicht um sie durchzufüttern, wenn es um den Faktor *Geschwindigkeit* geht. Nach dieser Vorgehensweise kann es nicht wundernehmen, daß

Betreute Kunden:

- Adam Opel AG
- Axel Springer Verlag
- Binding Brauerei AG
- Bongrain Deutschland
- Reynolds Tobacco GmbH
- Schott Glaswerke
- Stadt Wiesbaden
- Tupperware Deutschland

u.v.a.

von Jahr zu Jahr japanische Produkte steigende Zuwachsraten verzeichnen können. Daß sich Märkte öffnen, die verschlossen schienen. Daß sich die Japaner zu einer der reichsten Nationen des Planeten mausern. Jedenfalls ist dieses ständige Streben nach immer besseren Leistungen,

Angeboten oder Produkten, gekoppelt mit Geschwindigkeit, ein Markstein auf dem Weg zu ihrem beispielhaften Erfolg.

Hans Jürgen Fink: „Darüber hinaus ist *Flexibilität* von Bedeutung. Flexibilität ist das A und O in unserem Beruf. Und die Fähigkeit, sofort zu erspüren, was der Kunde will, was er braucht, wo seine Probleme liegen. All dies muß man dann sofort umsetzen können. Ich will es einmal so sagen: Auf der einen Seite muß ich zu Beginn einer Aufgabe, bei den Recherchen, Universalist sein und dann bei der konkreten Lösung des Problems Spezialist. Das klingt wie ein Gegensatz, aber ich halte das für die einzig richtige Vorgehensweise, um erfolgreich Partner für seinen Auftraggeber zu sein."

Auf die Frage, welche von all diesen Operationsmethoden die wichtigste ist, wenn er gezwungen wäre, diese Erfolgsprinzipien zu gewichten, antwortet Fink:

„Kleinere oder mittlere Unternehmen, zum Beispiel im Investgüterbereich, können es sich finanziell nicht leisten, eine Agentur anzuheuern, die erst viele umständliche Anläufe braucht, um zu dem Problem vorzudringen, um danach Lösungsvorschläge zu etablieren. Die Zeit ist deshalb vielleicht der wichtigste Faktor in der heutigen Wettbewerbssituation. Dabei muß immer auch das Aufwand-Profit-Verhältnis stimmen. Hierbei ist man manchmal zu einem Seiltanz gezwungen. Hier sehen wir unsere Stärke, in der raschen und erfolgreichen Umsetzung komplizierter Sachverhalte. Und genau hier sehe ich in der Zukunft große Probleme auf die Branche zukommen, weil dieses Vermögen, etwas schnell zu erfassen und sofort umzusetzen, bei dem Nachwuchs kaum mehr vorhanden ist, weil's anscheinend auch nirgendwo gelehrt wird."

Also auch er! Bei all unseren Interviews wurde immer wieder beklagt, wie unzulänglich, einseitig und nicht ausgewogen die Nachwuchsförderung in der Werbung sei. *Praxisferne* war da schon ein recht schmeichelhafter Ausdruck für die Situation an den wenigen Ausbildungsstätten. Bemängelt wurde darüber hinaus immer wieder das Fehlen von erfahrenen, allroundgebildeten Textern, die auch sattelfest im Marketing, in technischen Bereichen und nicht zuletzt auf dem kaufmännischen Sektor sind.

Hans Jürgen Fink zu diesem Problem: „Ich halte viel von Leuten, die neben einer normalen Berufsausbildung auch in verschiedene andere Studienzweige hineingerochen haben. Die über ein Volontariat oder Praktikum in Ihrem jetzt schon konkreteren Wunschberuf Erfahrung gesammelt haben, um sich weiter in einem Betrieb praktisches Know-how anzueignen. Wenn solch ein Mensch auch noch einige Fremdsprachen beherrscht, dann hätte man eigentlich den idealen Werbemenschen vor sich, den ich sofort einstellen würde. Nur, wo wird denn so jemand ausgebildet? Ganz bestimmt nicht auf der Werbeakademie allein. Aber dort könnten wir Werber wenigstens für die notwendige Aufklärung sorgen. Oder wenigstens bei unseren eigenen Angestellten. Zur Zeit sind die Muster für Ausbildung relativ eingefahren und starr. Die Kluft zwischen Theorie und Praxis klafft zu weit auseinander. Das Spektrum müßte also entschieden ausgeweitet werden. Vielleicht sogar in Kooperation mit einigen Kunden. Vielleicht zusammen mit den Universitäten. Jedenfalls muß *schnell* etwas getan werden, um die Zukunft in unserem Wirtschaftszweig zu sichern."

Auf seine eigenen Mitarbeiter angesprochen, gibt Fink freimütig zu, daß diese umfassende Ideal-Ausbildung auch bei ihm in vielen Punkten noch Wunschdenken ist. Wobei natürlich das Argument zählt, daß eine 18-köpfige Mannschaft in ihrer schon ziemlich ausgelasteten Zeit auch noch Werbekaufleute ausbildet. Denn der Chef verlangt allerhand von seinen Mitstreitern. Kein Wunder für den Ex-Ruderer, der schon mal als Schlagmann mit seiner Mannschaft ins Achtelfinale der Deutschen Meisterschaft ruderte. Teamgeist ist deshalb angesagt.

Damit sind wir bei einem neuen Thema. Auf das Problem Mitarbeiter angesprochen, antwortet Fink:

„Das Wörtchen 'nie' akzeptiere ich so gut wie nicht. Irgendwie gibt es für alles eine Lösung. Und wenn ich meiner Mannschaft meinen Lösungsansatz im Briefing vorstelle, erwarte ich eigentlich immer, daß er von dem einen oder anderen übertroffen wird. Das heißt, was ich vorgebe, ist immer als *Minimallösung* zu verstehen. Als Ausgangspunkt, und nicht als das, was der Chef oder der Kunde gerne hätte. Das Prinzip ist die Übererfüllung der gestellten Aufgabe. Wenn also jeder einzelne immer noch ein bißchen *mehr* liefert, dann ist auch die Gesamtleistung des Teams großartig. Meine Erfahrungen aus dem Leistungssport bestätigen sich damit eindrucksvoll. Im übrigen bin ich stolz darauf, daß meine Mitarbeiter voll mitziehen und auch diese Idee wirklich mittragen und jeden Tag gemeinsam mit mir umsetzen."

Zum Schluß interessiert uns bei dem übernational operierenden Fink noch ein ganz anderes Thema: Europa. Wie stehen die Chancen und Möglichkeiten? Zunächst jedoch: Was ist der Unterschied von deutschen Managern und Managern in anderen Ländern? Was kann man von Ihnen lernen?

Hans Jürgen Fink: „Wissen Sie, grundsätzlich neigt der deutsche Manager ein wenig zur Überheblichkeit. Oft ist er in einer günstigeren Ausgangsposition, manchmal auch in der mächtigeren, wegen des relativ großen Binnenmarktes. Diese Position wird zu oft ausgereizt. Wenn ich dagegen unsere kleineren Nachbarn in Europa anschaue, die waren schon geschichtlich darauf angewiesen, immer in gutem Einvernehmen mit ihren Nachbarn zu leben, mit ihnen auszukommen, sich mit ihnen zu arrangieren, wenn sie Geschäfte mit ihnen machen wollten. Sie waren deshalb gezwungen, sich in andere Leute mehr hineinzudenken. Diener zu sein, eine Dienstleistung zu erbringen, das war diesen Leuten schon in Vorzeiten ein geläufiges Verhalten. Bei uns ist das nicht immer der Fall. Viele Führungspersönlichkeiten realisieren das oft nicht. Das führt dann im Umgang mit fremden Nationalitäten häufig zu Konflikten. Doch Konsequenzfähigkeit ist heute der Schlüssel zum Erfolg, mehr denn je."

„Was ist angesichts Europa 1992, wenn am Sylvesterabend der Sektkorken knallt, weiter von Bedeutung – was Expansion anbelangt?"

Hans Jürgen Fink: „Ein Unternehmer muß *Risiken* eingehen können. Vielerorts mangelt es noch an der notwendigen kalkulierten Risikobereitschaft. Dies gilt nicht nur für manche meiner Kollegen, sondern auch bei vielen der prospektiven Kunden. Da will man erst mal sehen, was man bekommt, und dann geht man vielleicht ein Risiko ein. Damit aber verbaut man sich oft die besten Gelegenheiten. Gerade beim Vordringen in andere Märkte ist es von erstrangiger Bedeutung, in *vorbereitende* Maßnahmen zu investieren. Das versäumen oft selbst gestandene Unternehmer, doch gerade die Hintergründe, das Wissen um die Begleitumstände und die neuen Wege sind die ausschlaggebenden Faktoren für die Expansion in neue Märkte."

Über solch interessante Kommentare hätte man fast vergessen können, nach der angekündigten Überraschung zu fragen. Es handelt sich hierbei nicht im eigentlichen Sinne um eine Überraschung, mehr um einen Fingerzeig. Man hört davon immer wieder in der Presse, hört vage davon auf diversen Informationskanälen. Aber wenige machen davon Gebrauch und setzen das Ganze in die Tat um. Also bitte, Herr Fink:

„Das eigentliche Geheimnis der Werbebranche, die wirklich neuen Perspektiven, die Revolution in der Werbung – oder welchen Superlativ man auch immer gebrauchen soll – sind auf den Nenner *Osteuropa* und *Ferner Osten* zu bringen. Zur Zeit sind die Märkte im Osten das ganz große Thema. Jeder, der auf sich hält, knüpft dort Kontakte, führt Gespräche, bereitet etwas vor. Nun, Fink & Partner haben das alles schon hinter sich.

Schon vor geraumer Zeit prognostizierten wir die Entwicklung richtig. Wir haben uns deshalb mitten hinein in die osteuropäische Drehscheibe positioniert. Unser Fink-&-Partner-Büro in Prag ist unsere Basis für die Expansion in den russischen Markt, nach Polen hinein, hinüber nach Ungarn, Rumänien und weiter. Die Tschechen und Slowaken nämlich haben schon seit jeher als Makler zwischen Machtblöcken und Weltanschauungen agiert und verfügen über die besten Erfahrungen, was Geschäfte zwischen Ost- und Westeuropa anbelangt. Davon profitieren auch wir, zusammen mit unseren aufgeschlossenen Kunden."

Bei den letzten Worten schaut er uns verschmitzt an wie ein kleiner Lausejunge, der gerade die gesamte Mannschaft der 9b an der Nase herumgeführt hat. Und das hat er ja wohl auch. Schließlich hat er es allein mit seiner ersten zu 100 % rein westlichen Agentur in der CSFR vorgemacht. Und darüber hinaus schon seine Fittiche in Richtung Fernostmarkt ausgestreckt, wo er im rasch aufstrebenden Korea mitten in Seoul die Shintaeyang, Fink Ltd. gründete. Wo andere noch im Vorfeld krebsen, ist er schon weit- und hochgesprungen. Womit Hans Jürgen Fink zwei weitere Erfolgsprinzipien preisgegeben hat, die heißen: *Informations-* und *Aktionsvorsprung*. Und womit er unmißverständlich zum Ausdruck gebracht hat, was morgen in der Werbung wirklich von Bedeutung sein wird.

Werner Hix

„Wenn ich Entscheidungen treffen muß, treffe ich sie schnell. Durch Grübeleien löst man keine Probleme.“

Mit diesem Statement schrieb sich Frankfurts bekanntestes Tonstudio in dieses Buch ein. Und mit dieser Entschiedenheit vertrat Werner Hix schon bei unserem ersten Telefonat die Auffassung, daß es keinen vernünftigen Grund gäbe, seine Erfolgsrezepte nicht auch anderen zugänglich zu machen.

Daß er erfolgreich ist, weiß man in der Branche, speziell in der Werbeszene im Frankfurter Raum. Seine Geschichte glaubt jeder zu kennen. Doch so ganz ist noch keiner hinter diesen Werner Hix gestiegen, so richtig nach den Motivationen dieses Mannes hat noch niemand gesucht. Zu sehr hat man sich zufriedengegeben mit dem geselligen Image, mit seiner verbindlichen Art. Auf Statussymbole verzichtet er offenbar, eine Ausnahme in der quirligen, überhitzten Werbeszene. Des weiteren „weiß man", daß „der Hix" ein gutgehendes Tonstudio hat, und damit ist die Sache für die meisten erledigt. Allenfalls ist noch sein Offenbacher Dialekt bekannt, den er bis heute nicht abgelegt hat; im Gegenteil: fast handelt es sich dabei schon um ein Markenzeichen, was Hix selbst natürlich sofort wieder von sich weisen würde.

Was dieser aktive Surfer so alles anstellte, um erfolgreich zu sein, wollen wir hier heute aus ihm herauskitzeln. Heute, das ist an einem Januarabend, nach Büroschluß. Hier, das ist in einer kleinen, aber feinen Heddernheimer Jugendstil-Villa. Kaum angekommen, lädt uns Hix ein, vor dem raumdominierenden, offenen Kamin Platz zu nehmen – auf zierlichen Stilmöbeln. Er eröffnet die Partie mit einem unerwarteten Schock:

„Was mich in erster Linie zum erfolgreichen Geschäftsmann hat werden lassen? Also, das werde ich Ihnen ganz bestimmt nicht verraten, ich will doch nicht als Aufschneider dastehen, das ist unseriös."

Keinerlei journalistische Fangfragen scheinen ihn zunächst zu bewegen, sein Geheimnis preiszugeben. Offenbar steht uns ein mentales Duell ins Haus. Warum wir dann überhaupt hergekommen seien, wollen wir wissen, ob er uns nur als Gesellschafter für einen Abend eingeladen habe?

Werner Hix: „Natürlich sollen Sie nicht umsonst gekommen sein. Ich habe einiges zu erzählen. Aber sehen Sie, es gibt nicht nur einen einzigen Grund, warum ich mehr erreicht habe als andere. Die Wahrheit ist außerdem, daß ich die Dinge schon recht *früh anders* angepackt habe als die anderen."

Natürlich geben wir uns den Anschein, als seien wir mit dieser Antwort zufrieden. So wiegen wir ihn also erst einmal für ein Weilchen in Sicherheit und zielen erst am Ende des Interviews auf die Rezepte und Methoden, die er uns schlußendlich dann bereitwillig preisgibt. Aber vorderhand verrät er uns einige interessante Tatsachen aus der Kindheit und den Lehr- und Wanderjahren.

Werner Hix: „Schon als Kind habe ich mich immer selbst um meine Angelegenheiten gekümmert. Ich war früh selbständig, ein wirklicher

Vorteil. Meine Eltern, insbesondere meine Mutter, konnten sich während des Krieges gar nicht um mich kümmern. Also habe ich mich früh selbst behaupten müssen."

Offenbar hat Werner Hix nur bei seiner Geburt nicht selbst mit Hand angelegt, als er am 8. November 1937 in Offenbach am Main das trübe Novemberlicht der Welt erblickte. Sonst hätte er bestimmt etwas gegen die bescheidenen Verhältnisse unternommen, in denen er heranwachsen sollte. Mit 120 Reichsmark im Monat, die der Vater als kleiner Bankangestellter in die enge Wohnung brachte, mußte die Mutter schon ganz ungewöhnliche Künste entwickeln, um die dreiköpfige Familie über die Runden zu bringen. Das peinlich genau geführte Haushaltsbuch aus jener Zeit existiert noch und legt beredtes Zeugnis ab vom Überlebenskampf einer Durchschnittsfamilie im Vorkriegsdeutschland: 3 Brötchen = 3 Pfennige, 1/4 Leberwurst 22 Pfennige. Trotz Entbehrungen konnten es sich die sportbegeisterten Eheleute Hix leisten, 1936 zur Olympiade nach Berlin zu reisen. Danach aber galt es, ein weiteres kleines Mäulchen zu stopfen, denn bald gesellte sich ein Brüderchen zur Familie, die dann auch noch auf den Vater verzichten mußte. 1939 wurde dieser eingezogen und stand bald darauf an der Ostfront. Es folgten Jahre der Angst, der Sorge, der schweren Belastungen für einen kleinen Jungen, der eigentlich viel lieber mit seinen Gefährten aus der Nachbarschaft gespielt hätte. So aber lernte er zu überleben. Man bewältigte das schreckliche Spiel des Krieges, mit dem später fast tagtäglichen „Rein-in-den-Bunker-raus-aus-dem-Bunker"-Rennen. Heute noch ist Werner Hix deshalb übernervös. Die Jahre der Bedrohungen haben ihre Spuren hinterlassen:

„Bei Fliegeralarm riß mich die Mutter aus dem Schlaf, zog mich an, machte den Bruder fertig und zog mich dann nochmals an, weil ich in der Zwischenzeit wieder im Bett lag. Diese fast unwirkliche Hektik führte schließlich dazu, daß mir's im Bunker, in der Sicherheit, erst richtig schlecht wurde. Bis heute habe ich Schwierigkeiten, morgens aus dem Bett und in Form zu kommen. Ich assoziiere Aufstehen noch immer mit all den Unannehmlichkeiten jener Zeit."

Trotz aller Widrigkeiten schaffte es der spätere Spitzenwerber. Den ständigen lebensgefährlichen Situationen entging man schließlich, indem Mutter die beiden Jungs und sich selbst zur Tante aufs Land verfrachtete. Dort, in Gelnhausen, konnte Werner Hix die Schule weiter besuchen. Hier handhabte er auch schon die ersten Schwierigkeiten seines jungen Lebens. Ein misanthropischer Lehrer, der ihn auf den Tod nicht ausstehen konnte, versuchte den naseweisen, aufgeweckten Jungen aus der Stadt mit Rügen, Vorwürfen und Tadeln zu verfolgen und ihm das Leben schwerzumachen. Andere Schüler seines Alters kapitulierten vor einer solchen Situation, sie gaben auf oder fügten sich drein. Nicht so Werner Hix:

„Mit dem Lehrstoff hatte ich nie Probleme, ich lernte leicht. Nur dieser Lehrer hatte mich auf dem Kieker. Also verlangte ich meine Versetzung in die Parallelklasse, was auch nach einigem Hin und Her bewerkstelligt werden konnte. Von da an ging alles glatt und reibungslos über die Bühne. Und einige Jahre später hörte ich, daß man eben diesen Lehrer vom Dienst suspendiert hatte, weil er mit seiner Art auch andere Kinder gepeinigt hatte."

So zeigte Werner Hix schon sehr früh, daß man mit Absicht, Selbstvertrauen und einem Ziel vor Augen das erreichen kann, was man sich vorgenommen hat. Diese Eigenschaften kultivierte er in den Jahren seines weiteren erfolgreichen Lebens zur Perfektion. Dabei war es ihm nach eigenen Worten außerordentlich wichtig, immer auf dem Pfad der Rechtschaffenheit zu wandeln. Keinem wurde auf die Zehen getreten, keiner wurde mit Ellenbogen zur Seite gerempelt. Für seine fast pazifistische Einstellung ist eine Begebenheit bezeichnend, die sich während seiner Schulzeit ereignete:

„Damals wurden zur Kinderbelustigung in der nahe gelegenen Kaserne Spiele veranstaltet, deren Hauptattraktion ein Schießwettbewerb war. Obwohl dort die tollsten Preise gewonnen werden konnten, sträubte ich mich doch dagegen, auf Strohpuppen zu schießen, die täuschend einem Menschen ähnelten. Ich weiß nicht warum, aber es war mir eben zuwider. Ich wähle noch heute instinktiv diejenige Vorgehensweise aus, die ohne Konflikt zum Ziel führt, die Methode, die keinen Konkurrenten angeschlagen zurückläßt. Nichts gegen einen intellektuellen Schlagabtausch, aber man muß saubere Hände bewahren."

Im übrigen begannen sich schon in der Jugendzeit die zukünftigen Interessen abzuzeichnen. Damals heckten Hix und Freunde einen Plan aus, der sie regelrecht berühmt machen sollte. Die Gazetten der damaligen Zeit sprachen von einem Jugendwunder der Nachkriegszeit. Mit einer gebrauchten 16mm-Film-Kamera wurden richtige *Spielfilme* gedreht. Filme, die vor Publikum in Frankfurt liefen. Streifen, über die man sprach. Und Werner Hix fand in diesem Metier schon 1950 seinen späteren Beruf: Weil die Jungfilmer immer Ärger mit dem Ton hatten, entschloß er sich, dieses Problem selbst zu lösen. Im Studio Schuck lernte er das Handwerk von der Pike auf, nebenher, als Hobby gewissermaßen. Der Maestro Schuck selbst ließ ihm dabei alle Freiheiten, ja zeigte ihm die Tricks und Kniffe dieser Kunst. Er war es auch, der ihm während seiner Lehrzeit als Verlagskaufmann die Möglichkeit ließ, im Tonstudio weitere Erfahrungen zu sammeln.

„Immer mal wieder zwischendurch war ich im Studio und machte auch schon mal Produktionen allein. Das Medium Ton übte eine magnetische Anziehungskraft auf mich aus. Noch war das Ganze für mich eine Nebenbeschäftigung, der Schreiberei galt damals meine Zuneigung. Im Verlag der *Offenbach Post* ließ man mich ab und an über Betriebsfeiern berichten oder über ein Vereinsfest. Das brachte damals 25 Pfennige die Zeile. Verstimmt war ich nur, wenn man von meinen 30 oder 40 Zeilen nur 15 druckte. Sicherlich waren die mehr als genug, um die Leser zu informieren, aber damals entdeckte ich einen Wesenszug, immer alles übergenau und bis ins allerletzte Detail austüfteln zu wollen. Diese Vorgehensweise habe ich bis heute beibehalten und konnte damit die besten Erfahrungen machen. Außerdem arbeitete ich schon damals stets sehr viel mehr oder länger als eigentlich notwendig an einer Sache. Diese Einstellung ist mir gewissermaßen in Fleisch und Blut übergegangen. Persönlich bin ich überzeugt, daß dies einer der Gründe dafür ist, daß ich mit meinem Unternehmen gut vorangekommen bin.“

Aber wie schrieb sich seine Lebensgeschichte weiter? Als der Finanzdirektor des Verlages den Newcomer Hix nach Beendigung der Lehrzeit in die Honorarbuchhaltung übernehmen, dieser aber ein Volontariat als Journalist antreten wollte, kam es zu einem Konflikt zwischen den Wünschen des Vorgesetzten und seiner eigenen Vorstellung von Selbstverwirklichung. Das Ergebnis: Hix nahm den Hut. Und stand unvermittelt ohne Arbeit auf der Straße. Für ihn aber, wie sich zeigen sollte, eine Straße zum Erfolg.

Aus der Zeitung erfuhr der Eigensinnige von einer offenen Stelle als Verkaufsfahrer für eine internationale Cola-Marke. Er stellte sich vor und wurde engagiert. Heute noch haben ihn einige Menschen im Taunus in Erinnerung, da er ihnen in einem der heißesten Sommer seit Menschengedenken, dem Jahrhundertsommer 1957, über die Runden half. So gut belieferte er seine Kunden, daß man ihm nach kurzer Zeit die Position des Verkaufsleiters anbot. Aber Hix zog es ins Tonstudio. Zwar verdiente er sich noch je und je eine Weile mit verschiedenen Jobs seine Brötchen, aber schließlich verbrachte er fast seine gesamte Zeit da, wo er sich dann endlich auch zu Hause fühlte: zwischen Spulen und Tonbändern. Großübertragungen bei Wahlkämpfen erlebte er ebenso am Mischpult wie die Anfänge der Werbefilmerei in Frankfurt. Werner Hix im Rückblick:

„Das war schon eine tolle Zeit damals. Allein das Filmstudio, mit Swimmingpool und allem Chichi, fast schon wie Hollywood! Auf diesem Gelände hatten wir unser Tonstudio eingerichtet. Wir produzierten so ziemlich alles, was anfiel. Wir vertonten Werbefilme, nahmen Funkspots auf und richteten die Beschallung bei Veranstaltungen ein. Bis bei dieser Filmgesellschaft wegen einer Bestechungsaffäre die Kunden ausblieben. Also damals schon hätte ich mich an der Stelle des Chefs nie auf sogenannte *Provisionen* eingelassen. Lieber auf zehn Kunden verzichtet als einen zweifelhaften Auftrag annehmen! Nach diesem Prinzip bin ich später immer vorgegangen. Und nur so baut man sich ein Renommee auf. Es handelte sich um eine gute Firma und um gute Leute, aber ein einziges Mal hatte sich der Chef auf windige Konditionen eingelassen."

Man zog mit der gesamten Technik nach Sachsenhausen um. Werner Hix befand sich jetzt nur noch im Studio. Von ausgefuchsten Hasen des Hessischen Rundfunks lernte er alles, was er noch zur Perfektion brauchte. Bald konnte er selbständig den wachsenden Markt bedienen. Auf seine größten persönlichen Erfolge in dieser Zeit angesprochen, antwortet er:

„Anläßlich der Funkausstellung 1957 in Frankfurt durften wir den *Blauen Bock* mit Otto Höpfner beschallen. Und auch die erste Fernsehsendung mit Hans Joachim Kuhlenkampffs *Kleine Stadt ganz groß* war ein bleibendes Erlebnis. Nicht zu vergessen auch die Pilotsendung vom *Goldenen Schuß* mit Lou van Burg."

In den Kindertagen des Deutschen Fernsehens war Hix also mit von der Partie. Was war der springende Punkt für die Erfolge dieses Mediums damals? Werner Hix antwortet wie aus der Pistole geschossen:

„Kompetenz. Auch ich habe es mir deshalb immer angelegen sein lassen, mich weiterzubilden, um *Kompetenz* zu erlangen. Nur so kann man Entscheidungssicherheit gewinnen. Das Erfolgsrezept schlechthin lautet: Man muß *alles* über ein Gebiet herausfinden, um Professionalität zu erreichen. Dazu gehört es, Leute zu fragen, Bücher zu studieren und das Gelernte praktisch anzuwenden. Das sind die Eckpfeiler einer gesunden geschäftlichen Entwicklung, das sind die Grundsteine für Erfolg, gleichgültig in welchem Bereich. Nur weil ich zum richtigen Zeitpunkt kompetent genug war, ein Studio in Eigenregie zu managen, konnte ich überhaupt ein Tonstudio übernehmen, als sich die Gelegenheit bot. Hätte die fachliche Kompetenz gefehlt, hätte ich eine

Bauchlandung gemacht. Tatsache ist, daß ich während all der Jahre in dieser Branche viele solcher Landungen bei anderen beobachtet habe."

Fassen wir zusammen: Gesundes Selbstvertrauen, Entscheidungsfähigkeit, Ehrlichkeit, Fair Play, Kompetenz, Perfektion und Geradlinigkeit sind offenbar die Erfolgsformeln eines Werner Hix. Die guten alten Tugenden, wenn man so will. Aber wie schaffte Werner Hix den Sprung nach ganz oben, wie katapultierte er sich in die Riege der Tops?

Nun, bei der Übernahme des Studios mußten zunächst Erben ausgezahlt werden. Hix hatte zu jenem Zeitpunkt noch keine Reichtümer angesammelt, aber er besaß den unbeugsamen Willen, dieses Studio zu führen. Also kniete er sich in die Arbeit und konnte schon wenige Jahre später die Früchte seines Einsatzes ernten. Bemerkenswert in dieser Phase: Hix schlug nicht sofort zu, das heißt, er fragte nicht eine Bank um Rat und Geld – was bei einem wohleingeführten und erfolgreichen Unternehmen problemlos gewesen wäre –, sondern er besaß den Ehrgeiz, selbstverdientes Geld auf den Tisch des Hauses zu legen. Hix dazu:

„Wenn man gezwungen ist, jeden Monat einen ganz bestimmten Betrag erwirtschaften zu müssen, weil die Bank darauf wartet, dann kann das unter Umständen dazu führen, daß man nicht mehr auf *Qualität* achtet. Dann muß es die *Masse* bringen. In der Folge sinkt das Niveau, und das wiederum kann für ein Unternehmen tödlich enden. Ich habe mich auf dieses Spiel nie eingelassen. Ich habe immer erst dann etwas angeschafft, wenn ich das Geld dazu wirklich besaß, wenn ich es mir leisten konnte, mit einem Wort. Ein anderer Aspekt besteht darin, daß man ohne Schulden absolut frei entscheiden kann. Niemand diktiert ins Geschäft hinein. Man ist Herr über sich selbst, es existiert kein Druck von außen. Möglicherweise hören das die Banken nicht gern, aber Unabhängigkeit von Finanziers und Bankern ist ein wirkliches, weiteres Erfolgsrezept. Ich jedenfalls habe mich nie in fremde Hände begeben und werde es auch nie tun."

Es ist schon bemerkenswert, daß ein gestandener Geschäftsmann mit Firma, Angestellten und modernsten technischen Gerätschaften, vom Privatbesitz ganz zu schweigen, noch nie einen Kredit von einer Bank in Anspruch genommen hat! Als wir nachfragen, betont Werner Hix noch einmal:

„Ja, das glaubt mir tatsächlich kaum jemand. Ich habe diese meine ganz persönliche Richtlinie einmal Freunden gegenüber erwähnt und nur ein müdes *verständnisvolles* Auf-die-Schulter-Klopfen geerntet. Aber bitte schön, für mich handelt es sich dabei um eine echte

Erfolgsformel. Ich habe mich in meinem Geschäftsleben noch nie von anderen abhängig gemacht. Sie glauben gar nicht, wie frei man dadurch hinsichtlich Entscheidungen ist, die man zu treffen hat. Niemand kann Ihnen dreinreden! Nur Sie selbst bestimmen die Spielregeln, nur einer sagt, wann wo was wie inszeniert wird. Hierfür muß man möglicherweise kurzfristig auf einiges verzichten können. Das heißt, ich leiste mir nur dann etwas, wenn ich es mir auch leisten kann. Aus diesem Grund gehe ich auch nur Verpflichtungen ein, die ich sicher erfüllen kann, denn wer jemandem etwas schuldig ist, begibt sich in die Abhängigkeit und beschneidet seine Entscheidungsfreiheit."

Auch über diesen Zeitgenossen ist es schwierig, ein endgültiges Urteil zu fällen. Es kann kein Zweifel darüber bestehen, daß Werner Hix mit seiner Arbeit und dem, was er erreicht hat, zufrieden ist. Bemerkenswert bleibt, daß er auf die guten alten Tugenden setzt, die von einigen schnellebigen Zeitgenossen immer wieder je und je belächelt werden, die aber unter dem Strich offenbar gediegenes, regelrechtes Know-how darstellen, was dieses Phänomen *Erfolg* anbelangt.

Bemerkenswert bleibt ferner, daß offenbar für jede „Abteilung" eines Unternehmens Richtlinien existieren, die die Prosperität eines Unternehmens begründen können. Das heißt, die richtige Handhabung der Finanzen und der richtige Umgang mit Banken kann ebenso von Bedeutung sein wie der unbeirrbare Ehrgeiz, nur *Qualität* zu produzieren und Kompetenz anzustreben. Zwei Formeln, denen man bei Profis immer wieder begegnet und die zweifellos gemeinsame Nenner für Erfolg sind, über die man nicht diskutieren kann.

Bemerkenswert bleibt schließlich die Person des Werner Hix, der sich so ohne jede Allüren in die oberste Riege katapultierte, ein Kompliment, das wir nicht machen, weil wir über ihn positiv berichten wollen, sondern das nachvollziehbar ist für jeden, der diesen Mann privat oder beruflich kennt. Bei Hix handelt es sich um einen Menschen, der mit Spitzenleuten seines Fachs täglich zu tun hat und der trotzdem mit den Füßen auf dem Boden geblieben ist, was in dieser Branche gewiß keine Selbstverständlichkeit ist. In gewissem Sinn handelt es sich damit um eine Ausnahmeerscheinung in diesem bunten Spiel von Schicky-Micky, High Society, Geld und Prominenz.

Oder ist der Umstand, eine Ausnahme zu sein, etwa die Regel, wenn man das Phänomen Erfolg betrachtet?

Notker Honé

„Wer weiterkommen will im Leben, muß alles an Informationen aufsaugen, was es gibt, und dann erst auswerten.“

Aus etwas Eckigem eine runde Sache machen, das kann wohl jeder. Aber aus etwas Rundem eine richtig runde Sache zaubern, da trennt sich die Spreu vom Weizen. So geschehen bei der fast unlösbaren Aufgabe, einen alten, eingefallenen Wasserturm in der Stadt Köln als Nobelherberge zu „verkaufen“, sprich zu bewerben. Zugegeben, das Monstrum putzte sich heraus, die Fassade war aufwendig restauriert worden. Ganz zu schweigen von den mannigfaltigen, eigens für dieses Projekt designten

Luxusteilen im Innern des einstigen Wasserreservoirs. Aber Köln war schließlich gerade mit ca. 1.000 neuen Hotelbetten in modernsten Luxusherbergen der obersten Kategorie „überschwemmt" worden. Sich in diesem engen Markt mit finanziell begrenzten Mitteln gegen die großen internationalen Hotelkonzerne zu behaupten war die Aufgabe. Denn trotz der Radikalkur handelte es sich immer noch um einen Wasserturm. Punktum. Und wer wohnt denn schon gerne in einem solchen? Vor allem wenn man auf dem trockenen Teil des Lebens sitzt. Wenige hätten sich an diese Aufgabe gewagt. Warum? Ganz einfach. Im Falle des Erfolgs hätten die Konkurrenz und auch prospektive Kunden gelinde ihr Haupt geneigt und bemerkt, daß es ja wohl kein großes Wunder sei, mit der geballten kreativen Kraft der Agentur eine solche Unaussprechlichkeit in die richtige Szene zu setzen. Hätte man umgekehrt versagt, wäre das Ausmaß des Image-Verlustes nur noch dem gleichzusetzen gewesen, als wären die Wassermassen des zu promotenden Turmes auf die betreuende Agentur hinabgestürzt. Wie man's auch angestellt hätte, die Katastrophe wäre unausweichlich gewesen. Einer aber hatte keine Angst. Weil er zu kühn war? Nein, weil ihn die Aufgabe ganz einfach gereizt hat. *Machen* hieß die Devise. Die Erfolgs-Idee: Das Hotel nicht nur zur ersten Adresse Kölns zu machen, sondern es schon vor der Eröffnung direkt in die Top-Ten der deutschen Hotels „hinauf zu kommunizieren". Und das hat man dann auch draußen honoriert. Denn was man da an Anzeigen, Postern, Artikeln zu Gesicht bekam, stand nicht nur dem armen alten Wasserturm recht gut zu Gesicht, sondern auch der kleinen, aber feinen Agentur, die sich mit einer ungewöhnlichen Idee für ein nicht alltägliches Produkt eingesetzt hatte. Und gewann. Die vielen zufriedenen Gäste des neuen Wasserturmes kennen natürlich solche Hintergrund-Stories nicht. Sie brauchen sie ja auch nicht zu kennen. Hauptsache, und das sagt der Manager wenigstens, sie kommen immer wieder...

Soweit zu *einer* Success-Story des Notker Honé, zu der man noch viele nachtragen könnte. Sie soll hier jedoch nur illustrierend stehen für den Faktor *Mut* – und für einen Coup, der einem Werber auf regionaler Ebene gelang, kaum daß er in die Branche eingestiegen war.

Im übrigen war uns schon zu Beginn des Gesprächs bewußt, daß bei diesem Interviewpartner etwas „anders" war. Daß es einen Unterschied gab zu dem „normalen" Werber. Wir rätselten, ob es die Methode war, mit der er uns zu jedem Zeitpunkt der Unterhaltung intensiv anschaute, oder ob es in den präzisen Fragen begründet lag, die er immer wieder nach Klärung verlangend in den Raum stellte. Vielleicht waren es aber auch diese ruhigen, fast vorsichtigen Antworten, die in uns die Neugierde weckten, hinter diesen „Journalisten“ zu steigen, wie er sich selbst manchmal bezeichnete. Aber was ein Journalist ist, das wußten wir. Und unser Gegenüber paßte nun absolut nicht in dieses Bild. Somit stand für uns zumindest fest, was er nicht war. Was aber steckte nun „wirklich“ hinter diesem Notker Honé, dessen Name allein schon ratlos machte?

Wir sollten es später erfahren. Zunächst aber sitzen wir ihm gegenüber in seinen Bonner Räumen. Altbau, hochzimmrig, helle Möbel auf stahlgrauem Teppichboden, Glas und Chrom. Wir haben Platz genommen und werden um Auskunft gebeten. Wer wir sind. Was wir machen. Wir sehen uns an und fragen uns spontan, wer denn hier wen interviewen will. Nach einer kurzen Darstellung unseres Projekts beginnt Notker Honé langsam, fast bedächtig auf unser Frage- und Antwortspiel einzugehen. Dabei verläßt ihn seine Zurückhaltung nie. Da werden Worte abgewägt und verworfen, überdacht und ausgewechselt, da vergehen Gedanken zuerst auf der Zunge, bevor sie, geschmolzen und erschmeckt, an uns weitergegeben werden.

Ein schwieriger Schüler sei er gewesen, damals, als er in Menden im Sauerland die Schulbank gedrückt habe. Unbegreiflich eigentlich, war er doch in einen Haushalt hineingeboren worden, in dem es an nichts fehlte. Als Kinderarzt hatte sein Vater nicht nur die materiellen Voraussetzungen für einen guten Start ins Leben geschaffen, sondern auch die Vaterqualitäten schon sozusagen von Berufs wegen mitgebracht. Weiter kommentiert Notker Honé:

„Ich wurde am 14. März 1959 in Bonn geboren. Aber wenn Sie mich nach meiner Kindheit fragen, kann ich nur sagen, daß sie so normal verlief, wie eine normale Kindheit nur verlaufen kann. Keine Höhen, keine Tiefen. Keine Repressalien seitens der Eltern. Im Gegenteil: Anregung und Förderung. Aber nie vordergründig. Mehr so nach dem Motto: *Wenn du was brauchst, weißt du, daß es da ist, aber überleg Dir, ob Du es wirklich brauchst.*“

Nach Grundschule folgten Gymnasium und Abitur. In dieser Zeit ging er aus sich heraus. Texte wurden geschrieben, Gedichte verfaßt, Stories ausgedacht und zu Papier gebracht. Ein bemerkenswerter Umstand, der seine Kommunikationsfähigkeit und Kommunikationsbegabung beweist: Honé wurde Schulsprecher und kümmerte sich um die Schülerzeitung. All diese Aktionen wurden beileibe nicht zufällig unternommen. Schon damals plante, skizzierte, organisierte er seine Vorhaben systematisch.

Diese Konsequenz im Denken wurde auf der Uni, die sich organisch anschloß, noch ausgefeilt und sozusagen auf Hochglanz poliert. Das induktive und deduktive Denken ging ihm in Fleisch und Blut über. In dürren Worten hieß das: Ziele suchen, ein Ziel bestimmen, die Einzelschritte dorthin auf ihre Machbarkeit hin abklopfen und dann auf dem Weg zum Ziel Punkt für Punkt die Realisationsstufen abchecken und analysieren.

Notker Honé dazu im Originalton: „Dieses analytische Denken hat mir geholfen, während meiner Schul- und Studienzeit viele Dinge gleichzeitig anzupacken und erfolgreich abzuschließen. In dieser Zeit produzierte ich schon sehr früh Beiträge für den Hörfunk, meine Liedertexte wurden mehrfach auf Schallplatten veröffentlicht und meine Arbeit als Manager oder Organisator von Musikern brachte mich schon bald über kurz oder lang in den Kontakt mit Firmen und Unternehmen, die jemanden suchten, der professionell ihre Veranstaltungen aus der Taufe heben und durchführen konnte. Sie werden jetzt doch bestimmt wissen wollen, ob mein Einstieg in die Selbständigkeit geplant war, wann ich mich dazu entschlossen hatte, und warum?“

Natürlich wollen wir diese Fragen stellen. Aber erst einmal beschleicht uns dieses Gefühl, ertappt worden zu sein. Doch werden wir durch ein schalkhaftes Lächeln entschädigt. Notker Honé fährt fort:

„Ich habe mich natürlich auf dieses Interview vorbereitet. Und bin auch nicht gerade neu, was das Handwerk, *Fragen* zu stellen, anbelangt. Also, nur zu.“

Um es kurz zusammenzufassen: wir erfahren, daß sich die sogenannten unbeschwerten Jahre seines Lebens mit vielerlei Jobs und Tätigkeiten füllten, die ihn am Ende, und noch sogar vor Abschluß des Studiums, in eine eigene Firma stellten. Mit einem Partner gründete er 1985 eine Hörfunk- und Fernsehproduktionsfirma, drei Monate später die Notker Honé Promotions, aus der dann die NHP PR + Werbung GmbH hervorgegangen ist.

Wir sind einen Moment ein wenig perplex. Was er nicht zu bemerken scheint, denn an seiner Haltung hat sich nichts verändert. Er ist noch genauso distanziert wie am Beginn unseres Interviews. Man muß es sich wirklich einmal vorstellen: Da sitzt ein erfolgreicher Unternehmer vor uns, der noch *nie* in seinem Leben irgendwo angestellt war. Der von der Uni den Sprung in die Selbständigkeit wagte. Und sofort Erfolg hatte. Ein Typus, der diese Tatsache selbst offenbar nicht einmal besonders erwähnenswert findet – und das Ganze etwa vor sich her trägt wie eine Auszeichnung, wie es viele andere täten.

Wie schafft man sowas? Wie kann man ohne große Berufserfahrung unmittelbar so erfolgreich operieren wie dieser Notker Honé? Welches Geheimnis steckt dahinter?

Notker Honé: „Nichts als Neugierde. Die Einstellung, alles aufsaugen zu wollen, was um die eigene Person herum existiert und vorgeht. Die Haltung, alles erfahren zu wollen und wissen zu wollen, um es kopieren und selber machen zu können. Niemals etwas als gegeben hinnehmen, sondern jeden Arbeitsschritt hinterfragen: Gibt es keinen besseren Weg, der genauer ins Ziel führt? Dazu bedarf es ständigen Lernens. Alle Informationen und Erkenntnisse über neue Entwicklungen und auch über Erfolge und Fehlschläge der Konkurrenz verarbeiten und damit für die eigene Arbeit erschließen. Und erst dann, wenn die konzeptionellen Vorgaben sauber und präzise erarbeitet sind, kommt die Kreativität. Dazu kommt noch eine Charaktereigenschaft, die ich mit vielen Kreativen teile: Vom Zeitpunkt einer Aufgabenstellung an, wenn ich also mit einer Aufgabe geimpft bin, bringe ich von dieser Sekunde an diese Aufgabe in Zusammenhang mit allem, was ich sehe, fühle, rieche und erfahre – gleichgültig, was es ist. Ich sehe einen Besen in der Ecke stehen und bringe ihn in Zusammenhang mit meiner zu lösenden Aufgabe. Ich rieche einen Sommerblumenstrauß und setze ihn in Relation zu meiner momentanen Arbeit. Ich bin überzeugt, daß nur auf diese Weise ungewöhnliche Umsetzungen zustande kommen können. Mit dieser Einstellung bin ich selbst zu den außergewöhnlichsten Ideen gekommen. Da ist keine Blockade im Hirn, kein Filter. Da kann alles frei assoziieren."

Trotz der ruhigen, der überlegenden, der analysierenden Art des Notker Honé wird es jetzt spannend. Wenn man so will, handelt es sich hierbei um eine Kreativitätstechnik der Spitzenklasse.

Wir schließen eine Frage nach einem Superlativ über sich selbst an. Ebenso selbstsicher wie bisher antwortet Honé:

„Ich bin offen für alles."

Sagt's und fragt uns sofort, ob das unserer Meinung nach denn nicht ein Superlativ sei? Ob wir von Superlativen vielleicht eine andere Vorstellung hätten? Was wir denn gerne als Superlativ gehört hätten?

Da ist es wieder. Dieses Gefühl, ausgefragt zu werden wie bei einem Verhör durch Perry Mason, den legendären Anwalt. Notker Honé, so viel steht fest, beherrscht die Kunst, den Spieß einfach herumzudrehen.

Von Effekt auf Ursache umzuschalten. Den Strom im Bruchteil einer Sekunde in die entgegengesetzte Richtung fließen zu lassen. Man kann sich unschwer vorstellen, wie dieser Fels an Selbstvertrauen seinen Kunden gegenübersitzt, alles und jedes analysierend, klassifizierend, während er die möglichen Aktionen auf ihre Verwendbarkeit hin abklopft. Und dabei so viel Professionalität ausstrahlt, sprich Sicherheit, daß man ahnen kann – seine Kunden sind schnell bekehrt. Und in der Tat hat er eine Methode der Präsentation, die interessant ist, eine Denke, die rasch überzeugt:

„Unsere Philosophie ist klar definiert. Sie heißt: Im Mittelpunkt all unserer Überlegungen und Aktivitäten stehen die Kunden unseres Kunden. *Nicht* die Kunden selbst also! Mit diesem einfachen Credo erschließt sich uns der direkte Weg zum Erfolg unseres Klienten, und damit zu unserem eigenen. Das heißt, wer in einer Agentur zu sehr die Wünsche, den Geschmack und die Gewohnheiten des unmittelbaren Kunden in den Vordergrund seiner Betrachtungen stellt, der kreiert an denen vorbei, die es eigentlich angeht und auf die die ganze Power werblicher Etats ausgerichtet sein sollte: die Endverbraucher. Der Herr Schmitt, die Frau Krause. Sie und ich. Die Wahrheit dieser Geschichte können Sie selbst in Anzeigen, im Fernsehen, überall, wo Sie mit Werbung konfrontiert werden, nachvollziehen. Immer dann, wenn Sie sich nur noch an das *Bild* und nicht mehr an den *Markennamen* erinnern können, wenn Ihnen zwar die Katze, aber nicht mehr ihr Futter präsent ist, dann hat jemand in einer Agentur mit Billigung seines Kunden am Markt vorbeiproduziert. Da gibt es dann diese Auswüchse von Anzeigen, die sich ästhetisch bis zum Umfallen präsentieren, aber keinen Produktbezug mehr bieten. Oder Fernseh-Spots, die alles zeigen, nur nicht den *Produktnutzen*."

Mit dieser Einstellung, die bemerkenswert ist, steht Notker Honé zugegebenermaßen nicht gerade in einer Vollversammlung von Werbern. Aber er demonstriert damit, daß es ihm nicht auf die interne Akklamation ankommt, was heute oft, zu oft an der Tagesordnung ist, wo um des Scheins willen mehr kreiert wird als um des wirklichen Seins. Daß *NHP PR + Werbung GmbH* diese Schiene nicht fährt, wird deutlich, wenn man erfährt, daß bisher alle seine Kunden auf Empfehlung ins Haus kamen. Nicht durch Pokale und Medaillen und Awards. Bei diesen Kunden hat sich Honé ein Image geschaffen, das sich in etwa wie folgt ausdrücken läßt: NHP ist professionell, das heißt absolut verläßlich und ehrlich, im Sinne von *problemorientiert* im Gegensatz zu *umsatzorientiert*. Die

Entwicklung der Firma zeigt, daß sich das herumspricht. Obwohl der Hausherr andererseits nicht darauf erpicht ist, ein Riese zu werden:

„Wachstum ist ja schön und gut, und natürlich werden wir größer werden. Aber ich sehe das mehr im Hinblick darauf, daß wir *interessante* Etats gewinnen und nicht nur *finanzstärkere* Etats. Wir wollen nur so groß sein, daß wir die jeweils uns wirklich interessierenden Etats auch organisatorisch gut betreuen können, ohne dabei zu sehr von einzelnen Auftraggebern abhängig zu werden. Wir wollen an den uns gestellten Aufgaben wachsen und nicht so sehr an den uns überwiesenen Honoraren. Und für kleine und mittlere Etats sind wir schon jetzt die bessere Adresse. Da haben die Großagenturen gegen uns immer den kürzeren gezogen. Bei uns befaßt sich eben die erste Garnitur mit solchen Aufgaben, und nicht die zweite. Und die Motivation der Mitarbeiter ist natürlich größer, wenn es gilt, gegen große Namen anzutreten."

Damit sind wir bei dem Thema *Führungsstil*. Dazu befragt, entgegnet der Agenturchef: „Sowas gibt's bei mir nicht. Ich habe meine Philosophie und meine Grundsätze, zugegeben. Das einzige, was vielleicht unter die Rubrik *Führungsstil* fällt, ist mein Anliegen, jedem neuen Mitarbeiter das *Ziel* zu verdeutlichen. Dazu gehört natürlich auch das Erlernen des Handwerkszeugs, aber ansonsten ist bei uns ein relativ großer Freiraum gegeben. Jedenfalls für jeden, der sich wirklich Mühe gibt. Im übrigen ist mein Zimmer immer offen. Jeder kann mit jedem Problem zu mir kommen. Und tut es auch. Ich denke, es ist von erstrangiger Bedeutung, daß gute Kommunikation immer möglich ist. Das ist manchmal anstrengend. Aber im Hinblick auf eine repressionsfreie und unverkrampfte Zusammenarbeit aller unerläßlich. Eigentlich motivieren wir uns durch unseren Einsatz am jeweiligen Projekt gegenseitig zu Höchstleistungen."

Ebenfalls bemerkenswerte Politik. Was ist in diesem Zusammenhang seine Einstellung zu den Themen Ausbildung, Arbeitsplatzbeschaffung, Nachwuchsförderung?

Notker Honé: „Alles beschwert sich über den Mangel an gut ausgebildetem Werbenachwuchs. Dabei gehört unsere Branche zu den letzten, in der es Bewerber en masse gibt. Aber gerade die großen Agenturen bilden nicht aus. Kein Wunder, denn nach der Ausbildung kommt auch der erste Agenturwechsel. So bilden alle immer nur für die Konkurrenz aus. Auf der anderen Seite bringen aber gerade die jungen Leute neue Trends und neue Kreativität ins Haus. Die Agenturen müssen nur interne Strukturen schaffen, mit denen sie sich das Potential erschließen können, und – ganz wichtig – sie müssen vorher eine gute

Auswahl treffen. Und daran hapert es wohl zu oft. So ist für viele Agenturchefs Ausbildung nur eine Produktivitätsbremse. Dazu kommt, daß die schulische Ausbildung zum Werbekaufmann überholt ist, wie ein Auto ohne Kat. Die Ausbildung ist gedacht für Hauptschulabgänger. Als Abiturienten, die die Bewerber in der Regel sind, werden sie unterfordert. Die werbefachlichen Akademien, die arbeitsbegleitend ausbilden, bringen da erheblich mehr. Wir schicken unseren Nachwuchs dorthin und sorgen so für guten Nachwuchs – für die anderen."

Ein Plädoyer für die Nachwuchsförderung, wie wir es in den zahlreichen Interviews mit Werbern noch nicht gehört hatten! Stimmt, wir hatten Klagen vernommen, und das eine oder andere Mal war auch der Finger in die Wunde gelegt worden. Aber so klar hatte sich noch keiner unserer Gesprächspartner geäußert, so vehement hatte sich noch keiner für die

NHP

Betreute Kunden:

- Bundesministerium für wirtschaftliche Zusammenarbeit, Bonn
- Bundesministerium für Forschung und Technologie, Bonn
- Bundespresseamt, Bonn
- CDU Deutschland und verschiedene Landesverbände
- City Clean Mattenservice, Berlin
- Hotel im Wasserturm, Köln
- Hochtief Bonn und Ffm.
- Sony Europa GmbH, Köln
- Sozialwerk der Bundesverkehrsverwaltung e.V., Bonn
- Zentralverband Sanitär Heizung Klima (ZVSHK), St. Augustin

u.v.a.

Sache eingesetzt. Und jetzt, genau jetzt, ging uns ein Licht auf. Kein Wunder, daß dieser Mensch so glasklar argumentieren konnte. Kein Wunder, daß er genaueste Schlüsse zu ziehen vermochte. Und kein Wunder, daß dieser Verstand anders analysierte. Er hatte das Ganze ja studiert(!), wie er uns auf einmal schmunzelnd mitteilt. Mit anderen Worten: ein Vertreter der Jurisprudenz saß uns die ganze Zeit gegenüber. Man hätte es eigentlich erraten können. Aber dafür sind diese Experten ja bekannt: Mit Wichtigem hinterm Berg halten, den letzten Trumpf erst ausspielen, wenn der Gegner die seinen schon auf den Tisch gelegt hat.

Insgesamt ein Glück für die Werbezunft, daß Honé nicht in den dunklen Gerichtssälen verschwand. Ein Gewinn für die Branche, daß sie einen Anwalt dazugewonnen hat.

Und da wir ja etwas von ihm wollten, gaben wir ihm die Gelegenheit zu einem Schlußplädoyer, zu einem Aufruf an alle, die wie er einfach nur immer wieder den Feind des Guten entdecken und stellen wollen: das Bessere.

„Wir müssen uns jeden Tag aufs neue hüten, in Routine zu verfallen. Erfahrung hat nur begrenzten Wert, weil alles sich rasend schnell verändert. Die richtige Antwort von gestern muß ich heute wieder neu durchdenken. Und gerade das kommt im Alltagsgeschäft der Werbung oft zu kurz. Mehr Schneid zum Ungehorsam alten Doktrinen gegenüber: die Wirklichkeit hat sie oft schon überholt, nur gemerkt hat es noch keiner. Mehr Mut zum Widerspruch, auch auf die Gefahr hin, den Kunden überzeugen zu müssen. Mut, neue Erkenntnisse auch gegen heftige Widerstände durchzusetzen. Und Mut, die Verantwortung dafür zu tragen. Wir müssen den Kunden einfach wieder das Gefühl geben, daß man vor dem Neuen keine Angst zu haben braucht, wenn es wirklich überdacht ist. Jedenfalls keine größere Angst als vor dem Gewohnten, das im Zweifel schon veraltet ist und darum ebenfalls keine Gewähr auf Erfolg bietet."

Uwe Vogt

„Wenn ein Kunde morgen eine Raumkapsel haben will, besorgen wir ihm heute schon zwei."

Wer kennt sie nicht, solche Formulierungen eines Leistungsversprechens! Im allgemeinen halten solche Versprechungen selten der Realität stand. Sie sind ein Lockmittel der Kundenwerbung, die die hochgespannten Erwartungen des potentiellen Kunden gar nicht erfüllen *können*. Hier wurde es deshalb provokativ an den Anfang der Beschreibung des Lebensweges Uwe Vogts gestellt, um das „Glaubensbekenntnis" dieses Mannes näher zu beleuchten.

Aber gehen wir chronologisch vor: Am Anfang, das heißt bei der ersten Kontaktaufnahme zur Vereinbarung eines Interviewtermins, wiegelte Uwe Vogt zunächst ab, indem er bemerkte:

„Sie verschwenden Ihre Zeit. Ich besitze kein Rezept, nach dem ich lebe, ich kultiviere auch keine Strategie. Weder lang- noch mittelfristig. Bei mir werden Sie mit Ihren Fragen ins Leere stoßen. Ich habe nichts, was Ihre Leser interessieren könnte. Führungsgeheimnisse oder Lebenspläne werden Sie bei mir vergeblich suchen."

Fabelhaft! Nun gut! Aber fanatische Buchschreiber fühlen sich durch solche Aussagen eher in ihrer Ehre gekitzelt. Wie es dann doch zu einem Interview kam? Auf die Details sei verzichtet. Nur soviel in eigener Sache: Es ist natürlich unmöglich, daß ein Top-Mann nicht einige Nasenlängen voraus ist, was Know-how anbelangt. Versehentlich macht man keine Karrieren. Und es lohnt sich immer, hinter die Kulissen zu schauen, wenn man Profis begegnet. Wie dem auch sei, als das Gespräch endlich stattfand, faßten wir zunächst das Ambiente des erfolgreichen Werbers kritisch ins Auge. Auch hier roch alles nach Understatement, jedenfalls war nicht der geringste Anflug von Protz zu entdecken. Auffallend jedoch war, daß kaum eine Wandfläche *nicht* von einem Bild geziert wurde. Wir entdeckten eine Vielzahl von Werken norddeutscher Künstler, Ölbilder, Graphiken, Lithografien und Stiche.

Dennoch, wie gesagt, alles eher bescheiden, nobel, aber zurückhaltend. Desgleichen war im Gespräch keine Spur von Hybris bei dem erfolgreichen Grafik- und Design-Unternehmer zu entdecken. Später kommentierte Uwe Vogt auf eine entsprechende Frage unsererseits dazu:

„Ich würde mir niemals einen Adelstitel kaufen oder Porsche fahren, nur um einen Kunden zu beeindrucken oder um Neukunden zu gewinnen. Mit aufgesetztem Schmus könnte ich nicht leben. Ich denke, es ist von Bedeutung, immer auf dem Teppich zu bleiben. Man sollte so sein, wie man ist."

Philosophischer könnte man es kaum ausdrücken. Aber beginnen wir, die Kindheit des Uwe Vogt ein wenig zu durchleuchten. Zunächst wollten wir herausfinden, ob hier schon Ansätze für den späteren beruflichen Erfolg erkennbar waren. Zwei Aspekte waren offenbar schon früh von Bedeutung: Zum einen der Hang zur Selbständigkeit, zum anderen die Vorliebe für die Malerei. Aber gehen wir noch einen Schritt zurück.

Uwe Vogt wurde am 4. Oktober 1942, in Glückstadt, Schleswig-Holstein, als Sohn eines Verwaltungsangestellten der Bundeswehr geboren; in einer heilen Welt, in einem kleinen Dorf hinter dem Deich, wo der Seewind pfiff. Als Kindergarten fungierte gewissermaßen das ganze Dorf. Aber trotz oder vielleicht gerade wegen der Idylle zog es ihn immer wieder hinaus, kaum daß er einigermaßen erwachsen war, in kleinen und großen Exkursionen in das benachbarte Holland oder in die Schweiz. Schon während seiner Schulzeit reiste er nach Frankreich und Skandinavien, auf Schusters Rappen und per Autostopp. Trotz der relativ konservativen Einstellung der Eltern durfte der Sohn nach seinem Gusto leben. An der Stelle von Repressalien und Vorschriften stand die Überzeugung, daß es der Sohn „schon richtig machen" würde. Die Eltern vertrauten den Fähigkeiten des Sohnes. Vielleicht ein erster Baustein für seinen späteren Erfolg. Wie auch immer: Die Finanzierung seines Fernwehs besorgte er sich durch knochenharte Arbeit im Hamburger Hafen, wo Schiffe „auf die alte Art", sprich mit Muskelkraft, be- und entladen werden mußten.

Ein anderer Aspekt war wie schon angedeutet Uwes Hang zur Malerei. Bemerkenswert war, daß er bereits ab seinem 12. Lebensjahr selbst zeichnete und pinselte. Aus Mangel an „ungestörten Ecken" und weil an ein Atelier sowieso nicht zu denken war, malte er sich seine Phantasie im Hühnerstall.Weil dieses abgeschiedene Refugium niemand betrat, weil er nur so ungestört seiner Leidenschaft frönen konnte. Damals wollte er Maler werden. Uwe Vogt erinnert sich:

„Dieses Kabäuschen existiert noch heute. Es handelt sich zwar um keinen Hühnerstall mehr, ich glaube, meine Mutter trocknet dort mittlerweile Zwiebeln aus dem eigenen Garten, aber ich geh' immer noch dorthin und erinnere mich gerne, wie ich damals voller Eifer völlig ungestört gemalt habe. Ich glaube, auf dem Speicher zu Hause existieren noch einige dieser ersten Bilder."

Nach der Grundschule wartete jedoch der sogenannte „Ernst des Lebens" auf ihn – in der Realschule in Glückstadt, die er ohne nennenswerte Höhen oder Tiefen absolvierte. Weichenstellend war hier der Kontakt zu einer wohlhabenden Hamburger Familie, durch die er in eine völlig andere Welt trat, in einen aufgeschlossenen, gebildeten Kosmos. Eine Welt, in der man ganz genau wußte, was man zu tun und zu lassen hatte, wollte man es zu einem angesehenen Mitglied der Gesellschaft bringen. In dieser neuen Umgebung wurde er angeregt, die Meisterschule für *Mode* zu besuchen. Die Ausbildung umfaßte nicht nur das Know-how eines Modezeichners, auch die Bereiche des Schneiders und Kürschners wurden tangiert. Das alles hörte sich für den Jungen vom Lande mit malenden Flausen im Kopf unerhört interessant an. Und so fing eigentlich alles an.

Aber wie schrieb sich der Roman fort? Uwe Vogt im Rückblick:

„Die Entwicklung begann ausgesprochen reizvoll, bis ich bemerkte, daß die lange Ausbildung ja nie zu bezahlen gewesen wäre. Heute muß ich sagen, es wäre nicht unintelligent gewesen, den Abschluß zu machen, aber das ist Vergangenheit. Jedenfalls war die Zeit für mich nicht verloren. Ich lernte viel, was ich auch noch heute brauchen kann.“

Was unternahm also ein nach Selbständigkeit suchender junger Mensch in einer solchen Situation? Nun, er verfolgte seinen Weg weiter – und studierte in der Folge in Amsterdam *Grafik* und *Illustration*. Die *Illustration* legte er schließlich ad acta, weil nach eigenem Eingeständnis die Voraussetzungen dafür nicht reichten, um es in dieser Disziplin zu einem Spitzenkönner zu bringen. Vielleicht in sich selbst ein weiteres Erfolgsprinzip! Jedenfalls stürzte sich Uwe Vogt voll auf die Grafik und studierte und lernte und arbeitete, bis er einen ersten professionellen Standard erreicht hatte. Aber gab es keine Schwierigkeiten? Oder anders gefragt: Wie wurde ein Uwe Vogt mit Hindernissen und Barrieren fertig? Der Werber im Originalton:

„Ich belaste mich bis heute nicht mit irgendwelchen äußeren Einflüssen oder Vorkommnissen, von denen sich andere irritieren lassen. Ich besitze die Fähigkeit, fast alles auf die leichte Schulter zu nehmen. Anders formuliert: Schon damals verfügte ich über das Vermögen, negative Einflüsse einfach abzuschütteln, sie konnten mich weder hemmen noch in eine bestimmte Richtung zwingen. Was für mich nicht wirklich wichtig ist, lass' ich sozusagen nicht an meinen innersten Kern heran.“

Eine interessante Einstellung! Als wir nachbohren, ergänzt Vogt, daß der Drang zur Unabhängigkeit, getragen von einer optimistischen Lebenseinstellung, für ihn ein weiteres Lebensprinzip ist, das für seinen beruflichen Erfolg eine entscheidende Rolle spielte.

Aber wie ging es weiter? Führte der Weg geradlinig hin zum Inhaber einer an der Spitze rangierenden Werbefirma? Oder aber mußte auch ein Uwe Vogt herbe Enttäuschungen und Rückschläge hinnehmen? Verschiedene berufliche Möglichkeiten boten sich damals an: so etwa die Laufbahn als Modemacher und Grafiker oder aber, nach seiner Wehrdienstzeit, der Eintritt in den Staatsdienst. Vogt war sich jedoch bewußt, daß diese Berufe kaum Raum boten für seine Liebe zur Kunst und dem Drang, sich selbst zu verwirklichen. Zu diesem Zeitpunkt der beruflichen Selbstfindung begegnete er gewissermaßen erst der Branche, die sein Leben fortan bestimmen sollte: der *Werbebranche*. Seine in Frankfurt lebende Freundin führte ihn in die entsprechenden Kreise ein. Vogt fühlte instinktiv, daß hier die Verwirklichung seiner Neigungen möglich war. Sein Interesse an der Werbebranche wuchs, zunehmend roch er in die „Szene" hinein. Seine Vorstellungen über die Werbebranche damals bis hin zu seinen heutigen Erfahrungen umschreibt er folgendermaßen:

„In meinem Kopf spukten damals Klischeevorstellungen herum, so alt wie die Werbung selbst. Ich sah mich in Null Komma nichts Werbung für ein Produkt erfinden und damit berühmt werden. Aber ich lernte sehr rasch, daß die eigentliche Arbeit ungleich mühsamer, differenzierter und umfangreicher ist, als man auch heute noch gemeinhin annimmt. Da spannt sich ein facettenreicher Bogen vom Kundenkontakt über die Kreation, von der Entwicklung der Werbeinhalte und deren visueller Umsetzung bis hin zum *Verkaufen* der Ideen beim Kunden. Darüber hinaus muß die Arbeit auch noch dem Verbraucher gefallen. Mit Schludrigkeit und Zauberei ist hier ganz bestimmt kein Blumentopf zu gewinnen."

Das Rüstzeug, sprich gediegenes Know-how und Erfahrungen, erwarb sich Vogt in einer kleinen Agentur, in der er, nach langer vergeblicher Suche nach einer entsprechenden Stelle, einen Platz fand. Hier bot sich ihm die Gelegenheit, von der Pike auf den Beruf zu erlernen. Aber Uwe Vogt wäre nicht er selbst gewesen, wenn er für längere Zeit auf seine Selbständigkeit verzichtet hätte. Nach einem Jahr Tätigkeit in dieser Werbefirma war er überzeugt davon, den Absprung in die Selbständigkeit wagen zu können.

Zusammen mit einem Partner gründete er eine Firma, zu der schon bald ein kleiner, aber feiner Kundenstamm gehörte. Der Erfolg der Firma hielt so lange an, bis sein Partner aus persönlichen Gründen ausstieg. Das Ergebnis: Uwe Vogt kehrte zurück in seine alte Firma, wo er den Posten eines Geschäftsführers übernahm, für einen Zeitraum von sechs Jahren. Diese Zeit, seine „zweiten Lehrjahre", wie er es selbst nennt, versorgte ihn mit den letzten Mosaiksteinen, die nötig waren, um das Puzzle *Erfolg* vollständig zusammenzusetzen. Seine Position erforderte zum Beispiel das tägliche Motivieren der Mitarbeiter. Des weiteren lernte er, mit nicht leicht zufriedenzustellenden Kunden zu verhandeln. Die hohe Kunst der Menschenführung, Verhandlungstaktik, Wille zum Durchhalten, Fehlentscheidungen und Rückschläge ins Positive zurückzubiegen, Mut und Konsequenz sind einige Vokabeln, die umschreiben, mit welchem neuen „Know-how" sich Uwe Vogt vertraut machen mußte. Besonders wichtig war nach seinen eigenen Worten sein Wille, *durchzuhalten*. Vogt wörtlich:

„Ich halte immer an meinen Zielen fest und versuche, sie zu erreichen. Dabei ist es von Bedeutung, nie vom Weg abzuweichen. Selbstredend, daß dabei die Moral nicht auf der Strecke bleiben darf. Aber ansonsten besteht die Kunst darin, an *Zielen* festzuhalten."

Nach sechs Jahren als Geschäftsführer endete für Uwe Vogt ein weiterer Lebensabschnitt; wieder überwog sein Drang nach Unabhängigkeit und Selbständigkeit. Das sogenannte „gesicherte Einkommen" wurde plötzlich unwichtig. Und also gründete er seine eigene Firma! Uwe Vogt im Rückblick gibt jedoch zu:

„Ohne meine Frau hätte ich das Ganze nie richtig in Schwung gebracht. Sie ist Designerin, wir ergänzen uns in geradezu idealer Weise. Sie macht die Entwürfe, ich verkaufe die Ideen und halte den Kontakt zum Kunden, um einmal die ganz grobe Arbeitsteilung festzuhalten."

Aber beschränken wir uns noch einen Moment auf die Fakten: Die Firmengründung geschah 1980. Man wählt die Rechtsform einer Personen-Gesellschaft bewußt, um klarzustellen, daß Vogt selbst mit seinem gesamten eingesetzten Kapital haftete, eine Aussage zur Ehrlichkeit, ein Stück kaufmännisch-hanseatische Einstellung. Die Beziehungen, die er durch seine frühere Tätigkeit in der Werbebranche geknüpft hatte, bildeten für ihn anfangs ein hilfreiches „Startkapital". Kunden aus seiner früheren Geschäftsführertätigkeit wechselten zu der neu gegründeten Firma, andere Kunden konnten gewonnen werden. Aber wie gewinnt man neue Kunden? Gibt es hierfür ein Erfolgsrezept?

Uwe Vogt läßt uns zumindest teilweise hinter die Kulissen blicken:

„Von Bedeutung ist hier wieder Hartnäckigkeit. Und ein ständiger Kommunikationsfluß. Tatsächlich gibt es Fälle, da ich mich jahrelang um einen Kunden bemühe; nichts fruchtete, aber plötzlich erhält man unversehens einen Anruf, ob man nicht eine Messe in Norwegen ausstatten könne. Was für eine Frage! Für bestimmte Firmen würde ich bis zum Nordpol fahren!"

Aus dieser Aussage läßt sich zumindest in Ansätzen eine weitere Strategie seines beruflichen Erfolges erkennen: Die *Flexibilität* und *Dienstleistungs-Attitüde*, mit der Vogt auf Kundenwünsche eingeht. Als wir nachfragen, bestätigt Vogt das Prinzip:

„Stellen Sie sich vor, ein Kunde will bis morgen zwei Zeigestöcke haben, mit einer kleinen Lampe an der Spitze. In diesem Fall kann ich nicht anrufen und mich entschuldigen, die müßten erst bestellt werden, und es würde etwa eine Woche dauern. Eine solche Antwort gibt *jeder*. Ich dagegen treibe solche Zeigestöcke mit Lampe auf, wo auch immer, wie auch immer, und nicht nur zwei, sondern zehn. Oder der Kunde braucht eine ganz bestimmte Dekoration, die es nur in London gibt.

Selbstverständlich fliege ich sofort nach London und hole sie, denn mein Kunde erwartet *prompten* Service von uns. Unsere Einstellung ist: wir leisten ganz einfach immer ein ganzes Stück mehr, als erwartet oder bestellt wurde."

Betreute Kunden:

- Hoechst AG
- Levi Strauss GmbH
- Polaroid GmbH
- Deutsche ICI GmbH
- Orfeverie Christoffle Deutschland GmbH
- Atari
- I.R. Reynolds Tobacco GmbH
- Hailo-Werk
- Kolon GmbH
- u.v.m.

Hinzu kommen noch weitere Faktoren. So ist Vogt besonders daran gelegen, zunächst *Vertrauen* zu etablieren. Dazu gehört eine solide und termingerechte Ausführung der Aufträge, selbst wenn sie fast undurchführbar anmuten.

Uwe Vogt: „Bei einem Video-Festival mußten beispielsweise innerhalb einer Nacht fünf Fernsehstudios umgebaut und neu dekoriert werden. Da saß der Auftraggeber zwar auf den berühmten heißen Kohlen, dennoch war das Endergebnis erste Qualität."

Uwe Vogt weiter: „Unsere Kunden sind felsenfest davon überzeugt, daß sie bei uns immer optimale Leistung bekommen, nach dem Motto: *Wenn's keiner schafft, die Vogt's werden's schon richten.* Darauf sind wir ein wenig stolz."

Dennoch kann man erstklassigen Service kaum liefern, wenn man nicht auf gute Mitarbeiter zurückgreifen kann, wenden wir ein. Wie steht der Werber zu den Stichworten Umgang mit Mitarbeitern, Führungsstil und Motivation?

Uwe Vogt hierzu: „Mein Glaubensbekenntnis ist es, Mitarbeitern weitgehende Handlungs- und Arbeitsfreiheit einzuräumen; nur dann sind Spitzenleistungen möglich und schwierige Aufgabenstellungen zu lösen."

Aber nicht nur ein antiautoritärer Führungsstil trägt im Hause Vogt zur Zufriedenheit der Mitarbeiter bei, sondern auch materielle Anreize.

So fährt fast jeder Angestellte einen Firmenwagen. Für unverzichtbar erachtet der Werber des weiteren auch das Zusammengehörigkeitsgefühl der Angestellten, zu ihm und zu der Firma. Und: „Nur in einem guten Betriebsklima ist wirklich kreatives Arbeiten möglich."

So führt er seine Firma wie eine große Familie, in der sich jeder Mitarbeiter integriert fühlt. Uwe Vogt weiter: „Man kann von Angestellten nur dann außergewöhnlichen Einsatz fordern, wenn man auch Außergewöhnliches bietet. Es gibt also zwei Seiten zu der Medaille."

Wir staunen ein wenig. Aber Vogt reckt und streckt sich nur muskeldehnend im Sessel und fügt in beiläufigem Ton hinzu:

„Na ja, aber das ist doch alles ganz normal für uns. Nichts Aufregendes. Alles ganz normale tägliche Arbeit. Ich bin jetzt nur noch gespannt, was Sie sich zu mir und unserer Arbeit einfallen lassen müssen. Von uns haben Sie ja nicht gerade viel erfahren. Sie haben ja gesehen, bei uns wird lediglich gearbeitet, mit viel Spaß natürlich."

Nun, wir sind nicht dieser Meinung, daß wir so gar nichts erfahren haben. Nein, nein, Herr Vogt, was Sie zu erzählen hatten, waren alles andere als Selbstverständlichkeiten. Zugegeben: Sie haben immer wieder auf die alten Tugenden verwiesen. Aber vielleicht ist es von höchster Bedeutung, sie wieder und wieder beim Namen zu nennen.

Frank Thomas Ruhl

„Ich glaube nicht an Erfolgsformeln, ich lege mir meinen Erfolgsplan immer wieder neu zurecht."

Die Fahrt nach Köln ist gleich zu Ende, den Stau rund um die Stadt haben wir nur kurz genossen. Nach einem Alleenring geht es in Richtung Rhein. Ein Parkplatz ist wider Erwarten schnell gefunden. Wir steigen einige Treppen hinauf – zu unserem heutigen Interview-Partner Frank Thomas Ruhl, der mit einer *Full-Service-Werbeagentur* in modernen Räumen in umgebauter Altstadtatmosphäre residiert. Doch halt! „Residieren" ist das falsche Wort, denn von einem Würden- oder

Ordensträger ist dieser Mensch, der da auf uns zukommt, so meilenweit entfernt wie eine goldene Erdnuß von Jimmy's Plantage. Bei Ruhl handelt es sich um den typischen Primus inter pares, der ohne jedes Statussymbol auskommt. Im Gegenteil: Dezent im linken Ohrläppchen glitzert ein kleiner Diamant, von jeher Zeichen des Künstlers und jedenfalls des Anti-Establishments. Schon nach wenigen Minuten bestätigt sich dieser Eindruck. Hier ist ein Chef am Werk, der mehr Kollege als Kalif ist, mehr Partner als Präsident. Nach den üblichen Präliminarien steigen wir unmittelbar ein. Wieder wollen wir herausfinden, warum es dieser Herr Ruhl in der Branche zu etwas gebracht hat. Warum er erfolgreicher ist als andere. Was er richtiger macht. Was er anders macht. Kurz, wir wollen wissen, was diesen Werber auf seinen heutigen außergewöhnlichen Platz in der Reklamewelt gejettet hat; denn der kann sich sehen lassen: Bei einem Etatvolumen von 30 Millionen Mark glänzt der Pro-Kopf-Umsatz seiner 18 Mitarbeiter durch satte 1.666.666 Deutsche Mark.

Frank Thomas Ruhl zu einer ersten diesbezüglichen Frage: „Ich habe schon früh meinen eigenen Kram erledigen müssen und mußte schon immer für mich selber sorgen – als andere noch an Mutters Röcken hingen. Hinzu kamen die wirklich bescheidenen Verhältnisse, unter denen ich aufgewachsen bin. Das hat mein Selbstvertrauen gefestigt und meine Fähigkeiten enorm entwickelt. Ich bin fest davon überzeugt, daß das wesentlich zu dem jetzigen Status quo beigetragen hat."

Während Grund- und Realschulzeit jobbte Ruhl regelmäßig, um sich Geld für eine seiner Leidenschaften zu verdienen: Er wollte reisen, weit, und vor allem oft. Aber erst während seiner Zeit als Gymnasiast konnte er sich diesen Wunsch erfüllen – damals unter der en-vogue-Frisur möglichst langer Haare und der vorherrschenden Mode einer Pseudo-Uniform aus durchgesessenen, bleichgewaschenen Jeans. Jedenfalls freuten sich Engländer und Holländer gleichermaßen über diesen geschäftstüchtigen Deutschen, der ihnen frisch an Ort und Stelle gedruckte, selbstgefertigte Radierungen feilbot. Wenn der Markt für Kunst nichts mehr hergab, griff Frank Thomas in die Saiten seiner Gitarre und heizte einem illustren Kneipen-Publikum mit internationalen Beat-Rhythmen ein.

Frank Thomas Ruhl: „Mit 16 Jahren hatte es mich so gepackt, daß ich jede sich nur bietende Gelegenheit am Schopf packte, nur um möglichst schnell möglichst viel Geld zu verdienen. Und obwohl die Opportunitäten für einen Teenager damals nicht gerade günstig waren, konnte ich doch ganz schön was auf die Seite schaffen. In gewissem Rahmen natürlich. Millionär bin ich dabei nicht geworden. Aber mit meinen Kursen über

Radierungen und Druck an der Volkshochschule und im Bochumer Museum, mit dem Straßenverkauf und dem Verkauf meiner Bilder in Galerien und den gelegentlichen Gastspielen in Gaststätten kamen doch einige Batzen zusammen. Das hat mir in der Folge erlaubt, in London und Amsterdam alles aufzusaugen, was mich interessierte. Hier konnte ich wirklich *lernen*. Und nicht nur in künstlerischer Hinsicht."

Direkt und indirekt lernte Ruhl auch von dem legendären Joseph Beuys, dem ebenso eigenwilligen wie genialen Macher, bei dem er sich für aufsehenerregende Aktionskunst engagierte. Im Kreise dieser Avantgarde lernte er, sich den Kopf frei zu halten für alles Neue, lernte, auch Alltägliches und Gewohntes optisch wieder neu zu entdecken, und legte so den Grundstein für sein weiteres künstlerisches, kreatives Arbeiten.

Hat er sich eigentlich in jener Zeit schon für die Werbung interessiert? Wie gut oder schlecht kam sie damals in seiner Meinung weg?

Frank Thomas Ruhl: „Wie alle meine Freunde hatte ich damals für Werbung oder für Reklame absolut nichts übrig. Sie war uns zu unehrlich, zu glatt, zu verlogen. Sie verführte zum Kauf von Waren, die keiner brauchte, unserer Ansicht nach jedenfalls. Das änderte sich aber sehr schnell, als ich selbst in einer Werbeagentur arbeitete. Die Leute dort, stellte ich sehr rasch fest, waren durchaus nicht die diabolischen, knallharten Strategen, das waren rundweg sympathische Kollegen, mit denen es sich mit viel Spaß produzieren ließ. Also allein der persönliche Eindruck befreite mich von einigen Vorurteilen. Wenn ich heute Leute abschätzig über die Werbung reden höre, möchte ich ihnen deshalb immer am liebsten vorschlagen, doch einmal einige Tage in einer richtigen Agentur zu verbringen. Nicht, um von nun an die Werbung als das allein Seligmachende anzusehen, sondern damit sie feststellen, daß in diesen Kreativ-Tempeln auch nur mit Wasser gekocht wird, daß die Menschen dort drinnen so normal oder so verrückt sind wie alle anderen draußen auch."

Die ersten Sporen in der Werbung verdiente sich Ruhl in München, wo er aufgrund einer momentanen Ebbe in seiner Kasse Abhilfe suchte. Sein Schwager war damals in der Marketing-Abteilung eines amerikanischen Multis tätig und bereit, ihm mit Rat und Tat zur Seite zu stehen. In der Folge fand sich für den jungen, brotlosen Künstler eine Vakanz in einer ortsansässigen Werbeagentur, mit der Möglichkeit, nach einer gewissen Zeit die Karriereleiter als festangestellter Grafiker zu besteigen. Schon nach knappen sechs Monaten bedachte man den hochbegabten 19-jährigen mit dem vielversprechenden Titel eines *Art-directors*. Will heißen, man übergab ihm Arbeiten, die eines Profis würdig waren.

„Das war wirklich eine ganz tolle Zeit damals in München. Ich lernte ungeheuer viel und war stolz auf das entgegengebrachte Vertrauen. Mit der Zeit plagten mich jedoch Gewissensbisse, und zwar weil alle meine Kollegen studierte Grafiker waren, nur ich nicht. Mir blieb daher nur ein Ausweg: Ich mußte auch studieren. Also wieder zurück ins Ruhrgebiet und büffeln! Aber schon nach wenigen Wochen mußte ich einsehen: Hier war ich unterfordert, hier versteckte man sich hinter Theorie, hier wollte man mir etwas vermitteln, was ich schon lange wußte und konnte. Weder bei den Malern noch im Fach Werbung konnte ich neue Erkenntnisse gewinnen. Fast alles hatte ich schon in der einen oder anderen Form in der Praxis ausprobiert. Zwei ganze Semester drückte ich mich danach noch auf der Akademie herum, bis ich wieder zurück in die Agenturszene pilgerte. Die Prüfungen und den Abschluß absolvierte ich zwar brav, aber die Wahrheit ist, daß diese Ausbildung nicht gerade viel unter dem Strich gebracht hat."

Sind das nun seine ganz persönlichen Erfahrungen, oder läßt sich diese Auffassung verallgemeinern? Ist die Ausbildung heute realitätsfern?

„Für jemanden, der frisch von der Schule kommt, ist die Ausbildung sicher notwendig, wenn sie auch die Praxis in einer Werbeagentur nicht simulieren kann. Professoren sind eben Scholaren und keine dem täglichen Streß unterworfenen Streiter in der freien Wirtschaft. Wer sich selbst später als freischaffender Maler, Zeichner oder Illustrator sieht, dem ist sicher mit einem solchen Studium gedient. Generell möchte ich jedem Neuling, der in die Werbung einsteigen will, jedoch raten, er soll die *harte Tour* gehen, soll also *alle* Bereiche kennenlernen, bevor er sich spezialisiert. Wichtig ist, soviel zu lernen wie nur irgend möglich und vor allem nichts als gegeben hinzunehmen. Man sollte alles immer wieder in Frage stellen, neu erleben und ständig darüber reflektieren. Auf diese Weise wird man mit Sicherheit erfolgreich im schönsten und abwechslungsreichsten Beruf, den es gibt."

Aber verweilen wir noch einen Moment bei der Vita des Werbers: Frank Thomas Ruhl finanzierte damals sein Studium mit Arbeiten für Düsseldorfer Werbeagenturen. Nebenbei baute er sich ein kleines, eigenes Studio auf. Noch während der Studienzeit, also vor der Abschlußprüfung, erhielt er die Gelegenheit, für einen großen Kunden Ideen zu entwickeln und diese persönlich dem Auftraggeber zu präsentieren. Konkurrent bei dieser Wettbewerbspräsentation: Sein damaliger Professor. Das Ergebnis: Ruhl *gewann* diesen Kreativ-Kontest – gegen seinen Lehrer –, aber *verlor* das Wohlwollen seines Professors auf immer. Trotz dieser schlechten Startposition beendete er schlußendlich doch noch das Rennen ums Diplom in der ersten Reihe.

Nach dem Studium trieb es Ruhl endgültig in die Düsseldorfer Werbewelt. War er vorher eine Art „Kreativ-Feuerwehr" für Notfälle und Engpässe, mußte er jetzt kontinuierliche Leistung zeigen. Als Teamchef guter Adressen sah man ihn in dieser Zeit für so bekannte Marken wie *Agfa, Maoam, Haribo, Nuts* oder *Wodka Moskowskaya* arbeiten. Doch weil er eben *anders* war als seine Künstler-Kollegen, extravertierter und organisationsfreudiger, nahm es niemanden wunder, als sich Ruhl schließlich gemeinsam mit einigen Freunden selbständig machte. 1987 wurde „CUT" aus der Taufe gehoben, eine Agentur, die sich in kürzester Frist als eine der erfolgreichsten Neugründungen der Branche erwies. Aber sein Engagement für diese Agentur währte nicht lange. Über verschiedene Auffassungen von Menschenführung lebte und arbeitete man sich auseinander und trennte sich endlich. Ergebnis: die Gründung der heutigen Ruhl-Agentur. Hierbei handelt es sich inzwischen schon wieder um eine starke Mannschaft, deren Rezepte für Erfolg vom Chef selbst ausgekocht werden.

„Mit guten Leuten hart arbeiten, sie motivieren, dabei die Türen immer weit offenhalten und mit der Clique auch mal nach Feierabend was unternehmen, das ist es, was Erfolg zeigt. Es muß mit einem Wort viel Spaß und Engagement bei der Arbeit gegeben sein."

Kann uns der Werber seine innerbetrieblichen Arbeitsmethoden noch weiter skizzieren?

Frank Thomas Ruhl: „Wenn ich das Wort Betriebsklima höre, könnte ich schon aus der Haut fahren. Wie oft wird dieses Klischee ins Feld geführt, nur um auszudrücken, daß in der Firma A noch keiner umgebracht wurde oder in B kostenlos Tee verteilt wird! *Gutes Betriebsklima* heißt doch für die meisten, daß einmal im Jahr beim Betriebsausflug der Chef geduzt werden darf. Das sind alles Lügen in Potenz. Bei uns in der Gruppe weiß dagegen jeder, daß er *seinen* Beitrag zum Wohl der Firma leistet. Da ist jeder am Prozeß Beteiligte voll gleichberechtigt. Und wenn das gesamte Team von der Leistung überzeugt ist, wenn alle sagen, das ist jetzt das beste Endergebnis, dann erst wird es dem Kunden präsentiert. Verstehen Sie, wir tragen *alle* Verantwortung für die Arbeit. In einem solchen Umfeld besitzt jeder einzelne natürlich auch alle Freiheiten, die er braucht. Oder besser gesagt, Freiräume, in denen er sich nach Belieben tummeln kann. Bei uns gibt es in dieser Hinsicht keine Restriktionen oder Dogmen, denen man sklavisch folgen muß. Ich kenne Agenturen, da werden neue Mitarbeiter erst auf die Agentur-Philosophie eingeschworen, wie auf die Bibel. Entsetzlich! Bei uns – und ich glaube, ich kann da auch für meine Mitarbeiter sprechen – macht's *Spaß*, konzentriert für einen Kunden zu arbeiten."

Und Kunden besitzt Ruhl heute schon eine stattliche Zahl. Was aber noch wichtiger ist: Sie arbeiten schon seit geraumer Zeit mit ihm zusammen. Das liegt vielleicht daran, daß *Ruhl-Agentur* in ihrer Methodik andere Wege geht, die sich durch Professionalität, Gründlichkeit in der Vorarbeit und die Liebe zum Detail auszeichnen.

Ruhl über Ruhl: „Sieht man sich die Werbung heute an, gleich ob im Fernsehen oder in den gedruckten Medien, dann fällt einem Insider sofort auf, daß in vielen Fällen des oberflächlichen Effektes wegen auf eine wirkliche Kommunikation verzichtet wurde. Da produziert und schaltet man sorglos drauflos, ohne wirklich Werbung zu machen. Hauptsache, die Kollegen Juroren in den eigenen Reihen nicken bestätigend mit den Köpfen. Wir versetzen uns in die Zielgruppe und lernen aus deren Sicht unseren Kunden *genau kennen*. Sein Unternehmen, sein Produkt, seine Firmenphilosophie, seinen Führungsstil, seine Mitarbeiter und, und, und. Wir tauchen sozusagen in den Komplex Kunde ein. Sehr tief ein. Erst dann krempeln wir die Ärmel auf, um aus all diesen Informationen ein vom Produkt und Kunden glaubwürdiges Bild zu entwerfen, das wir nach draußen kommunizieren können. Dieses Bild muß die Aufgaben erfüllen, die uns der Kunde aufgetragen hat. Da kann man mit Effekthascherei wenig ausrichten, da zählt allein der Erfolg der werblichen Aktivität."

Werbung ist für Ruhl nicht nur etwas Technisches, Maschinelles, er ist der Überzeugung, daß Werbung nur funktioniert, wenn sie zwischen Menschen abläuft. Am liebsten sind ihm demzufolge Aufgaben, die weit über eine normale Betreuung und Realisierung einer Werbekampagne hinausgehen. Seine Idealkunden sind Auftraggeber, die praktisch von Anfang an mit ihm zusammen die Weichen für den Erfolg stellen. Also praktisch von der Entwicklung des Firmensignets und der Gestaltung der Geschäftspapiere über die Marketing-Positionierungen und Strategien bis zur werblichen Umsetzung des Ganzen in wirkungsvolle Aktionen in den Medien. Bei der Vorbereitung zur Präsentation dann wird wieder größter Wert auf die Detailarbeit gelegt. Und da sein Hobby die Typographie ist, wird natürlich auch in diesem Bereich so lange herumgetüftelt, bis die ausgewählte Schrift in Form und Größe genau zum Produkt und zum Image des Unternehmens paßt. Dabei wird dem freien Gestalten und Entwickeln kein Zwang auferlegt. Angst vor Neuem oder Ungewöhnlichem hat keinen Platz im Team Ruhl. Des weiteren nicht die Angewohnheit vieler Agenturen, alles Vorliegende „totzuchecken“. Der Mut zur Eigenverantwortung ist dank Ruhls Beispiel stark ausgeprägt.

Betreute Kunden:

- alfi-WMF
- Bolte
- Dr. Oetker
- Leifheit
- EMI Germany
- EMI Classics
- EMI Special Marketing
- Westfalia
- u.v.a.

ruhl AGENTUR
FÜR KONZEPTION
UND REALISIERUNG
VON WERBUNG
GMBH

„Vielen meiner Kunden, die ich aus der ersten Agentur mitgenommen habe, mußte ich erst einmal beweisen, daß ich auch mit einer neuen Mannschaft in der Lage war, ebenso zuverlässig und professionell weiterzuarbeiten, wie sie es von mir gewohnt waren. Daß diese Kunden noch heute bei uns sind, ist wohl Beweis genug, daß sich meine Arbeitsauffassung auch auf meine Mitarbeiter übertragen hat.“

Beim Stichwort Mitarbeiter erklärt er uns ein interessantes Einstellungsprinzip, das er sich zu eigen gemacht hat. Aspiranten auf eine Position innerhalb seines Teams wird zunächst die Möglichkeit geboten, für eine begrenzte Zeit innerhalb dieser Gruppe zu arbeiten. Erst dann entscheidet auch die *Mannschaft*, ob der Bewerber nicht nur die fachliche Qualifikation, sondern auch das Vertrauen der Kollegen hat.

„Wie oft habe ich früher erlebt, daß ein hochgelobter Kreativer, dekoriert mit allem, was man in unserer Werbewelt abstauben kann, daß dieser Topstar in einer anderen Agentur oder Gruppe nur noch 50 % oder sogar noch weniger seines Leistungspotentials bringt. Er fühlt sich nicht wohl und kann folglich nicht optimal arbeiten. Aus diesem Grund gebe ich auch dem Bewerber die Chance, für sich selbst zu testen, ob er zu uns paßt, ob er sich mit den Leuten versteht, ob ihm die Luft bei uns schmeckt.“

Am Schluß kommen wir auf den *Traum* des Frank Thomas Ruhl zu sprechen. Kultiviert er eine Vision, was strebt er für die Zukunft an?

„Was ich erreichen will, ist zunächst ein gesundes, stetiges Wachstum. Dazu gehören selbstredend neue Kunden. Aber Klienten, für die wir uns mit Haut und Haaren einsetzen. Dabei möchte ich noch mehr diversifizieren; also neben Möbeln auch für Keramik arbeiten, für Automobile und Kosmetik etwa. Es muß durch die Kundenstruktur eine gesunde Wechselbeziehung stattfinden. Auch die Bandbreite der Erfahrung ist entscheidend. Spezialistentum führt zur Betriebsblindheit. Aber einen Traum, den träume ich nun wirklich nicht."

Nun ja, wir sind nicht ganz überzeugt. Auf die Frage nach der sprichwörtlichen weißen Villa am weißen Strand unter Palmen reagiert er lachend abwehrend. In Köln wolle er bleiben, hier gefalle es ihm. Auch die unter Werbern gerne als Endstation gesehene Spezialitätenkneipe rührt ihn nicht. Nein danke, er sehe sich ganz bestimmt nicht als Schankwirt. Auch nicht in Köln. Dafür habe er nicht so hart gearbeitet, da seien sein Talent und sein Feeling für Zielgruppen, Trends und Produkte sicher verschwendet. Aber es gibt doch einen Traum. Ruhl gibt schließlich zu, daß so ganz tief im Innern immer noch die Vorstellung einer Werkstatt schlummere, einer Kommune fähiger Künstler, vereint unter einem Dach. Als der Werber dies erzählt, erscheinen Glanzlichter in seinen Augen. Und schließlich beschreibt er uns sein Szenario.

„Ich sehe eine mittelalterliche Steinmetzwerkstatt vor mir, im Hintergrund wird gemalt, links getöpfert, alle Arten von Kunsthandwerk sind vertreten. Wir sind eine fest verschworene Gemeinschaft Gleichgesinnter, und wir arbeiten alle zusammen. Wir schaffen etwas Großes, Dauerhaftes, und ich habe das Ganze organisiert. Mittendrin sehe ich mich. So könnte ich einmal leben und arbeiten."

Das also schwebt einem Ruhl vor, seit er denken kann. Dahin führt ihn vielleicht sein späteres Leben: in eine Michelangelo- oder Leonardo-da-Vinci-Werkstatt der schönen Künste. Wo Kunst noch Handwerk ist und nicht nur Eskapade zur Erregung öffentlicher Akklamation. Möglicherweise sind wir damit Ruhl ein wenig auf die Spur gekommen, der im Innern seines Herzens offenbar doch ein Künstler geblieben ist. Aber wer wagt es eigentlich, Werbung als „nur Werbung" abzuqualifizieren und einen Gegensatz zwischen Werbung und Kunst zu schaffen? Vielleicht besteht eines der Geheimnisse guter Werbung ganz einfach darin, daß dieser Gegensatz gar nicht existiert?

Elfi Mens-Schimann

„Wir verwirklichen auf den Punkt genau, was der Kunde will.“

Eine ganz andere Agentur ist vorzustellen, die sich in der Werbebranche in erstaunlich kurzer Zeit einen Namen aufbauen konnte und die hier durch ihre Geschäftsführerin Elfi Mens-Schimann vertreten ist: die Agentur *CO-ART.*

CO-ART nimmt mittlerweile im deutschsprachigen Raum insofern eine einzigartige Stellung ein, als es sich bei diesem Unternehmen um einen ganzen Verband von Malern und Illustratoren handelt, die für Top-

Werbeagenturen, aber auch für renommierte Unternehmen, ausschließlich zeichnerisch-malerische und graphische Spitzenleistungen erbringen. Die Initiatoren von *CO-ART* griffen sich also einen einzigen und jedenfalls hochwichtigen Aspekt aus der Werbeszene heraus, spezialisierten sich darauf und katapultierten sich binnen weniger Jahre in die Hitlisten. Einige besonders farbige Tupfer auf der Palette von *CO-ART* schauen wie folgt aus:

* Am bekanntesten vielleicht ist das *CO-ART*-Signet *Die Goldene 1, ARD-Fernsehlotterie*, das allabendlich auf den Fernsehbildschirmen zu sehen ist.

* Das Unternehmen produzierte ferner Titel so auflagestarker Zeitschriften wie *Stern, Natur, Hobby, Globo, Geo* oder *Spiegel.*

* Zu den Renommierkunden gehören weiterhin *Die Deutsche Bundespost, BP, Hobby,* wichtige Verlage, der *Möwe-Verlag* zum Beispiel, *Hörzu, Bauer-Verlag, Gruner und Jahr, Springer* und viele andere große und größte Unternehmen.

* Die Bedeutung der Firma *CO-ART* ist am besten charakterisiert, wenn man feststellt, daß sie allein für acht Werbeagenturen arbeitete und arbeitet, die zu den umsatzstärksten deutschen Werbeagenturen zählen. *CO-ART* bedient also mehr als eine Siebtel der *Top-Fifty* in der Branche! Konkret kooperierte *CO-ART* mit

- DMB & B Gruppe Deutschland GWA, Hamburg
- Wilkens Ayer GWA, Hamburg
- Scholz & Friends GEA, GWA, Hamburg
- Springer & Jacoby GWA, Hamburg
- Economia GWA, Hamburg
- MWI, GWA, Hamburg
- Hakuhodo, Düsseldorf
- Die Gilde GWA, Hamburg

Bei all diesen Firmen handelt es sich um Unternehmen erster Wahl, die zwischen 10 und 60 Millionen Umsatz schreiben und zwischen 52 und 400 Mitarbeiter beschäftigen!

* Qualitativ hochwertige Illustrationen werden von *CO-ART* zu jeder Tages- und Nachtzeit geliefert. Themenschwerpunkte sind

- Medizin/Anatomie
- Umwelt
- Tierreich
- Weltraum/Space
- Comic/Cartoons
- Pflanzenwelt
- Technik
- Covergestaltung für die Musikbranche
- Kinder- und Jugendbuchherstellung
- Rastergraphik

So weit so gut! Ein Geheimnis des Erfolgs von *CO-ART* besteht offenbar darin, daß ein weltbekannter Künstler die Illustrationen zumindest endkorrigiert, nämlich Carl-W. Röhrig, ein Meister seines Fachs und ein mittlerweile teuer gehandelter Maler. Doch an dieser Stelle soll die Geschäftsführerin von *CO-ART* zu Wort kommen, die wir hinsichtlich der Prinzipien und Richtlinien des Unternehmens interviewen durften.

„Lapidar gefragt: Was sind die Gründe für den phänomenalen Erfolg von CO-ART?"

Elfi Mens-Schimann: „Wir beschäftigen mehrere Illustratoren, die sich *spezialisiert* haben auf bestimmte Bereiche. Das heißt, wir können praktisch kontinuierlich jemand bieten, der für sein Fachgebiet erste Wahl ist. Einer unserer Illustratoren beispielsweise kann unschlagbar gut *Maschinen* zeichnen, der zweite ist figürlich sehr gut, der dritte ein Profi für *medizinische Details*. Ein vierter ist ein *Blumenexperte*, ein fünfter in *Food* erste Wahl und ein sechster für *photorealistische Illustrationen* und so weiter. Ein einziger Illustrator dagegen, der als Einzelkämpfer auf dem Markt agiert, besitzt oft eine gewisse Einseitigkeit. Zu uns kann man jedoch mit nahezu jedem Problem kommen. Das heißt, wir können dadurch absoluten Spezialservice liefern, weil wir in aller Bescheidenheit für die verschiedensten Themenbereiche Profis anzubieten haben. Im übrigen besteht unsere erste Firmenrichtlinie darin, alle, aber auch wirklich alle Ideen unserer Auftraggeber perfekt zu erfüllen. Was gewünscht wird, liefern wir. Wir verwirklichen auf den Punkt genau, was der Kunde will. Natürlich kreieren wir auch eigene Ideen, wenn erforderlich, aber unsere Spezialität besteht darin, daß wir genau das umsetzen, was der Kunde im Kopf hat."

„Wie viele Künstler beschäftigen Sie?"

Elfi Mens-Schimann: „Inzwischen sechs."

„Bleibt dabei der Einzelkünstler nicht manchmal auf der Strecke?"

Elfi Mens-Schimann: „Durchaus nicht. Mehr und mehr kristallisiert es sich zusätzlich heraus, daß unsere Auftraggeber nicht zu *CO-ART* gehen, weil sie *CO-ART* mögen, sondern sie wollen einen bestimmten Illustrator, der vielleicht irgendwann schon einmal etwas für sie gefertigt hat. Es steht also *CO-ART* für den guten Kundenservice und der Künstler als Individuum für die perfekte hochwertige Arbeit."

„Wer sind Ihre Auftraggeber?"

Elfi Mens-Schimann: „Werbeagenturen in erster Linie. Etwa 80 % unserer Aufträge erhalten wir von Werbeagenturen. Aber natürlich bedienen wir auch Endkunden."

„Der springende Punkt scheint uns zu sein, daß Sie absolut serviceorientiert operieren; wie konkretisiert sich diese Einstellung im einzelnen?"

Elfi Mens-Schimann: „Wir bemühen uns, stets mehr als erwartet zu liefern, jedenfalls ist das unser Credo. Das heißt, wir produzieren zum Beispiel eine größere Menge, als es der Kunde erwartet, oder wir liefern die Arbeiten schneller ab als vereinbart, sofern dies möglich ist. Hinzu kommt, daß ich *persönlich* Kontakt zu den Auftraggebern besonders pflege in Form von persönlichen Auftragsbesprechungen und ähnlichem."

„Soweit wir wissen, kultivieren Sie insofern ein einzigartiges System, als Sie auch Maler ausbilden."

Elfi Mens-Schimann: „Das ist korrekt! In unserem Atelier kann jeder Maler und Illustrator noch richtig dazulernen. Als Voraussetzung muß lediglich gegeben sein, daß der Aspirant *gerne* malt; das heißt, uns interessiert nicht, ob er etwa eine Kunsthochschule besucht hat oder ähnliches, er sollte nur Lust haben, sich zu verbessern, weil wir unseren Standard ständig erhöhen, um immer das Beste für den Kunden zu liefern."

„Wie geht diese 'Ausbildung' vor sich?"

Elfi Mens-Schimann: „Nun, wir besitzen zugegebenermaßen den unendlichen Vorteil, einen bekannten Maler im Hintergrund zu haben, einen absoluten Profi seines Fachs, der die Arbeiten überwacht. Zunächst sagt er den Illustratoren sehr einfach, daß sie ihm ihre Ideen mitteilen und eine Skizze anfertigen sollen, wie sie sich das Ganze vorstellen; danach zeigt er ihnen, daß es zum Beispiel *da* noch nicht ganz richtig ist, *hier* noch nicht stimmt und so weiter. Er beobachtet sehr genau, ob die Kommunikation, die Botschaft, die angestrebt wird, rüberkommt oder nicht. Dennoch lernt jeder Illustrator, *selbst* zu kreieren. Es wird nichts vorgeschrieben. Die Illustratoren können zwar auch schon mal zuschauen, wie der Carl-W. Röhrig persönlich ein Problem angeht, aber niemand pinselt auf ihren Bildern herum. Wir lassen unseren Zeichnern damit relativ viel Freiheit."

„Es wird also kaum korrigiert...?"

Elfi Mens-Schimann: „Gelegentlich wirft man uns tatsächlich vor, daß während der Ausbildung nicht viel korrigiert wird. Aber das Ergebnis nach einer gewissen Zeitspanne ist, daß die Illustratoren ganz einfach besser malen. Ich glaube, daß bei uns eine optimale Balance zwischen Freiheit und Kontrolle gegeben ist. Wir achten im übrigen immer auf *hohe Produktion*, das heißt, es wird bei uns tatsächlich *viel* gemalt. Außerdem werden Tips und Erfahrungen gut vermittelt..."

„Welche Tips?"

Elfi Mens-Schimann: „In erster Linie Tips, die mit dem Handwerk selbst zu tun haben, also mit der Technik zum Beispiel, wie man die Spritzpistole bedient, wie man den Pinsel führt, was für einen Pinsel man nehmen sollte, was man für eine Farbe nehmen sollte, ob man Bilder oft korrigieren muß, was bei Werbe-Illustrationen häufig der Fall ist, welchen Untergrund man zu nehmen hat und anderes mehr."

„Das ist die handwerkliche Seite, wie sieht es mit der gestalterischen aus?"

Elfi Mens-Schimann: „Natürlich gibt es auch noch Kompositionsprobleme, die man handhaben muß. Im übrigen kann man selbst bei einer Illustration etwa das Thema verfehlen. Das Bild bringt dann im Endeffekt nicht das zum Ausdruck, was der Kunde wünscht. Wenn die *message* nicht ankommt, die Botschaft, dann wird bei uns selbstredend entsprechend eingegriffen."

„Wie lange dauert die 'Ausbildung' eines Illustrators?"

Elfi Mens-Schimann: „Ich glaube, das ist wie in jedem anderen Beruf auch. 'Ausbildung' ist nie zu Ende, man kann jeden Tag etwas dazulernen, wenn man die Augen offen hält."

„Wie oft wird in der Werbung eine Illustration korrigiert – von seiten des Auftraggebers?"

Elfi Mens-Schimann: „Je besser und präziser die Auftragsbesprechung ist, desto weniger Korrekturen fallen natürlich an. Daher sind Korrekturen bei uns selten. Jedoch kommt es vor, selbst bei exakten Ausführungen der Arbeiten nach Wunsch des Kunden, daß dieser eine 'neue' oder zusätzliche Idee entwickelt. Oft angeregt durch die Bilder. Da gehören wir zu den Agenturen, die dann dem Kunden diese zusätzliche Idee als 'Korrektur' verwirklichen."

„Mit welchen Techniken arbeiten Sie vornehmlich?"

Elfi Mens-Schimann: „Im Prinzip beherrschen wir alle Techniken. Also Buntstift, Kratztechnik, Spritztechnik, Pinsel und unsere spezielle Rastertechnik, alles kann von uns geliefert werden."

„Was sind Ihre Erkenntnisse bezüglich Werbung, wann funktioniert Werbung, was den Aspekt der Illustration betrifft, am besten?"

Elfi Mens-Schimann: „Speziell bei Illustrationen kommen Klarheit und Einfachheit gut an. Das heißt, die Aussage muß einfach und gradlinig gehalten sein, aber in der Ausführung darf man getrost sehr akribisch und mit viel Liebe zum Detail operieren. Des weiteren ist die *gestaltende Kraft* wichtig, wie das einmal genannt worden ist. Das Ganze muß *leben* mit anderen Worten."

„Gibt es einen Gegensatz zwischen Werbung und Kunst?"

Elfi Mens-Schimann: „Das mögen viele behaupten, unserer Ansicht nach ist jedoch jede Arbeit, die wir dem Kunden abliefern, ein 'kleines Kunstwerk'."

„Was ist die höchste Kunst in der Werbung, wann ist Werbung wirklich gelungen?"

Elfi Mens-Schimann: „Wenn man die Botschaft, die Aussage auf einen Punkt bringen und der Betrachter praktisch alles in einer halben Sekunde erfassen kann; wenn das gelingt, hat man gewonnen, hat der Illustrator eine Spitzenleistung vollbracht. Das ist meines Erachtens auch die eigentliche Herausforderung in der Werbung."

„Gibt es so etwas wie einen generellen Trend momentan in der Werbung? Was kommt optisch gut in der Werbung an?"

Elfi Mens-Schimann: „In der Werbung kommen nach wie vor *positive* Botschaften gut an, ganz allgemein gesprochen. Im übrigen muß man einmal eine Lanze brechen für diese Branche. Ich habe festgestellt, daß die Werbung überhaupt das Positivste ist, was es auf dem ganzen Sektor Medienlandschaft gibt. Auch was das Fernsehen anbetrifft übrigens. Aber zurück zu Ihrer Frage: Werbung spricht die Leute wirklich an, sofern sie lebensbejahend-konstruktiv ist. Negativ-Werbung dagegen kommt nur ganz selten an. Unsere Illustrationen sind dementsprechend fast immer *positiv* ausgerichtet, ich muß es auf diesen großen Nenner bringen dürfen."

„Was aber wird inhaltlich-optisch konkret heute in der Werbung favorisiert?"

Elfi Mens-Schimann: „Aktuelle Themen wie Weltall, Raumfahrt und Kosmos erzeugen natürlich momentan eine gute Resonanz. Beobachtbar ist ferner, daß bunte, lebendige und konkrete Sachen zunehmend gefragt sind, unter denen man sich etwas *vorstellen* kann. Des weiteren ist mir aufgefallen, daß immer dann, wenn irgendeine Idee von *Weite* vorhanden ist, von *Raum*, von *viel Raum*, ein äußerst gutes Echo gegeben ist. Also nicht nur *Weltraum* etwa, sondern auch die *weite Landschaft, Himmel, Wolken* und so weiter."

„Ein ganz anderes Thema: Wie bedienen Sie Ihre Kunden konkret?"

Elfi Mens-Schimann: „Von Bedeutung ist, daß wir zu dem Kunden einen wirklichen persönlichen Kontakt aufbauen. Das heißt, ich gehe zu dem Kunden, sehe mir zunächst an, was *er* macht. Ich zeige ihm also nicht sofort, was *wir* alles produzieren, sondern ich lasse mir möglichst genau erklären, was *er* tut. Ich weiß natürlich, daß Werber alle keine Zeit haben. Würde ich einem Kunden unsere ganze Produktion vorsetzen und meine Sachen auf den Tisch packen, so wäre das zuviel für den Geschäftspartner.

Aber wenn der Kunde von *sich* erzählt, von *seiner* Arbeit, von *seinen* Kunden, die er zu bedienen hat, dann weiß ich, was ich in der Folge zeigen muß."

„Warum sollte man CO-ART engagieren, warum nicht eine andere Agentur?"

Elfi Mens-Schimann: „Ich denke, daß wir, in aller Bescheidenheit, einen einzigartigen Service liefern. Außerdem sind wir schnell, wir sind beweglich, und wir tolerieren auch einmal einen Irrtum eines Kunden, den wir ausbügeln helfen, und geben Fehler auf unserer Seite ehrlich zu. Des weiteren liefern wir Top-Arbeiten ab, und immer pünktlich, gleichgültig was passiert. Oft wird von Künstlern behauptet, daß sie nicht zuverlässig sind und nur arbeiten, wenn sie Lust dazu haben. Bei uns ist das genaue Gegenteil der Fall. Weil die Künstler eben bei uns im Atelier tätig sind und ständig arbeiten, animieren sie sich gegenseitig zur Produktion. Aber was auch immer die genaue Analyse ist: Unser Markenzeichen ist, daß wir bedingungslos serviceorientiert operieren und Top-Produkte liefern. Wenn Sie so wollen, ist also alles ganz einfach...!"

Ernest B. Schlieske alias Ingo Thomas

„Nur ein Besessener kann so teuflisch gut arbeiten, daß ihn der Himmel des Erfolges holt.“

Warum wir den nun folgenden Zeitgenossen mit in dieses Buch aufnahmen, wird sich jedem erschließen, der sich durch die nächsten Seiten vorwärtsfreut. Denn da präsentiert sich ein Vollblutwerber, obwohl er nie eine Agentur besaß. Da brilliert ein „Genius of Advertising“, ohne jemals einen großen Etat betreut zu haben. Da beherrscht einer die Klaviatur der Kommunikation wie selten einer, ohne auch nur im entferntesten den gängigen Normen der Branche zu entsprechen.

Wir wußten nichts über diesen Ingo Thomas. Man hatte uns nur von einem außergewöhnlich erfolgreichen Menschen erzählt, der ein Werber bis auf die Knochen sein sollte. Bergmann sei er gewesen und Bongospieler. Ansager im Red-Light-Distrikt und 50-Millionen-Umsatz-pro-Jahr-Verkäufer, Entertainer und Motivationstrainer, Werbeberater und Clown. Dabei wollte er von Jugend auf immer nur eines werden: Missionar. Ob er es wohl geschafft hat?

Das Phänomen Ingo sollte irgendwo abgeschieden hausen, im Kreise vieler Freunde, die er aber mit seinem unbändigen Temperament nervte und an den Rand der Verzweiflung brächte. Sogar die jungen Leute seiner Umgebung würden aus gesundheitlichen Gründen darauf achten, nie zu lange mit diesem Tausendsassa zusammen zu sein. Das war uns Referenz genug. Wir machten uns auf den Weg... Hinterer Vogelsberg, fern aller Straßen. Ein schmaler Weg führt auf einen bezwiebelten Kirchturm in der Ferne zu. Wir sind äußerst neugierig auf diesen seltsamen Herrn Thomas. Schließlich Ankunft in seinem Dorf, wenig später in seinem Domizil. Ein großartiger, alter Bauernhof ist zu einer malerischen Baustelle dekoriert. Arbeiter überall, Schmutz, Steine, Staub. Und mittendrin der Bewohner des Chaos.

„Noch einen Augenblick, ich muß meinen Männern nur einige Anweisungen geben, dann können wir. Meine Freundin macht Ihnen so lange was zu trinken."

Er gibt seine Anweisungen, zeigt selbst mit den Werkzeugen, wie er sich das Ganze vorstellt, derweil wir uns auf die Suche nach der Getränkeausgabe machen. Nach gut drei Tassen Kaffee werden wir unruhig und dringen wieder in die Baustelle ein. Meister Thomas ist immer noch mitten im Arbeiten, die angeheuerten Kräfte stehen teilnahmslos dabei.

„Ich muß das noch fertig machen. Wir fahren doch heute abend in Urlaub, und gepackt muß auch noch werden! Meine Güte, wann sollen wir denn unser Interview machen? Können wir das nicht nach dem Urlaub?" Er sieht in unsere Gesichter und lenkt ein: „Na denn, nachher also, bin sowieso gleich fertig, okay?"

Wir helfen ihm bei seinen letzten Erdbewegungen und finden uns tatsächlich einige Stunden später im gemütlichen Inneren des umgebauten Bauernhauses an der Bar sitzend wieder. Eine Hürde wäre genommen. Unsere erste Frage: Wie fing eigentlich „alles" an?

Ingo Thomas: „Also gleich zu Beginn, Ingo Thomas ist mein Künstlername. Von Haus aus heiße ich Schlieske. Ernest Bernard Ingo Tomasz Schlieske. Ich bin nämlich in Polen geboren und erst nach dem

Krieg hier herübergekommen. Damals sprach ich kein Wort deutsch. Alles mußte ich mir aneignen. Aber darüber brauchen wir nicht reden. Vielleicht jedoch noch soviel: wegen meines Akzentes durfte ich nicht studieren. Heute bin ich froh darüber! Was die studieren nennen... eine Anhäufung von Daten und keine Umsetzung ist das! Also, was haben Sie mich gefragt?"

Ingo wurde 1936 in Lodz in Polen geboren. Dort besuchte er auch die Grundschule. Das Elternhaus: gut bürgerlich. Er wuchs auf in der liebevollen Atmosphäre toleranter Eltern, die den ausgezeichneten Schüler förderten, wo sie nur konnten. Schon damals war er anders als die anderen. So lernte er zum Beispiel selbst hinter dem Pflug! Sogar hier nutzte er die Zeit, um französische Vokabeln zu pauken. Und auch die Zeit beim Kühehüten nutzte er, um gleichzeitig Physik und Chemieformeln zu lernen! Deshalb gab's im Zeugnis auch fast nur Einsen. Dabei war er nie Streber. Ganz im Gegenteil, er arbeitete weniger als andere. Ein bemerkenswerter Umstand, eine besondere Eigenschaft aus der damaligen Zeit ist ihm noch heute gegenwärtig: Es dauerte bei ihm immer etwas *länger*, um etwas einzusehen, um etwas wirklich durch und durch zu *verstehen*. Aber wenn das Ganze dann kapiert war, dann konnte er mit dem Gelernten auch umgehen. Konnte es in jeder Situation *anwenden*! Spätestens jetzt machte sich die anfängliche Gründlichkeit also bezahlt...

Doch die Autoritäten machten ihm schließlich einen Strich durch die Rechnung. Sein Wunsch, aufs Gymnasium zu gehen, wurde ihm verwehrt. Die Begründung: er sei halb Pole und halb Volksdeutscher. Das allein reichte aus, um ihm eine Karriere in einem akademischen Beruf zu versagen. Stehenden Fußes meldete er sich zu einer Prüfung fürs Lehrerseminar und bestand sie mit Auszeichnung. Einen Haken hatte die Sache allerdings: Just als die Bestätigung ins Haus flatterte, wurde die Familie aus Polen ausgewiesen. Das war 1952. Es folgten zwei Monate unter den widrigsten Verhältnissen im Lager Friedland. Nächste Station: Delmenhorst. Und es kam noch schlimmer: 11 Personen in 2 Räumen in einer Holzbaracke. Zu viele Menschen auf engstem Raum. Zu viele Probleme, Schicksale, Konflikte. Ingo nutzte die Zeit auf seine eigene Weise.

„Damals schenkte man mir mein erstes deutsches Buch. Ich werde den Titel nie im Leben vergessen: *Der Ölprinz*, von Karl May. Ich las es bestimmt dreißigmal. Nicht weil das Buch so spannend war, sondern weil ich aus diesem Klassiker die deutsche Sprache lernte. Bücher sind für mich heute noch das A und O. Sie bedeuten für mich *Glück*."

Wir glauben's ihm aufs Wort; die einigen tausend Exemplare, die seine Wände im Arbeitszimmer zieren, sprechen Bände.

In der deutschen Volksschule mußte er der Sprache wegen nochmals ganz von vorn anfangen. In der untersten Klasse. Er kann sich noch an den ersten Aufsatz erinnern, den er sich damals aus den Fingern saugen mußte. Thema: *Ich bin ein Haifisch.* Dafür gab es eine Eins für den Inhalt, aber eine Sechs für über 30 Fehler. Man war nicht gerade begeistert vom kleinen Polenkind.

Dieses Martyrium dauerte ein Dreivierteljahr. Danach zog es den Ehrgeizigen aufs Gymnasium. Aber da eröffneten ihm die Humanisten, daß er mit diesem holprigen Akzent wohl kaum an eine höhere Lehranstalt gehöre. Ingo war gelinde gesagt geschockt. So außer sich, daß er die Nase gründlich voll hatte vom deutschen Lehrbetrieb. Die Alternative: es mußte schnellstens ein Beruf her. Aber: gab es überhaupt Lehrstellen?

„Ich stellte mich überall vor. Keiner nahm mich. Ich schickte weit über 60 Bewerbungen aus. Nichts! Ich bin buchstäblich von Pontius zu Pilatus gelaufen. Habe gefleht. Gebettelt. Nix. Frustriert gab ich schließlich einer spontanen Eingebung nach, und eine Woche später fing ich als eingetragener Bergmann an. Auf der Zeche Shamrock 1/2. Und ganz ehrlich: nicht eine Sekunde möchte ich missen von meiner Zeit als Bergmann. Auch nicht die Zeit in meiner polnischen Schule. Auf die deutsche Schule hätte ich gerne verzichtet, denn dort hat man mir wohl kaum etwas beigebracht."

Er gerät ins Räsonieren... Und gibt uns ein Beispiel großväterlicher Beratung, wie man sie in heutiger Zeit nur noch selten so klar definiert findet:

„Du mußt nie fleißiger sein als die anderen, du mußt nicht pünktlicher sein als die anderen. Aber sei immer ein bißchen früher da als die anderen und tu immer ein kleines bißchen mehr als die anderen..."

In einem Zuge damit beklagt er die Nachwuchsförderung im allgemeinen und speziellen. Sei es in der beruflichen Vorbereitung und Unterweisung der Neulinge, als auch was die Vorbereitung auf das wirkliche Leben in den Schulen anbelangt.

„Ich beobachtete das an meinen eigenen Kindern. In den deutschen Schulen wird zu *einseitig* unterrichtet. Das heißt, der Lehrplan ist zu wenig ausgerichtet auf die *Gesamtheit* der Menschen, auf alle Länder, alle Sitten, alle Bräuche."

Aber schreiben wir unsere Personal-Story fort. Thomas alias Schlieske ist zunächst einmal für viele Jahre mit Leib und Seele Bergmann. Fast genau sieben Jahre lang. Kurz vor seiner Beförderung zum Steiger wuchsen die Halden, und die Löhne sanken. Da war es Zeit für ihn, auszusteigen. Sein Kommentar hierzu:

„Solche Erfahrungen sollte meiner Meinung nach jeder junge Mensch machen, bevor er ins eigentliche Leben hinaustritt, wie das so schön heißt. Jeder sollte vielleicht ein Jahr lang in einer Grube, in der die unterschiedlichsten Zeitgenossen vertreten sind, körperlich arbeiten und zwischenmenschliche Erfahrungen sammeln. Was da für das Leben gelernt wird, ist eigentlich unbezahlbar."

„Denn", so fragt er uns anschließend, „wird denn heute noch ein Schüler wirklich aufs Leben vorbereitet? Keiner macht sich in den Lehrstätten die Mühe, den Schülern zu sagen, was an Problemen auf sie zukommen kann, mit den Mitmenschen, mit den Arbeitskollegen, mit den jeweiligen Partnern! Wer bringt denn den Jugendlichen bei, wie man sich zum Beispiel mit dem Haushaltsgeld einrichtet?"

Zwar hat er recht, aber vorerst hatte Schlieske selbst noch nichts am Hut mit Haushalt und den dazugehörigen Pflichten. Denn er frönte einem Hobby, das bald zu einem einträglichen Beruf werden sollte: der Musik, der schon immer seine heimliche Liebe galt. So trieb es ihn in seiner Freizeit in die Volkshochschule, wo man ihn alsbald regelmäßig bei *Buschmann* fand, dem heutigen Leiter des Kammerorchesters in Dortmund. In der Jazz-Klasse. Hier lernte er das Trommeln. Richtig gut trommeln! Das Ergebnis: ein vollständig neuer Beruf...

In der Folge lernte Thomas fast acht Jahre lang als Musiker die Welt kennen. Außer in Australien und China spielte er überall! Doch das Leben in der Fremde forderte seinen Tribut. Als die heranwachsenden Kinder *Onkel* zu ihm sagten, entschied er sich schließlich wieder für eine Beschäftigung im Lande des aufstrebenden Wirtschaftswunders. Und das dritte Leben des Ernest Schlieske begann.

Getreu seinem Motto, daß man alles erreicht, was man will, stieg er in ein völlig neues Metier ein. Seine Philosophie dazu:

„Meiner Meinung nach kann jeder einzelne der etwa 5 Milliarden Menschen auf diesem Planeten irgend etwas so gut, wie es sonst kein anderer kann. Ob es Auf-dem-Finger-Pfeifen ist oder besonders schön die Haare kämmen. Ob es ein besonderes Verhältnis zu Tieren ist oder Hellsehen. Irgend etwas kann jeder besonders gut!"

Thomas selbst verdient sich zunächst seine Groschen auf Bühnen der Red-Light-Distrikte, die er in der Folge mit seinen Conferencen belebt. Für genau 3 Monate. Dann weiß er zweifelsfrei, daß er damit seinen

Lebensunterhalt bestreiten kann. Und wieder perlen die negativen Einflüsse der Szene an ihm ab, als sei er mit Talg eingefettet. Was zurückbleibt, ist Menschenkenntnis von Mitbürgern in Extremsituationen, sind Erfahrungen, die man gemeinhin als „Normaler“ nie aufschnappen würde.

Gewissermaßen steht Thomas damit bereits mit einem Bein in der Werbung. Hier wie da muß er präsentieren. Hier wie da etwas verkaufen. Hier wie da handelt es sich um ein Stückchen Show. Wie gut diese Show rübergebracht wird, daran scheiden sich die Geister. Aber auch in der Bewertung solcher Unternehmungen läßt uns Ingo nicht im Stich. Auf die Frage nach der Verpackung einer Werbebotschaft, was eine gute Werbung mit anderen Worten ist, schickt er uns wieder nach Polen zurück:

„Wir lebten damals nur wenige Meter vom *jüdischen Ghetto* entfernt. Ich war dort ständiger Gast in den Läden und Ständen, in den Straßen und Gassen. Und wann immer ich heute mit jüdischen Menschen zusammenkomme, ist das für mich ein Fest. Denn dort und damals habe ich einen *Humor* kennengelernt, der als einziger in der Welt auf das *eigene* Volk abzielt. Und in jeder Geschichte, in jedem Witz ist außerdem *a scheene Wahrheit fürs Leben* beinhaltet. Humor ist mit anderen Worten der Knackpunkt. Die Werbung heute besitzt im allgemeinen zuwenig Humor. Speziell die Fernsehwerbung. Außerdem ist sie zu selten natürlich. Es wird zu oft völlig vergessen zu zeigen, wie sich jemand über einen guten Kaffee zum Beispiel freut. Wie jemand sich über ein neues Parfüm freut. Die Werbung geht damit jedoch eigentlich an der Werbung vorbei. In Italien, in Norwegen und der Schweiz habe ich dagegen außerordentlich viele gute, humorvolle Filme gesehen. Außerdem sind sie fast *ausnahmslos* natürlicher als alles, was im Deutschen Fernsehen läuft. Betrachten wir nur mal die Rentner. Der Engländer trinkt Whisky und geht Golf spielen. Der Franzose trinkt seinen Rotwein und spielt Boule. Der Deutsche nimmt seine Aktentasche, die Kopfschmerztabletten und den Herzschrittmacher – und geht weiter arbeiten.“

Darüber hinaus fehlt nach Thomas den meisten Machern in der Werbung, von ganz wenigen Ausnahmen abgesehen, die *Besessenheit*. Die totale *Identifikation* mit der Aufgabe, die gerade anliegt. Erfolg hat seiner Meinung nach nur der, der sich kopfüber in eine Aufgabe stürzt.

„Wenn jemand mit Leib und Seele Lehrer ist, dann kommt er am Abend nicht nach Hause und regt sich über die ungezogenen, verrückten Halbaffen auf, die er unterrichten mußte, sondern ist jeden Tag aufs neue erstaunt über die Vielfalt der Temperamente und Intellekte. Oder nehmen wir das Deutsche Fernsehen: 50 Schauspieler – immer dieselben – 10 Showmaster – immer dieselben – erledigen ihre Arbeit – immer ohne Begeisterung. Einzige Ausnahme: der Gottschalk. Aber auch bei dem fängt man schon an, auf eine verschwindend geringe Zahl von negativen Zuschauer-Anrufen zu hören.“

Damit sind wir endlich bereits an der nächsten Station im Leben dieses Tausendsassas. Thomas landete schließlich im Verkauf und in der Werbung. Unter seinem Busineß-Pseudonym Ernest B. Schlieske schulte er zunächst den Nachwuchs eines amerikanischen Großkonzerns. Nach Methoden, die in der damaligen Zeit recht revolutionär waren:

„Ich habe immer wieder festgestellt, daß die Frage enorm wichtig ist, *wie* man etwas erreicht. Die Frage bei der Einschätzung einer Person sollte also lauten: *Mit wieviel Begeisterung tut sie es!* Diese neue, ganz andere Sichtweise hat sich immer wieder ausgezahlt. Speziell als ich meine Karriere im Direktverkauf, in der Direktwerbung bei einem amerikanischen Konzern begann. In fast 10 Jahren arbeitete ich mich dort vom Verkaufslehrling bis zum Verkaufsdirektor für Deutschland hoch. Ohne mich selbst beweihräuchern zu wollen: ich erzielte Verkaufserfolge, von denen heute noch geträumt wird. Meinen Leuten habe ich immer wieder eines gepredigt: Wenn man sich um eine neue Stelle bewirbt oder etwas anfängt, was man noch nie gemacht hat, dann gibt es nur eine Vorgehensweise, nur eine Methode, um wirklich erfolgreich zu werden, um ganz nach oben zu kommen: *Nimm erst einmal all das auf, was dir die Profis in diesem neuen Gebiet vermitteln.* Das heißt, sauge alles auf, nimm alles mit. Erst wenn du das draufhast, was die Besten in diesem neuen Metier draufhaben, und noch ein bißchen mehr, *dann bringe dazu all deine Erfahrungen*, alles was dich ausmacht. Und vergiß vor allem eines nicht: *Fehler dürfen und müssen erlaubt sein.* Sie sind keine Schande. Die Großen dieser Welt konnten nur deshalb Großes leisten, *weil* sie auch Fehler machten. Niemand weiß bis heute, daß eigentlich der Mann, der am meisten am Tor vorbeigeschossen hat, der berühmte Bomber Gerd Müller war. Allein aufgrund der vielen Versuche war in der Folge die Chance recht groß, auch einmal ein spektakuläres Tor zu erzielen. Man darf diesen Fußballvergleich durchaus zulassen. Gerd Müller besaß nicht nur den absoluten Torriecher, nein, er hat auch unendlich oft ‘draufgehauen’ und dabei dann einige Male getroffen. Es ist also nicht wichtig, ob man gleich beim ersten, zweiten oder dritten Mal den Riesenerfolg erzielt. Die Jugend sollte vielmehr lernen, daß man mit *systematischen* Schritten viel mehr erreicht. Die Top-Positionen der deutschen Wirtschaft sind heute nicht mit jungen

Dynamikern besetzt, sondern mit älteren Herren, die nur so vor Erfahrung strotzen. Wenn ich heute wollte und man draußen wüßte, ich wäre frei, ich könnte morgen 15 verschiedene Jobs bekommen, trotz oder gerade wegen meines Alters. Denn wenn ich den Leuten zeige, daß ich heute noch genauso gut bin wie damals, ja besser sogar, dann könnte ich jedem Jungen die Position streitig machen. Zumal ich besessen bin von einer Aufgabe, wenn ich einmal entschieden habe, mich dafür einzusetzen. Natürlich müssen das Produkt und der Preis okay sein und die Arbeit ethisch in Ordnung gehen! Was ich vielen Werbern vorwerfe: Sie kennen weder ihren Kunden noch seine Entwicklung, geschweige denn das Produkt, am allerwenigsten aber die Verbraucher. Und trotzdem... Sie werben!"

Ernest B. Schlieske entwickelte in der Folge regelrechte Verkaufsstrategien – und das in einer Zeit, als es in Deutschland den Begriff *Marketing* noch nicht einmal gab. Er veranstaltete schon Motivationskonferenzen, als man im Rest der Republik Angestellte noch patriarchalisch führte. Und er schrieb Umsätze, die ihm sogar nach amerikanischen Maßstäben keiner zugetraut hätte.

Als er schließlich nach zehn Jahren dem Direct-Marketing den Rücken kehrte, so geschah das aus ganz eigenen Gründen. Denn wer um alles in der Welt würde einen Job verlassen, der so hoch dotiert ist wie der eines vergleichbaren Generaldirektors einer deutschen Bank? Ernest B. S. tat es trotzdem, und zwar eines Punktes wegen. Weil nämlich Preissteigerungen für das Produkt an den Verbraucher weitergegeben werden sollten, ohne daß das Ganze parallel mit Provisionserhöhungen für den Außendienst einherging. Also kündigte er stante pede. Und aus Ernest B. Schlieske wurde Ingo Thomas.

Zwölf Monate später holte man ihn wieder. Aber aus der leistungsorientierten Crew war zwischenzeitlich ein „Brüderles-Schwesterles-Vetterles-Team" geworden. So war dieses Gastspiel nur von sehr kurzer Dauer. In den Jahren, die folgten, versuchte man immer wieder, das Marketinggenie zurückzukaufen. Und immer wieder lehnte er ab. Im Gegenteil: er begann für die Konkurrenz zu konzipieren. Man machte ihm ein weiteres Angebot. Und er lehnte wieder ab. Schließlich fand er heraus, warum man bei ihm so hart am Ball blieb. Warum man hinter ihm her war wie der Teufel hinter der armen Seele: Nach seinem Weggang mußte seine Position mit sage und schreibe 10, in Worten zehn, Leuten ausgefüllt werden...

Das sechste Leben und die Wende für Ingo kam auf einer Kreuzfahrt, die sich der gestreßte Manager nach Jahren der Enthaltsamkeit gönnte. Unter südlicher Sonne, im Kreise fröhlicher Menschen, ohne irgendwelche momentanen Verpflichtungen, segelte er quietschvergnügt – als es auf einmal einem Entertainer, den der Veranstalter engagiert hatte, um den Leuten Kurzweil zu verschaffen, schlecht wurde. Die Signale für den Unterhaltungsabend standen damit auf Sturm. Der Veranstalter der Reise wußte um die Qualitäten des Ingo S. und bat ihn, doch für ein klein wenig

Seine bekanntesten Auftritte:

- Hansa Theater Hamburg
- Küppers Brauerei
- Sechstagerennen Bremen
- Kreuzfahrten
- Varieté-Theater Killesberg, Stuttgart
- Veranstaltungen für Großfirmen

Abwechslung im großen Saal zu sorgen und für den ausgefallenen Entertainer einzuspringen. Jetzt machten sich die vielen Stunden Verkaufstraining bezahlt, jetzt trugen die vielen Motivationsabende für Mitarbeiter Früchte. Das Ergebnis: Das Boot bebte. Aber der Abend war gerettet. Und die Welt hatte einen frischgebackenen Allround-Entertainer mehr.

Einen, der heute zu den Erfolgreichsten seiner Branche zählt. Den der Show-Experte Harry Owens, Chef des „Traumtheaters Salomé", einmal so apostrophierte: „Der Junge müßte auf Lach-Tour gehen. Die Menschen wollen entweder träumen oder lachen. Ingo ist die Alternative zu meinem Traumtheater." Solch ein Erfolg ist für ihn keine Kunst. Denn: „Das Geld liegt immer noch auf der Straße. Die meisten Leute haben allerdings den Mut verloren, es aufzuheben und auch mal etwas anderes zu unternehmen. Sie trauen sich nichts zu und bleiben ängstlich auf den Pfaden, die schon Millionen vor ihnen ausgetreten haben. Meine Stärke war und ist eben, daß ich diese Pfade immer wieder verlasse. Denn ich bin fürchterlich neugierig. Ich möchte Leute kennenlernen, ihre Beweggründe erfahren, möchte über ihren Glauben etwas erfahren, ich möchte wissen, warum-weshalb-wieso. Ein Urlaub zum Beispiel ist für mich nichts, wenn ich nicht in mindestens drei, vier Haushalten gewesen bin, um die Einheimischen direkt und pur sozusagen zu erleben. Es genügt mir nicht zu wissen: der Mann ist ein *Türke*. Ich möchte wissen, wie er sich zu Hause bewegt. Schon bekommt alles ein ganz anderes Gesicht, wenn man einmal unvoreingenommen hinter die Kulissen ins Privatleben geschaut hat."

Man sieht es ihm an, daß er sich noch immer wohl in seiner Haut fühlt, obgleich oder weil er stets gegen den Strom geschwommen ist. Dabei war Geld bemerkenswerterweise nie das ausschlaggebende. Es war immer nur Mittel zum Zweck. Oder Nebenprodukt. Es war auf jeden Fall immer da, wenn es der Ingo brauchte, der Ernest verdiente und der Thomas verpraßte. Denn, wie sagte er uns zum Abschied:

„Ich habe noch nie so bewußt gelebt und so glücklich wie eben jetzt in diesem Alter und mit diesen Menschen. Ich gehe zwar auf die 55 zu, nehme es aber noch immer mit jedem auf. Würde man mich fragen, käme aus mir im Brustton der Überzeugung: Gegen jeden auf der Welt würde ich life antreten, außer gegen Frankenfeld und Rosenthal. Ihnen gilt noch heute meine grenzenlose Bewunderung. Sollte ich aber mal nicht mehr reden oder schreiben können, brächte ich mit Holzhacken oder anderen Hilfsarbeiten bestimmt genug zusammen, um glücklich zu *leben*."

So ist er denn doch noch zum Missionar geworden. Zum Missionar für Humor, Spaß und Unterhaltung. Wer würde da noch wagen zu behaupten, das wäre nicht die ideale Definition von Werbung?

Springer & Jacoby

„Ein Geheimnis der Kreativität besteht darin, daß man sie nicht in einer Formel zusammenpressen kann.“

Wenn man zehn beliebige Werbeagenturen in der Bundesrepublik nach einem kreativen Vorbild befragt, so erhält man etwa elfmal zur Antwort *Springer & Jacoby.* Es steht außer Frage, daß diese relativen Newcomer der Szene es in unglaublich kurzer Zeit schafften, sich nicht nur in die Liste der Top 20 zu katapultieren, sondern daß sie auch ihren Umsatz Jahr für Jahr in regelrechten Känguruhsprüngen steigerten, geradezu in einer geometrischen Reihe, so daß selbst manche Insider mit offenem Mund davorstehen.

Wie führt man nun eine Agentur an die Spitze? Reinhard Springer zu diesem Problem im Originalton: „Wer eine Werbeagentur gründen will, braucht dazu vier Dinge. Einen Kunden, modisch gestaltetes Briefpapier, eine modisch gestaltete Agenturbroschüre und eine modische Agenturphilosophie.“

Als Reinhard Springer daranging, die Agentur zu gründen, besaß er von all dem nichts. Aber dafür zwei Zimmer in einem Hamburger Kaufmannshaus und einen komfortablen Daunenschlafsack. Nachts schlief er neben seinem Schreibtisch. Morgens rollte er den Schlafsack zusammen und öffnete die Tür, um zu sehen, ob vielleicht der erste Kunde davorstand. Dabei war er kein abgehärteter Romantiker, sondern lediglich ein ordentlicher Kaufmann. Im Klartext: er machte keine Schulden. In wenigen Jahren avancierte Springer & Jacoby zur kreativ führenden Agentur in Deutschland. Und zu einer der solidesten. Die ungeschminkten Zahlen und Fakten lesen sich wie folgt:

1979:	2 Leute –	0 Millionen	Umsatz –	68 qm
1983:	10 Leute –	16 Millionen	Umsatz –	170 qm
1985:	33 Leute –	45 Millionen	Umsatz –	576 qm
1987:	72 Leute –	80 Millionen	Umsatz –	1.379 qm
1988:	120 Leute –	127 Millionen	Umsatz –	2.188 qm
1990:	175 Leute –	250 Millionen	Umsatz –	3.975 qm

Aber Springer & Jacoby zu einem Interview zu bewegen scheiterte. Obwohl es im allgemeinen kein Problem darstellt, selbst wirkliche Meinungsführer der Szene zu gewinnen, ja einige sich darum rissen, in diesem Buch erscheinen zu dürfen – Springer & Jacoby hielten sich bedeckt. Das Ganze las sich per Brief wie folgt:

„Sehr geehrte Autoren,

nochmals vielen Dank für Ihr Exposé... Am Freitag ... entschied sich Herr Springer – nach Rücksprache mit Herrn Jacoby – nicht in Ihrem Buch zu erscheinen...

Die nunmehr negative Entscheidung ist begründet durch einen Kurswechsel bei Springer & Jacoby. Wir werden in den 90er Jahren einen neuen Weg einschlagen: Mehr Qualität als Quantität und vor allen Dingen einen sogenannten PR-Stop. Das heißt – keine Personality-Stories, keine Interviews, keine Statements mehr. Und keine Kommentare zu eigenen oder fremden Arbeiten. Die Gründe hierfür sind vielfältig: Über Springer & Jacoby wurde in den vergangenen Jahren mehr geschrieben und mehr gesendet, als über jede andere Agentur. Weitere aktive Maßnahmen würden in dieser Situation nur zu einem Overkill führen...

Mit freundlichen Grüßen aus Hamburg

(...)"

Was also tun, wenn man eine solche Absage kassiert? Grundsätzlich gibt es drei Möglichkeiten:

(1) Einen enorm schlechten Bericht über die Firma zu verfassen – aus gekränkter Eitelkeit –, deren Chefs es offensichtlich nicht einmal für nötig befinden, zu einem kleinen Interview Ja und Amen zu sagen.

(2) Das Unternehmen völlig links liegen und unerwähnt zu lassen und durch Nichtbeachtung zu strafen.

(3) Die Vorwärtsstrategie der unendlichen Frechheit, das heißt ein fiktives Interview zu schreiben, das vielleicht doch noch im nachhinein abgesegnet werden könnte.

Nun, wir entschlossen uns im Rahmen dieses Buches für die dritte Möglichkeit, und zwar aus einem ganz einfachen Grund: Springer & Jacoby begegnete uns in der Werbeszene links und rechts. Wo immer wir das Thema *Spitzenkönner in der Werbung* zur Sprache brachten, der Name *Springer & Jacoby* fiel mit tödlicher Sicherheit.

Inzwischen hatten wir uns längst ausführliche Unterlagen über Springer & Jacoby besorgt. Wir verfügten nicht nur über Eigenwerbung aus dem Hause selbst, wir besaßen auch Zeitungsberichte zuhauf. Durch diese Unterlagen hatten wir uns über Springer & Jacoby sachkundig gemacht. Und waren, wir scheuen es nicht zu verkünden, absolut begeistert. Diese beiden Selfmademen, die so g'schamig darauf verzichtet hatten, von uns interviewt zu werden, hatten eine Leistung vollbracht, die einem, ob man es wollte oder nicht, Respekt abnötigte. Sie vertraten Prinzipien, Ansichten, Meinungen, Vorstellungen und Ideen, mit denen sich die Autoren größtenteils so vollständig identifizieren konnten, daß es nur eine Alternative gab: Diese himmelstürmenden Draufgänger in das Buch zu integrieren. Ihre Statements, die wir in fachbezogenen Magazinen, Publikumszeitschriften, Tageszeitungen oder wo auch immer nachrecherchiert hatten, nahmen so konkret Stellung zu dem Thema *Erfolg*, das wir ja aufs Korn genommen hatten, daß wir einfach auf Springer & Jacoby nicht verzichten konnten, wollten wir auch einigermaßen dem Anspruch unseres Buches gerecht werden.

Wenn über diese Agentur berichtet wurde, fielen selbst im STERN, im SPIEGEL oder in der WELT Begriffe wie „aufsteigende Agentur", „frischer Wind in der deutschen Agenturlandschaft" oder „kreativer Senkrechtstarter".

Springer & Jacoby hatten seit 1983 in jedem Jahr mehr Preise, Medaillen und Auszeichnungen für beispielhafte Werbung bekommen als alle anderen Werbeagenturen in Deutschland. Zum Beispiel beim Managermagazin, beim Werbefilm-Festival in Cannes, beim Art-Directors-Club, bei Wettbewerben in den USA, in der Branchenfachpresse, für Filme, Anzeigen, Plakate und Funkspots.

Wir konnten die Agentur also einfach nicht ignorieren. Es ist heute vielleicht nicht mehr modern, von einem Gesprächspartner zu schwärmen. Und es ist besonders hart, wenn dieser Gesprächspartner sich wie eine Geliebte benimmt, die die Einladung zu einem Rendezvous rundweg abschlägt. Aber wir waren einfach zu begeistert. Wir liebten hier einfach alles. Die top-professionelle Eigenwerbung. Die Sprüche hierin. Die Zitate. Das Layout. Das Format (riesig). Die Referenzliste. Die unkonventionellen Ansichten. Das offenbare Vermögen, sich ein völlig eigenes Urteil zu bilden, in einer Branche und über eine Branche, die längst ihre ungeschriebenen Regeln besitzt, die man (scheinbar) nicht mehr überspringen kann.

Und also schrieben wir dieses fiktive Interview, das nie stattfand, aber genauestens aus den Aussagen dieser beiden Kämpen zusammenrecherchiert worden ist, vergleichbar dem Unterfangen, wenn Schriftsteller hergehen und nachträglich einen Dialog mit Platon oder Sokrates konstruieren. Es ist dies eine Art Hommage an Springer & Jacoby, ja die ganze Mannschaft bei Springer & Jacoby. Natürlich waren wir uns darüber im klaren, daß wir dazu die Erlaubnis der Agentur einholen mußten. Und genau hier wartete auf uns am Schluß eine Überraschung, die dem Leser im Anschluß an dieses fiktive Interview serviert werden wird.

Aber hören Sie sich zunächst das Gespräch an...

„Guten Tag, Herr Springer, Herr Jacoby, schön, Sie nicht zu sehen."

Springer & Jacoby: „Das Vergnügen ist ganz unsererseits."

„Erlauben Sie uns einen provokativen Einstieg. Werbung erhält mittlerweile wieder einen gänzlich anderen Stellenwert. Von den einen wird sie zwar immer noch vollständig verdammt, aber andere definieren ihr Gewicht völlig neu. Ihr Kommentar?"

Reinhard Springer: „Es steht völlig außer Frage, daß momentan die große Stunde der Werbung schlägt. Früher war mächtig, wer viel Land besaß und jagen und ernten konnte; dann war mächtig, wer die Bedürfnisse der Menschen mit der Technologie von Maschinen zufriedenstellte, wer von nützlichen Produkten große Serien zu kleinen Preisen schaffte; mächtig war, wer laufend neue Produktideen hatte; danach war mächtig – wenn auch nur für kurze Zeit –, wer den Handelskanal besaß; und nun wird mächtig, wer es schafft, die Verbraucher zu locken, wie die Motten zum Licht."

„Warum führt Werbung in der Bundesrepublik noch immer ein stiefmütterliches Dasein?"

Reinhard Springer: „Möglicherweise liegt das an einer gewissen konservativen Grundeinstellung hierzulande. Dabei ist die Wahrheit und nichts als die Wahrheit: Gute Werbeleute sind so selten wie ein Sechser im Lotto. In England, sogar in Frankreich besitzt Werbung längst einen immensen Stellenwert. Ohne Jacques Séguéla wäre Mitterrand nicht Präsident geworden. Mitterrand gewann sein Amt, Séguéla seinen Ruhm. Wenn Séguéla heute durch Paris schreitet, ist er es gewohnt, daß man sich nach ihm umdreht und um Autogramme bittet. Er hat seine eigene Talk-Show. Im französischen Fernsehen gibt es Hitparaden für Commercials. Der französische Kulturminister gibt der Werbung, was das Publikumsinteresse angeht, den zweiten Platz hinter dem Sport. Auch Margret Thatcher wäre nicht das geworden, was sie ist, ohne die Brüder Saatchi. Besitzt man auch nur im geringsten einen internationalen Gesichtswinkel und blickt man über den Zaun, so muß man einfach festhalten, daß Werbung vielleicht heute schon der Einflußfaktor No. 1 geworden ist."

„Um so notwendiger ist es, erfolgreiche Werbung einmal unter die Lupe zu nehmen. Steigen wir peu à peu ein und fragen wir zunächst einmal nach allgemeinen Erkenntnissen. Das heißt, was macht erfolgreiche Werbung erfolgreich?"

Konstantin Jacoby: „Lassen Sie es uns auf einige plakative Nenner bringen.

1. Gute Laune und Begeisterung sind von Bedeutung.

2. Sehr harte Arbeit. Wir feilen länger an einer Schlagzeile, schwitzen heißer über einem Layout und fluchen lauter über eine Panne.

3. Darüber hinaus braucht man eine Philosophie. Die unsere lautet: Einfach, einfallsreich, exakt. Das heißt, wir sind nicht für komplizierte Kampagnenideen. Desgleichen begrüßen wir keine überteuerten Relationen, keine zu langen Meetings mit zu vielen Leuten; dafür sind mehr gefragt Einfälle, Direktheit, Frische und Neues. In der Folge muß man dies so exakt wie möglich planen, durchdenken und abwickeln. Der superteure Fotograf mit der Wahnsinnskamera und den tollen Mädels entscheidet nicht über Erfolg oder Mißerfolg einer Kampagne, sondern die *Idee*. Und die muß wie gesagt einfach sein. Nicht weil alles wirklich Große immer einfach ist, sondern weil die meisten Menschen, die wir erreichen wollen, einfach sind."

Reinhard Springer: „Man darf hinzufügen: Die meisten machen einfach alles zu kompliziert. Uns ist es gelungen, uns nicht vom Marketing den gesunden Menschenverstand vernageln zu lassen. Das Prinzip der Einfachheit wird im allgemeinen als Erfolgsprinzip zu wenig gesehen."

„Fragen wir umgekehrt. Was zeichnet schlechte Werbung aus. Oder wodurch kommt gute Werbung zu Fall?"

Reinhard Springer: „Werbung darf nicht so aussehen, daß nur 100fach abgesicherte Ideen lanciert werden dürfen. Das wird stumpf, langweilig und reißt den verwöhnten, aufgeklärten, neuen Verbraucher nicht aus dem Sessel. Man braucht Mut, Biß und vor allem Einfälle, die den Verbraucher nicht für dumm verkaufen, sondern begeistern. Frische Unkompliziertheit und das Tempo hochhalten, könnte man, positiv gewendet, als Formel für Werbung, die ankommt, festhalten. Sicherheitsdenken tötet jede Idee."

Konstantin Jacoby: „Der Gegenpol zu dem Sicherheitsdenken, das manchmal um sich greift und jeder Initiative den Garaus macht, ist einfach die *Begeisterung*. Sie ist das alles treibende Element, aus dem gute Ideen geboren werden. Sicherheitsdenken verhindert jedoch Begeisterung."

„Was, würden Sie sagen, ist überhaupt das Ziel der Werbung?"

Reinhard Springer: „Grundsätzlich könnte man sagen, daß es Werbung schaffen muß, Produkte sympathisch erscheinen zu lassen. Produkte müssen außerdem von anderen unterscheidbar gemacht werden; Produkte, die im Lärm der Worte untergehen, müssen sich hörbar machen. Darüber hinaus muß man natürlich im Vorfeld das Ziel der Werbung genau definieren. Es gibt verschiedene Ziele. Es kann der gesteigerte Bekanntheitsgrad eines Produktes oder des gesamten Unternehmens sein. Das veränderte Image. Die gesteigerten Bestelleingänge. Erhöhte Marktanteile. Oder was auch immer."

„Bleiben wir bei dem Ziel, Produkte unterscheidbar zu machen. Gibt es hierfür eine Formel?"

Konstantin Jacoby: „Selbstredend nicht. Ein Geheimnis der Kreativität besteht sicherlich darin, daß man sie eben nicht in einer Formel zusammenpressen kann. Aber sicherlich kann man festhalten, daß man ständig auf der Jagd nach Qualität sein sollte. Der Qualitätswille ist entscheidend. Nur wenn Sie wirklich Gutes leisten wollen, leisten Sie auch Gutes. Dazu gehört auch, daß man Ergebnisse genau analysieren muß, was übrigens speziell für Flops gilt. Dazu gehören in der zweiten Schiene die genaue Erfolgskontrolle und minutiöse Tests. Außerdem kann man soviel festhalten: Gute Werbung sollte munter und unterhaltsam sein.

Entertaining Advertising ist das moderne Schlagwort hierzu. Dazu braucht es zum Beispiel Humor, bei dem das Produkt raffiniert in kleinen Geschichten und Gags eingepackt ist. Ferner sind wichtig: eine Spürnase für Verhaltenstrends und die Fähigkeit, den Nerv der Zielgruppe zu treffen."

„Ein ganzes Paket von Erfolgsformeln und nicht nur eine einzige. Von Bedeutung ist offenbar immer wieder das Vermögen, die Zielgruppe exakt anzusprechen. Wie gelingt dies am besten?"

Reinhard Springer: „Die Zielgruppe ist der wahre König. Wenn Sie an Ihrer Zielgruppe vorbeireden, werden Sie über kurz oder lang ein Opfer sinnlosen Fleißes. Also gilt es, sozusagen eins mit der Zielgruppe zu werden. Dem Werber kann man mithin nur raten: Erkennen Sie, wie die Zielgruppe lebt, liebt und arbeitet. Geben Sie sich auf keinen Fall mit kalten Marktforschungsdaten zufrieden, und trauen Sie vor allem niemals dem statistischen Durchschnitt. Man muß erkennen, was das Herz der Zielgruppe bewegt."

Konstantin Jacoby: „Darüber hinaus hilft folgende Kreativitätstechnik: Ein guter Werbemann muß, übertrieben gesagt, mit Papier und Bleistift mitten in der Stadt auf einer Bank sitzen und dort seine Kampagne erfinden. Das bedeutet: Man muß das normale Leben des Verbrauchers leben, muß das Leben der Zielgruppe *leben*. Auf diese Weise kann man sich in sie hineinfinden beziehungsweise in den Gesichtspunkt eines typischen Vertreters dieser Zielgruppe. Und aus diesem Gesichtswinkel heraus ganz anders Werbung konzipieren."

„Sprechen wir nun über das Thema *Kunden*. Welche Erfolgsformeln existieren hier? Wie gehen Sie vor?"

Reinhard Springer: „Sehr einfach! Wir verstehen uns zunächst und vor allem als Dienstleistungsbetrieb, der dem Kunden ernsthaft helfen will. Dabei gehen wir wie folgt vor: Der Kunde bestellt ein Hemd und bekommt in der Folge das beste, glatteste, sauberste, weichste Hemd, das die Agentur herstellen kann. Geburtstagsgeschenke, Kneipenorgien, Sponsorreisen, so etwas gibt es bei uns nicht. Das Geheimnis des Erfolgs liegt nach wie vor in dem uralten Wörtchen *Service* begründet. Und weiter: Wir haben bei jedem Kunden wirklich genaue Kenntnis über das Produkt, den Markt, die Ziele, über das, was erreicht wurde, und das, was erreicht werden soll. Ein drittes Prinzip besteht schließlich darin, *langfristig* zu denken. Eine Agentur zu gründen, den Laden aufzustellen, dann wieder zu verkaufen, schließlich auf Martinique eine Ananasplantage zu eröffnen, das ist nicht unsere Strategie. Wir denken in langen Zeiträumen. Bei der Betreuung unserer Kunden und bei der Einstellung und Förderung der Leute, die bei uns arbeiten, ist diese Politik bekannt. Viertens schließlich läßt sich zu diesem Thema festhalten, daß man sich vor Kunden nicht retten kann, wenn man alle Energie in die Qualität der Werbung investiert. Das heißt, der Kunde muß unglaublich gut bedient werden. Dann kann man dem Erfolg nur durch Selbstmord entgehen."

„Nun Fragen an den Kreativchef. Das perfekteste Marketing nützt nichts ohne perfekte Kreation. Haben Sie mal gesagt. Betrachten wir dazu einmal den Bereich des Textens. Welche Ratschläge können Sie hier geben?"

Konstantin Jacoby: Im Prinzip kann man Textern vier Tips mit auf den Weg geben.

1. Texten kann man durch Texten lernen. Das heißt, bestimmte inhaltliche Richtlinien, die von irgendwelchen Autoren aufgestellt worden sind, sollte man radikal in Frage stellen. Als da wären: 'Eine Headline muß immer ein Versprechen enthalten'. Oder: 'Das Wichtigste gehört immer in die Schlagzeile.' Oder: 'Jeder Text sollte mit einem Slogan enden.' Und: 'Sprechen Sie den Leser am Anfang des Textes persönlich an.' Und weiter: 'Jeder Text sollte eine Geschichte erzählen.' Und schließlich: 'Kurze Sätze sind besser als lange.' Solche Regeln sind mit Vorsicht zu genießen, weil sie tatsächlich den Texter introvertieren können, der nur noch auf die Form sieht (und auf die Tricks), statt sich um echte Einfälle zu bemühen, statt sich um den Gegenstand zu bemühen, der momentan gerade im Visier ist. Meine Devise lautet deshalb: Texten lernt man nur durch Texten und Auf-die-Nase-Fallen.

2. Mein zweiter Tip: Die Sprache ist nicht Gott, sondern Knecht. Das heißt, man sollte sich nicht von irgendwelchen Leuten den Mund verbieten lassen. Man muß sich nicht unbedingt der 'Wissenschaftssprache' befleißigen oder der 'Fernsehsprache' oder dieser und jener Sprache, die es geben mag. Ich möchte im Gegenteil ein Plädoyer dafür halten, daß man sich als Werbetexter Sprache nicht verbieten lassen sollte.

3. Sage ich unseren Textern immer wieder: 'Bitte keine Kreide fressen'. Darunter verstehe ich, daß man sich nicht verstellen sollte. Im Klartext: Es gibt tatsächlich ein Phänomen, das man umschreiben könnte 'Jetzt bin ich Werbetexter'. In diesem Fall kann man als Werbetexter natürlich nur scheitern. Ich plädiere für eine direkte Sprache, für eine Sprache, die man im Alltag spricht, für eine Sprache, die dem Texter auch im normalen Leben einfallen würde. Etwas, was man persönlich nie so sagen würde, kommt nicht an, weil man sich verstellen und in eine besondere Form hineinquälen

muß. Man darf also nicht etwa zwanghaft in die Sprache der 18-jährigen verfallen. Worte wie 'ausgeflippt', 'irre' und 'dufte' können dann entsetzlich steif klingen, ja peinlich klingen. Ich bin gegen den Punker in Plastik!

4. Mein vierter Ratschlag: Man sollte die Idee über den sprachlichen Salto mortale stellen. Nicht die ausgefeilte Formulierung, sondern die Idee ist es, die wichtig ist. Natürlich gibt es berühmte Beispiele, wo die Formulierung allein den Reiz der Anzeige ausmacht, und es gibt erstklassige Texter, die ohne eine inhaltliche Idee allein aus Wortwahl und Syntax herrliche Texte zaubern. Aber das sind eher die berühmten Ausnahmen, die die Regel bestätigen."

„Wenn Sie den Versuch unternehmen müßten, in einem Satz alles zusammenzupacken – was würden Sie sagen?"

Konstantin Jacoby: „Nicht das ursprüngliche Ziel zu vergessen, dem Verbraucher ein verständliches, unterhaltsames, packendes Angebot zu machen. Dazu muß man sich bemühen, einfach zu bleiben und die Sprache zu sprechen, die jeder normale Bürger verstehen kann."

„Nun zu einem weiteren Thema. Wie schaffen Sie für Ihre Mitarbeiter ein kreatives Klima, so daß alle diese Forderungen verwirklicht werden können?"

Reinhard Springer: „Kreativität ist eines der beliebtesten Schlagwörter, oft mißbraucht und falsch verstanden. Ich möchte für ein kreatives Klima Agenturinhabern sieben Tips geben, die den Vorteil besitzen, praxiserprobt zu sein:

1. Nehmen Sie *jeden* Mitarbeiter wichtig. Sich auf die professionellen Erfinder zu beschränken bedeutet eine unnötige Limitation.

2. Motivieren Sie Ihre Leute, kastrieren Sie sie nicht. Bei innerer Kündigung kommt nur Gleichgültigkeit auf. Informieren Sie die Mitarbeiter stärker über die Ziele, provozieren Sie durch die richtige Fragestellung zum Mitdenken.

3. Halten Sie Bürokratie und Politik so klein wie möglich. Dazu gehört, daß man Intriganten nicht groß werden lassen darf. Es gilt, ehrlich, klar und direkt Meinungen aussprechen zu lassen. Besserwisser muß man sich vom Hals schaffen. Plakativ ausgedrückt gilt es, jeden Tag ein Formular abzuschaffen, nicht eines neu zu erfinden. Konferenzen sollte man im Stehen stattfinden lassen.

4. Beteiligen Sie Ihre Mitarbeiter am Erfolg durch Prämien, Tantiemen und Sondervergünstigungen. Prämien mit ideellem Zusatznutzen sind besonders geeignet, wie Reisen etwa.

5. Stellen Sie die richtigen Fragen. Allein das Wörtchen 'Warum' besitzt

Zauberkraft. Warum war XY erfolgreich? Warum ein anderer nicht?

6. Üben Sie sich im Zulassen. Lassen Sie es zu, daß auch jemand eine Idee hat, der dafür nicht bezahlt wird. Lassen Sie es zu, daß auch einmal Unsinn geredet wird. Lassen Sie es zu, daß Leute sich zu Arbeitsgruppen zusammenfinden, die sonst nichts miteinander zu tun haben. Lassen Sie es zu, daß Arbeitsabläufe zumindest teilweise mal nach den Vorstellungen der Betroffenen ablaufen. Mitarbeiter müssen besser werden dürfen als Sie selbst.

7. Schaffen Sie kleine Arbeitsgruppen, kleine überschaubare Teams. Hier gibt es ein hohes Maß an gegenseitigem Verständnis. Weniger Hierarchie und Bürokratie ist gleich schnellere Kommunikation ist gleich kreativeres Klima."

„Aus Ihrem 7-Punkte-Katalog kann man entnehmen, daß Sie die Teamarbeit in kleinen Gruppen befürworten?"

Reinhard Springer: „Ganz recht! Wir operieren in einem Unit-System, in kleinen Gruppen. Wir sind ein Verband kleiner schneller Kreuzer mit mehreren erstklassigen Kapitänen. Ich bin gegen unbewegliche Schlachtschiffe. Wir sind eine große und kleine Agentur zugleich."

„Wie motivieren Sie Ihre Mitarbeiter?"

Konstantin Jacoby: „Es ist wahr, daß wir auf Ibizia oder in Kampen Villen für unsere eigenen Leute mieten. Es ist auch wahr, daß bei uns der Kontakter nach drei Jahren automatisch ein Auto erhält. Außerdem betreiben wir gemeinsam Sport – Skifahren, Segeln, Bodybuilding und Surfen. All das wird jedoch nicht als kaltblütige *Technik* praktiziert; man kann das Ganze auch positiv sehen."

„Wie würden Sie das Klima in Ihrer Agentur beschreiben? Welche geschriebenen oder ungeschriebenen Regeln gibt es hier?"

Reinhard Springer: „Zählen wir kurz und knackig ein paar auf: Alkohol ist unerwünscht. Bezahlt wird nach Leistung. Gefragt ist Feuer unter dem Hintern. Wir sind Werkstätten der Schöpfung. Begeisterung ist das Motto."

„Damit sind wir am Ende dieses Interviews angelangt. Sie haben einen ganzen Sack voll Know-how ausgepackt. Wir bedanken uns auf das herzlichste, daß Sie sich nicht die Zeit dafür genommen haben, unsere Fragen zu beantworten."

Springer und Jacoby: „Es war uns ein Vergnügen, keine Antworten gegeben zu haben..."

Erlauben Sie uns, lieber Leser, nun wieder seriös zu werden. Wie schon angedeutet, wurde dieses Interview aus Originalzitaten zusammengestrickt. Natürlich mußten wir das Ganze Springer & Jacoby persönlich vorlegen, um uns die Abdruckerlaubnis zu holen. Und hier wurden wir wirklich überrascht. Die Herren schrieben uns:

„Sehr geehrte Autoren,

es stimmt. Wir haben uns vorgenommen, nicht mehr öffentlich aufzutreten, auch wenn wir uns damit so manchen Spaß versagen. Aber schließlich wollen wir nicht Weltmeister in guten Auftritten werden, sondern in guter Werbung. Außerdem haben wir alles wirklich Wesentliche schon zigmal erzählt, und nichts hassen wir mehr, als Wiederholungen. Das, was richtig und wichtig ist, wird auch ohne die immer gleichen, immer langweiliger werdenden Interviews überleben. Den besten Beweis dafür haben Sie selbst geliefert. Das Interview hätten wir auch leibhaftig nicht besser machen können. Natürlich geben wir Ihnen darum sehr gerne die Genehmigung, das auch zu drucken, was Sie so sorgfältig recherchiert haben.

Mit freundlichen Grüßen aus Hamburg
Springer & Jacoby

Was die erfolgreichsten Werber erfolgreich macht

Ziehen wir ein Resümee. Ein Fazit. Einen Schlußstrich unter all die Interviews. Und versuchen wir, eine Bilanz aufzustellen und endgültig herauszufinden, was Erfolg in dieser Branche, in die sie alle, alle verliebt sind (und zu Recht!), bedingt. Versuchen wir also, *Erfolg* zu ergründen, *nach* all diesen Erfahrungen, Gesprächen und Interviews. Was waren die Resultate, was die Ergebnisse?

Zunächst muß man festhalten, daß wir hinsichtlich des Wörtchens *Erfolg* eines anderen, eines Besseren belehrt wurden. Tatsächlich ist *Erfolg* eine Gleichung mit mindestens fünf Unbekannten. Sie gilt es vorher genauer zu definieren, wenn man dem Erfolg in der Werbung auf die Spur kommen will.

Es sind dies folgende fünf Faktoren:
(1) Fachspezifisches Know-how
(2) Der Stand, die Entwicklungs-Phase des Unternehmens
(3) Der Level des Gesprächspartners
(4) Der individuelle oder subjektive Faktor und das
(5) Thema Kreativität.

Auf Punkt (1) haben wir bereits in der Einleitung hingewiesen. Aber betrachten wir dennoch alle Punkte noch einmal genauer, bevor wir uns auf die eigentliche Destillation der Erkenntnisse konzentrieren, das heißt, bevor wir untersuchen, in welchen Punkten *alle* Interviewpartner übereinstimmten.

(1) Zunächst gilt es noch einmal festzuhalten, daß es so etwas wie fachspezifische Erfolgsformeln gibt. Mit anderen Worten: für das Gebiet der Werbung kann man natürlich einen übergreifenden Gesichtspunkt anlegen, der sozusagen alles umfaßt, aber man kann sich auch die einzelnen Teildisziplinen herauspicken und funktionierendes Know-how für einzelne Sparten herausfiltern. Allein das *Texten* etwa ist ein eigenes Fachgebiet. Hier existiert eine ganze Palette von völlig eigenständigem Know-how, auf das Konstantin Jacoby im Ansatz zumindest aufmerksam machte. Was das Gebiet *Grafik* angeht, so wurde hierzu in diesem Buch zweifellos von Co-Art, Hamburg, am meisten beigetragen. Kurz und gut, fachspezifische Erfolgsformeln sind etwas ganz anderes als Erfolgsprinzipien allgemeiner Natur. Es versteht sich eigentlich von selbst, daß eine ungeheure Menge an

Erfolgsformeln existiert, was dieses fachspezifische Know-how anbelangt. Und es steht außer Frage, daß der Grafiker nach gänzlich anderen Erfolgsformeln Ausschau halten muß als der Texter etwa.

Tatsächlich handelt es sich hierbei um riesige, eigenständige Fachgebiete, die zum Teil bemerkenswerterweise nie kodifiziert worden sind. Was fehlt, ist eine Enzyklopädie, eine Gesamtwissenskunde der Werbung, geordnet nach einzelnen Sparten, wobei in dieser Enzyklopädie vor allem die „Werbung über die Werbung" weggelassen werden müßte. Nicht Self-Promotion dürfte im Vordergrund stehen, sondern das Handwerk, das grundlegende, zuverlässige, gediegene Know-how.

Wie auch immer, was diese Erfolgsformeln, was dieses fachspezifische Know-how anbelangt, so läßt sich hierzu nichts weiter kommentieren, als daß es systematisch gesammelt und publiziert werden müßte. Welches Ordnungsprinzip man auch immer wählen würde, festzuhalten bleibt, daß es fachspezifisches Know-how in einer Menge und in einem Umfang gibt, die atemberaubend sind. Wer dieses Know-how als erster systematisch zusammenträgt, wird zweifellos zu *dem* Meinungsführer in der Werbung von morgen avancieren.

(2) Eine völlig andere Erkenntnis besteht darin, daß die einzelnen Erfolgsformeln, so wie wir sie hier aufgestöbert haben, stets in Abhängigkeit von dem jeweiligen Stand der Expansion des (Werbe-)Unternehmens zu sehen sind. Es leuchtet ein, daß ein Unternehmen in der Anfangsphase andere Tugenden kultivieren muß, andere Erfolgsformeln und andere Strategien bemühen muß, als ein Unternehmen, das bereits an der Spitze angelangt ist. Vollständig neues Know-how wird plötzlich wichtig, wenn man „oben" angelangt ist. PR-Know-how. Juristisches Know-how. Personal-Know-how. Der Faktor *Mitarbeiter* ist zugegebenermaßen immer ein Thema, aber ein paar *hundert* Mitarbeiter zu führen ist ein anderes Unterfangen als zwei zu leiten– oder gar als Einzelkämpfer in der Arena zu stehen. Erfolgsformeln können sich in diesem Sinne sogar widersprechen.

(3) Hinzu kommt der Level des Gesprächspartners, des Ratgebers, dem stets Rechnung getragen werden muß. Es wäre ein grober Verstoß gegen die Seriosität dieses Buches, nicht als ein weiteres interessantes Ergebnis auch festzuhalten, daß Menschen auf unterschiedlichen Niveaus hinsichtlich ihres Erkenntnisstandes in bezug auf *Erfolg* stehen. Erfolg kann nicht nur gänzlich anders und unterschiedlich definiert werden, Menschen befinden sich auch auf unterschiedlichen Ebenen und Levels, was Erfolg anbelangt.

(4) In einem gewissen Zusammenhang damit steht der subjektive Faktor. Tatsächlich kann man konstatieren, daß bestimmte Erfolgsformeln für den einen das Nonplusultra darstellen, wirklich ganz spezifisch auf seine Person zugeschnitten sind und hier auch funktionieren, während sie dem anderen nichts sagen. Bei unserer Suche nach Spitzenleistungen begegneten wir immer wieder diesen vollständig *subjektiven Erfolgsformeln*, die dem einen immens wichtig waren, die ihn subjektiv ungeheuer expandieren ließen, die für den anderen aber nichtssagend waren, ja geradezu falsch. Erfolgsformeln besitzen damit teilweise auch einen subjektiven Charakter. Einer kann mit einer Formel, bedingt durch seine Persönlichkeitsstruktur, seine Erfahrung, seine privaten Operationsrichtlinien, sehr viel anfangen, der andere nicht. Diese subjektive Komponente des Erfolgs gilt es zu berücksichtigen, wenn man ehrlich Erfolg analysieren will.

Das bedeutet im Klartext: Behaviour und Personality können nicht willkürlich aufgepfropft und aufgezwungen werden. Erfolg beinhaltet immer auch diese subjektive Komponente. Insofern kann man bestimmte Prinzipien nicht primitiv abkupfern. Was manchmal für den einen richtig ist („Reisen als Anregung"), ist für den anderen grundfalsch („Wird regelmäßig krank durch Reisen").

(5) Schließlich muß als letzte Unbekannte in der Gleichung der Faktor *Kreativität* erwähnt werden. Diese Eigenschaft, diese Fähigkeit, dieses Vermögen kann eben nicht in eine Formel gepreßt werden. Kreativität ist nicht mechanisch zu erfassen. Und das bedeutet im Klartext: Es gibt zweifellos einen Bereich, dem *nicht* durch Analysen beizukommen ist. *Kreativität* kann nie in ein wie immer geschneidertes Mäntelchen gezwängt und für immer und alle Zeiten festgeschrieben werden. Diesen heiligen Bezirk der Kreativität kann man betreten, man kann vielleicht einmal in eine Ecke dieses Tempels lugen, poetisch gesprochen, aber mehr auch nicht. Das Geheimnis der Kreativität scheint im Gegenteil sogar darin zu bestehen, daß man sie eben nicht mit Gesetzmäßigkeiten erfassen kann. Ideen sind etwas Einmaliges. Das wiederum bedeutet: Erfolgsformeln, *wenn* sie nicht diesem Faktor Rechnung tragen, sind nur von bedingtem Wert. Und: Kreativität ist ein völlig unberechenbarer Faktor in der Gleichung Erfolg, im positiven Sinne!

Bei all diesen Einschränkungen, trotz all dieser „Vorsichtsmaßnahmen" begegneten wir dennoch immer wieder Erfolgsformeln, die ständig wiederkehrten. Gleichgültig in welchem Stadium sich die Firma befand. Gleichgültig um welche Person es sich handelte. Und ohne daß der Faktor

Kreativität eine Einschränkung erfuhr. Das heißt, auf der Jagd nach Erfolg, auf der Suche nach Erfolgsgeheimnissen begegnen wir ganz bestimmten Aussagen immer wieder, was in sich höchst bemerkenswert ist. Man könnte diese Aussage in *Do's and Don'ts* unterscheiden, man könnte also differenzieren zwischen *Fehlinformationen* bezüglich des Themas Erfolg und Tips, die positiv sind. Betrachten wir zunächst die negative Seite und damit einige Irrwege:

(1) Da taucht zunächst einmal der „Take-it-easy-Tiger" auf. Er steht meistens am Beginn der Karrierebahn und lockt mit sanftem Schnurren. Die Einstellung hier: Große Anstrengungen sind doch wohl nicht notwendig. Er meint, anstatt nächtelang zu büffeln, ist es angenehmer, mit ihm auf die Piste zu kommen und das schöne Leben zu genießen. Wer da nicht sieht, daß hinter dem wunderschönen Streichelpelz ein reißendes Tier sitzt, der ist schon gleich zu Anfang verloren. Umgekehrt ausgedrückt: es geht nicht ohne eine *Menge* an Arbeit, ohne eine *Menge* Einsatz und Engagement.

(2) Ebenso erfolgshemmend tanzt der „Beziehungs-Bär". Wer erst gar nicht startet, weil er meint, ohne „Vitamin B" laufe ohnehin nichts auf der Welt, kann gleich mit ihm auf dem Jahrmarkt mit dem Ring durch die Nase auftreten. Erfolgsmenschen beweisen im Gegenteil immer wieder: man schafft sich *selbst* seine Beziehungen. Beziehungen sind *nicht* angeboren. Man kann sie selbst eröffnen, aufbauen, auftun. Durch extravertiertes Verhalten legt man den Grundstein für eine gesunde Basis solider Geschäftsverbindungen. Sie mögen am Anfang einer Karriere schwierig zu schaffen sein, aber der springende Punkt ist, man kann sich ein Beziehungsgeflecht auch *kreieren*.

(3) Kommen wir zu einem anderen Exoten im Zoo der Karrierefresser. Manege frei für den „Umwelt-Hai". Dieser hartnäckige Räuber schafft es immer wieder, andere glauben zu machen, daß nur die „Umwelt" für die eigene Karriere verantwortlich zu machen ist. Denn er hat das Gerücht ausgestreut, daß nur der etwas werden kann, der in fruchtbaren Gewässern geboren, aufgewachsen und verwöhnt wurde. Ihm fallen sehr viele unserer fähigen Mitmenschen zum Opfer, noch bevor sie sich überhaupt freigeschwommen haben.

Auf der anderen Seite ist es jedoch bemerkenswert, daß viele der hier porträtierten Top-Werber auf eine „freie" Erziehung zurückblicken konnten, die wir nicht ohne Grund bei einigen Interviewpartnern so ausführlich dargestellt haben. Obwohl wir hier kein Buch über Pädagogik schreiben wollen, läßt sich doch soviel festhalten, daß ein relativ repressionsfreies Elternhaus äußerst positiv ist. Es läßt das Pflänzlein Kreativität offenbar leichter wachsen. Aber selbst diese Zeitgenossen, die mit dem Elternhaus „Glück“ hatten (wobei Glück hier *nicht* im finanziellen Sinn zu deuten ist, sondern im Sinn von freiheitlicher Erziehung), mußten sich ihren Weg ebnen. Sie verließen sich eben *nicht* darauf, daß angeblich eine „gute Umwelt“ Erfolg ohnehin automatisch bedingt. Oder daß die Kindheit sie so entscheidend positiv geprägt hatte, daß man notwendigerweise oben anlangen mußte. Einige der hier vorgestellten Tops kamen aus armen und ärmsten Verhältnissen. Und schafften es trotzdem nach „oben“. Trotz der vielzitierten „Umwelt“.

(4) In eine ähnliche Kategorie fällt auch die „IQ-Kuh“. Allgemeine Ansicht: Man kommt mit einem bestimmten IQ (Intelligenz-Quotient) zur Welt und behält ihn sein Leben lang. Freudig haben unsere 20 Spitzenkönner dieses täppische Tier zum Spießbraten verarbeitet und mit Haut und Haaren verzehrt. Denn, und das kann jeder an sich selbst nachvollziehen, Intelligenz kann man steigern. Intelligenz kann man verändern. Sie wächst mit der Erfahrung, mit der Weiterbildung, mit der Bereitschaft, zu lernen.

(5) Auch „Glücks-Gazellen“ sind in diesem Kontext der Erfolgsvertilger und Karriere-Killer zu nennen. Diese graziösen, unberechenbar hin- und herhüpfenden Initiative-Stopper sind weit verbreitet. Sie tauchen urplötzlich bei Hubert K. auf, katapultieren den Clochard über Nacht zum Nabob, um darauf ebenso fix bei Elfriede Z. einzufallen, um die biedere Hausfrau zum begehrtesten Modell der Nouveau Vogue zu küren. In jeder Diskussion um Erfolg im Beruf und Leben ist das erwähnte Tier zugegen. Und weil alle es mit viel Liebe hegen und pflegen, ist es bis heute noch nicht ausgestorben. Im Brehm der Top-Werber dagegen fehlt es schon lange.

Es bleibt festzuhalten: Keiner unserer Interviewpartner hat sich auf jenes launische Ding verlassen, das man gemeinhin mit „Glück“ bezeichnet und das so viele Möchtegern-Erfolgreichen mit Vorliebe ins Feld führen. Alle haben das Glück auf ihre Seite gezwungen, jeden Tag aufs neue, gleich morgens nach dem Aufstehen. Dem Zufall wurde da ganz bestimmt nichts überlassen. Das Wörtchen Glück fehlt völlig im Vokabular der wirklich Erfolgreichen.

(6) Festgehalten werden sollte darüber hinaus folgender bemerkenswerter Umstand: Know-how wurde in den seltensten Fällen mit Know-how aus der Psychologie gleichgesetzt, wie man es als naiver Beobachter hätte vielleicht erwarten können. Im Gegenteil: einige Tops sprachen sich ganz offen *gegen* psychologische Informationen aus, werbepsychologisches

„Geschwätz“ war ihnen geradezu verpönt! Die Psychologie-Meise ist jedenfalls ein immer seltener anzutreffendes Vögelchen.

Kommen wir nun zu den *positiven* Ergebnissen.

(1) Wenn man ganz naiv eine Strichliste führt, welche Erfolgs-Eigenschaften am häufigsten genannt wurden, so erscheinen die Vokabeln *Flexibilität, Mut* und *Nonkonformität* an erster Stelle. Wer hätte das gedacht! Untersuchen wir die Begriffe jeden für sich:

• *Flexibilität*, das blitzschnelle Einstellen auf wechselnde Gegebenheiten, ist offenbar das A und O in der Werbung. Augenscheinlich existiert so etwas wie das Vermögen, sich sofort und unmittelbar auf einen neuen Kunden einzufühlen. Sich auf eine neue Aufgabe einzuschießen. In eine neue Realität hineinzukriechen. In Blitzesschnelle, in Windeseile. Dieses Vermögen, sich unmittelbar einzustellen und so sofort zu guten Lösungen zu kommen, ist *eine* Eigenschaft von Tops in der Werbung!

• *Nonkonformität* bedeutet: nicht zwanghaft übereinstimmen müssen. Nach neuen Wegen Ausschau halten. Erstaunlich viele Querdenker, Enfant terribles und eigenständige Köpfe befinden sich in den Reihen von Top-Werbern. Möglicherweise geht dies mit der ‘Eigenschaft’ *Kreativität* Hand in Hand. Auf der einen Seite kann man also dafür plädieren, über ein Gebiet *alles* zu kennen und soviel wie möglich zu wissen – ohne sich unbedingt davon hypnotisieren zu lassen – auf der anderen Seite sollte man sich stets den Kopf für vollständig neue Ideen freihalten. Das selbstbewußte Verfolgen der eigenen Ideen, an der Herdenmeinung vorbei, allgemein als Nonkonformismus bezeichnet, ist jedenfalls ein Erfolgsprinzip par excellence in der Werbung!

• Hand in Hand geht damit die Eigenschaft *Mut*, die in der Busineß-World nicht so bekannt ist wie in Abenteuerfilmen. Oft wird das Gegenteil praktiziert. Tatsächlich existiert sogar auf Managementebene folgende weitverbreitete Taktik: man engagiert 5 Doktoren und 10 Professoren, die ungeheuer weitschweifige (und kostspielige) Untersuchungen anstellen, ob eine Marketing-Strategie durchschlägt und Erfolg zeitigt oder nicht. Während es intelligent sein mag, Blitzumfragen zu machen und Risiken auszuschalten, da die Verluste in die Millionen gehen können, ist es oft außerordentlich unintelligent, Verantwortung *abzuschieben*, sich zu verstecken hinter Titeln, ein paar akademischen Graden, hinter „Autoritäten“, so daß dem Verantwortlichen nichts passieren kann. Diese Einstellung wäre der Gegenpol zu diesem Faktor *Mut*. Viele Werber verdanken ihren

Erfolg der Tatsache, daß sie auch unpopuläre Lösungen initiierten und gegen den Strom schwammen.

(2) In einer Gesellschaft, deren produzierende oder dienstleistende Organe zu oft mit Müh und Not gerade das liefern, was vereinbart wurde, und manchmal noch nicht einmal das, gilt weiter: *wirklicher* Service, *echter* Service ist gefragt. Das heißt, es muß ein wirklicher Nutzen für den Kunden angestrebt werden. Praktisch alle Tops nannten als wichtigen Aspekt ihres Erfolges das Servicedenken. Keiner wollte sich da auch nur auf den kleinsten Kompromiß einlassen.

(3) *Progression des Wissens und Könnens* war ein weiteres Highlight. Das Ziel: Nicht stehenzubleiben, sondern zu wachsen und ständig nach Verbesserung zu streben. Diese Tugend landete ebenfalls auf dem Siegertreppchen. Wer sich auf seinen Lorbeeren ausruht – eine Binsenweisheit, die aber wenige befolgen –, der wird über kurz oder lang zu den Schlußlichtern zählen. Nur stetiges Wachstum des Wissens und Könnens garantiert Expansion.

Der immer wieder anzutreffende Rat lautete also: wirklich *alles* aufzusaugen, was um einen herum an relevanten Daten existierte. Sei's eine Information von den Nachrichten aufgeschnappt, über den aktuellen Stand arbeitsloser Mäusefänger, bis zum Zettelkasten mit Weisheiten aus Zeitungen oder dem Ortsblättchen. Dazu besuchten die Tops alles, was sie an Seminaren, Tagungen usw. für wichtig hielten, um einfach immer noch mehr über ihren Job zu wissen, zu verstehen und umzusetzen. Praktisch alle Befragten setzten dabei eine möglichst breite, umfassende Ausbildung voraus. Erfahrung in möglichst vielen Sparten und Bereichen, auch den Randgebieten des eigenen Territoriums. Kompetenz und Professionalität waren in der Folge die Endprodukte, die bei den Kunden schließlich für Vertrauen sorgten. In diese Rubrik darf man auch das Postulat *Wissensvorsprung* einordnen. In unserer schnellebigen Zeit erstaunt es nicht, daß neues Know-how immer wichtiger wird. Der daraus resultierende Aktionsvorsprung zahlt sich oft in blanker Münze aus. Nicht nur im kreativen Gestalten von Trends, sondern auch im Erahnen von internationalen Entwicklungen, die profitabel umgesetzt werden können. Ein schönes Beispiel hierfür ist die Entwicklung im Osten Europas, wo die „Schnellen" unter den Werbern den anderen schon meilenweit voraus sind.

(4) In dem Mosaik *Erfolg* erachten es unsere Werber als einen weiteren wichtigen Stein, daß man vor Hindernissen nicht zurückschrecken darf. Nicht versucht, sich am Unbequemen vorbeizumogeln. Positiv gewendet:

Man braucht enormes *Durchhaltevermögen*, wenn man die Erfolgsleiter nach oben klettern will. Hierzu eine kleine Story: Der amerikanische Kaugummikönig Philip K. Wrigley wurde einmal während einer Flugreise gefragt, warum seine Firma unverändert hohe Summen für Werbung ausgäbe, obwohl doch die Verkaufszahlen höher denn je seien. Wrigley antwortete. „Warum wohl läßt der Pilot die Motoren weiter laufen, obwohl wir ohnehin schon 5.000 Meter hoch sind?“

Diese Einsicht trifft sowohl auf den Erfolg der Werbung an sich als auch auf den ganz persönlichen Erfolg der Werber zu. Der sicherste Weg zum Erfolg heißt somit: Sei nie zufrieden mit dem, was du hast, bleib' nie stehen, höre nie auf, den Motor am Laufen zu halten.

(5) Höchst bemerkenswert war darüber hinaus der Faktor *Ethik*. Die Ehrlichkeit. Die Seriosität und die Integrität. Ethik ist in einem Berufszweig, der so oft im Zwielicht steht, wo man die Schwarzen Schafe eben viel schneller entdeckt und brandmarken kann, offenbar noch wichtiger als in anderen Branchen. Hier zeigten unsere Werber in selten einmütigem Schulterschluß ihre Überzeugung: Auf Dauer kann nur der erfolgreich sein, der auf jedem Schritt die Karriereleiter hinauf jede einzelne Sprosse auf ihre Integrität, Ehrlichkeit und Wahrhaftigkeit hin abgeklopft hat.

Was uns, die Autoren, tatsächlich am meisten beeindruckte, waren die einzelnen Ethik-Standards, nach denen diese Tops ihr Leben lebten: Entgegen der landläufigen Meinung gehen die Besten der Branche den *geraden* Weg.

(6) Übereinstimmend war weiter das *Zielbewußtsein*. Die porträtierten Personen verfolgten und verfolgen beinhart ihre Ziele. Diese Erkenntnis hätte man nicht unbedingt in der *Werbebranche* erwarten können, wo es doch so viele Exoten gibt. Klar definierte Ziele wurden sauber verfolgt. Dazu gehörte, alles beiseite zu lassen, was nicht der direkten Verfolgung der gewöhnlich genau definierten Ziele diente. Oft sieht es, sogar in den Chefetagen der Agenturen, so aus, als liefe ein Haufen Chaoten planlos in der Gegend herum, nur um Bewegung zu simulieren und zu demonstrieren, daß im Laden „was läuft“. Aber die Wahrheit ist, die *wirklichen Tops* sind kompromißlos, was ihre Ziele anbelangt.

(7) *Perfektionisten* waren sie darüber hinaus alle. Wir fanden keinen, der mit seiner Arbeit ohrensessel-zurücklehnend zufrieden gewesen wäre. Alle versuchten, einem wie immer definierten Ideal so nahe wie möglich zu kommen. Man spürte manchmal physisch den Druck, den diese Leute auf

sich und ihre Mitarbeiter ausübten, um immer *besser* zu werden.

(8) Ein weiterer interessanter Punkt war, daß diese Tops sich so freimütig zu Konzepten und Strategien äußerten, wie wir es nie für möglich gehalten hätten. Normalerweise hält sich die Werbeszene eher bedeckt bis verschlossen, wenn es um Firmeninterna geht. Vor allem dann, wenn darüber geplaudert werden soll, wie man sich seine Kunden an Land zieht. Auch in diesem Punkt waren die Interviewpartner vorbildlich. Sie *gaben Informationen preis*. Und dies mag als eine eigene Erfolgsformel gelten: Mit Informationen nicht hinter dem Berg zurückhalten!

(9) Bemerkenswert schließlich war der Kommunikationslevel, das *Kommunikationsniveau*, das wir beobachten konnten: Es handelte sich ausschließlich um enorm extravertierte Typen, die ständig neue Beziehungen knüpften und nach neuen Gelegenheiten Ausschau hielten. Sie pflegten und hüteten auf der einen Seite alte Beziehungen wie ihren Augapfel, waren aber auf der anderen Seite kontinuierlich auf der Suche nach neuen Partnern, neuen Gelegenheiten, neuen Chancen.

(10) Festgehalten werden sollte schließlich folgendes: Alle 20 waren und sind *Sympathieträger*. Es war in allen Fällen eine Freude, mit ihnen zusammenzusein. Wenn auch beim einen oder anderen die Erwartung an neue Informationen vielleicht nicht erfüllt wurde (möglicherweise unser Fehler), so langweilten wir uns doch bei keinem einzigen oder fühlten uns unwohl. Mit anderen Worten: es handelte sich um Menschen mit einem hohen Affinitätsfaktor, wie man das bezeichnen könnte. Dies ist keine Hommage an unsere Interviewpartner, sondern Ergebnis einer Beobachtung.

Soweit unsere kleine Analyse, die umschloß (1) welche Einschränkungen bei Erfolgsuntersuchungen gemacht werden müssen, (2) was Erfolg nicht ist und (3) was Erfolg ist. Außer acht gelassen wurden spezifische Ausformungen von Ratschlägen, wie das Gebot, stets auch ausländische Werbung zu sezieren und hier zu lernen. Im übrigen sollte unsere Analyse nicht als Endergebnis gewertet werden, sondern als Anfangspunkt. Als Anfang, Ausgang und Aufforderung, selbst weiter hinzuschauen, zu beobachten, zu analysieren. Insofern ist dieses Buch als eine unendliche Geschichte zu verstehen, die ständig fortgeschrieben werden muß. Denn das vielleicht letztendliche Erfolgsprinzip, was alle kultivierten, war folgendes: dieses magische Wörtchen *Erfolg* ständig ins Visier zu nehmen und ihm immer wieder von neuem auf die Spur zu kommen.